Jean-Paul Dubois est né en 1950 à Toulouse où il vit actuellement. Journaliste, il commence par écrire des chroniques sportives dans *Sud-Ouest*. Après avoir suivi la justice et le cinéma au *Matin de Paris*, il devient grand reporter en 1984 pour *Le Nouvel Observateur*. Il examine au scalpel les États-Unis et livre des chroniques qui seront publiées dans *L'Amérique m'inquiète* (1996) et *Jusque-là tout allait bien en Amérique* (2002). Écrivain, Jean-Paul Dubois a publié de nombreux romans (*Je pense à autre chose*, *Si ce livre pouvait me rapprocher de toi*). Il a obtenu le prix France Télévisions pour *Kennedy et moi* (1996), le prix Femina et le prix du roman Fnac pour *Une vie française* (2004), ainsi que le prix Alexandre Vialatte pour *Le Cas Sneijder* (2012). En 2019, Jean-Paul Dubois a reçu le prix Goncourt pour *Tous les hommes n'habitent pas le monde de la même façon.*

Jean-Paul Dubois

L'AMÉRIQUE M'INQUIÈTE

Chroniques de la vie américaine 1

Éditions de l'Olivier

Les textes composant le présent ouvrage ont paru dans *Le Nouvel Observateur* de 1990 à 1996, à l'exception de « Carnet de fin de voyage », publié dans *Géo*, et de la préface, et ont été publiés aux éditions de l'Olivier en 1996 dans une première édition intitulée *L'Amérique m'inquiète*.

TEXTE INTÉGRAL

ISBN 978-2-7578-8522-2
(ISBN 2-87929-337-5, 1re publication)

Remerciements

Au *Nouvel Observateur* qui a rendu possible tous ces voyages et aussi facilité la publication de ces textes.

Au service de documentation de ce journal, pour son efficacité et son aide précieuse.

À Michel Bessaguet et au magazine *Géo* qui ont aimablement autorisé la publication de l'article « Carnet de fin de voyage ».

Je n'aime guère parler et pas davantage poser des questions. Je préfère me faire oublier, me fondre dans le décor, regarder la forme des choses et le contour des gens, les observer, les écouter tandis qu'ils racontent le bruit de leur vie. Ensuite, il ne reste plus qu'à mettre tout ça en ordre en essayant de rendre l'éclairage des visages et le son de chaque voix. C'est une tâche assez facile et plaisante pour peu que l'on n'oublie pas « qu'on est un homme fait de tous les hommes et qui les vaut tous et que vaut n'importe qui* ».

J'aime bien voyager en Amérique. Traîner dans des endroits où il ne se passe rien en attendant qu'il arrive quelque chose, que les destins se tordent. Il y a tous les jours, dans ce pays, quelqu'un qui se lève avec une idée bien à lui et l'envie de la mettre en pratique. Cela donne souvent de curieux résultats. Pour en témoigner, il suffit d'être là, d'avoir le temps, d'être disponible. Peu à peu, on entre dans le film, on devient le locataire d'une histoire parfois grotesque, burlesque, violente, quelquefois émouvante.

L'Amérique est sans doute le seul zoo de la planète laissant errer et divaguer en liberté autant de variétés exotiques de l'espèce humaine. Et après tous ces voyages, je m'étonne encore de voir des magasins spécialisés

* Jean-Paul Sartre, *Les Mots*.

vendre des lunettes pour chiens, une strip-teaseuse déclarer ses prothèses mammaires comme des outils de travail pour les défalquer de ses impôts, un médecin fouiller l'anus d'un condamné à mort trente minutes avant son exécution, un cancéreux attaquer l'État de Californie afin d'obtenir le droit d'être congelé vivant, des gladiateurs s'entre-tuer après s'être fait tatouer « Jesus » sur la peau de l'estomac, des prisonniers s'agenouiller devant un shérif qui leur dédicace des bibles, toute une secte vivre dans des abris souterrains en attendant l'Apocalypse. Oui, après avoir traversé toutes ces histoires, rôdé dans ces villes et ne m'être endormi qu'après avoir cherché mon nom dans les annuaires locaux, tout cela, cette arrogance électrique, cette candeur impudique, me surprend encore. Et certains soirs, lorsque, fumant une dernière cigarette, dans ma chambre d'hôtel, je rêvasse dans cette brume d'extravagance, il m'arrive de repenser à cette phrase que me dit, un jour, un détenu dans une prison du Texas : « Il paraît que je terrifiais mon quartier. Moi, c'est l'Amérique toute entière qui m'inquiète. »

LA MORT EST UN SPORT INDIVIDUEL

Une pinte de crème glacée

Lorsque Dan Vasquez, le directeur du pénitencier de San Quentin, demanda à Robert Alton Harris, matricule B 66883, s'il voulait exprimer des désirs particuliers deux jours avant d'être conduit à la chambre à gaz, le condamné répondit : « Je voudrais qu'on serve une pinte de crème glacée de leur choix aux trente-trois détenus de ma section. » Un peu plus tard, l'administration fit savoir à Harris qu'on ne pouvait pas facturer trente-trois ice-creams aux contribuables et qu'il devait assumer les frais de ses largesses. La veille de son exécution, alors qu'il s'apprêtait à descendre dans la pièce de « préparation à la mort », Vasquez rendit une nouvelle visite à Harris. Le directeur venait annoncer que la Cour suprême avait décidé de surseoir à son exécution et demandait un supplément d'enquête pour savoir s'il avait subi une évaluation psychiatrique sérieuse avant son procès. En ce matin du 3 avril 1990, Robert Alton Harris bouclait sa douzième année de détention. En apprenant la nouvelle, il dit seulement : « Oh, merci ! » Les trente-trois autres détenus allaient encore devoir patienter avant de recevoir leur pinte de glace.

On ignore quelles furent les dernières volontés de Leonard Laws, Johnny Ray Anderson et Dalton Prejean. En tout cas, rien ni personne ne s'opposa à leur exécution les jeudi 17 et vendredi 18 mai 1990. Laws était un drôle de bonhomme. Quand il apprit sa condamnation à mort, il fut pris d'un rire irrépressible. Ensuite, il refusa les recours en grâce et les divers appels le concernant. Jeudi, dans l'aube du Missouri, il a reçu une injection létale. Johnny Ray Anderson n'était pas un prisonnier comme les autres. Il possédait le quotient intellectuel le plus faible de son pénitencier et n'avait pas l'entière possession de ses facultés. Il respirait des émanations de colle depuis l'âge de 5 ans. Au Texas, ce ne sont pas là des circonstances atténuantes. L'autre matin, on a administré à Anderson une dose fatale en piqûre intraveineuse.

Dalton Prejean, lui, est mort la veille à minuit précise, grillé sur la chaise électrique du pénitencier d'Angola, en Louisiane. Le Parlement européen et Amnesty International avaient demandé sa grâce. Buddy Roemer, le gouverneur de l'État, un démocrate réputé libéral, l'a refusée. Il avait pourtant toutes les raisons de la terre de l'accorder. D'abord parce que le 2 juillet 1977, à 5 heures du matin, lorsqu'il abattit le policier qui le contrôlait, Prejean était mineur. Il venait juste d'avoir 17 ans. Ensuite parce que cet adolescent qui, après son crime, demeura dix-huit années en prison avait un dossier psychiatrique effarant. Il était débile léger, souffrait de désordres neurologiques organiques et se révélait incapable de contrôler ses pulsions. Juste avant de tuer, il avait, de surcroît, bu de la vodka, du porto et fumé de la marijuana et du crack. Enfin, et ce dernier point aurait pu à lui seul justifier la grâce du gouverneur Roemer, Dalton Prejean n'était pas un inconnu pour l'administration pénitentiaire de Louisiane. À 14 ans déjà, sous l'emprise d'une de ses crises, il avait tué un chauffeur de taxi. Et, à l'époque, les psychiatres qui s'étaient occupés de lui avaient réclamé un internement en asile et un traitement conséquent. À 16 ans, Prejean quittait son établissement de soins, la Louisiane ne possédant plus assez de fonds pour payer les cures de longue durée.

C'est un homme inachevé et fragmenté que l'on a envoyé l'autre soir à minuit sur la chaise électrique. Et dans les 1 900 volts qui l'ont parcouru, il fallait avant tout ressentir le courant sécuritaire et majoritaire qui traverse actuellement les États-Unis. 80 % des Américains sont favorables à la peine capitale. Cela veut dire que près de 200 millions de personnes attendent l'exécution des 2 500 condamnés à mort répartis dans les trente-sept États qui, en 1977, ont rétabli la sanction suprême. Dans ces conditions, il ne se trouve plus que quelques hommes politiques suicidaires pour afficher des positions abolitionnistes. La plupart des démocrates et des libéraux, sous l'effet de la pression, se sont découvert des convictions réversibles. Non seulement ils refusent systématiquement les grâces, mais en plus ils réclament des têtes. Tous revendiquent les exécutions comme autant de services rendus à la communauté. Témoin la requête que John Seymour, le sénateur républicain d'Anaheim (Californie) qui brigue le poste de vice-gouverneur, a adressée au gouverneur Deukmejian : « Je pense que lorsqu'on est partisan de la peine de mort, on se doit d'assister personnellement à une exécution. Aussi, je demande à être présent quand Harris sera asphyxié dans la chambre à gaz. » Devant la réaction un peu vive de certains de ses collègues, Seymour ajoutait aussitôt : « Ne croyez pas que je fasse cela pour gagner des points dans ma campagne. » La Californie fait partie de ces États qui, en 1972, à la suite d'un jugement de la Cour suprême estimant que « la peine de mort est appliquée de façon arbitraire et cruelle et constitue une violation de la Constitution en raison de son caractère cruel et inhabituel », révisèrent leur législation, faisant de la réclusion à vie la peine la plus lourde. Nouveau revirement en 1977. Sous la poussée de l'opinion publique et de quelques jeux et enjeux politiques, ces trente-sept États, encore en ordre dispersé, choisissent de rappeler leurs bourreaux dans leurs anciennes fonctions. Aujourd'hui, on mesure l'ampleur de ce macabre retournement. Un rapport accablant d'Amnesty International sur ce sujet rappelle par exemple que les États-Unis sont – avec l'Iran, l'Irak, le Bangladesh et le Nigeria – l'un des seuls pays au monde où l'on exécute les mineurs. En Virginie, en Louisiane et en Arkansas, on peut se retrouver dans une chambre à gaz à 15 ans. En Alabama, à 14 ans. Dans le Mississippi, à 13 ans.

Pour justifier tant de rigueur, les partisans de la peine capitale font valoir que les États-Unis sont parmi les pays les plus dangereux du monde avec un taux de près de 10 meurtres pour 100 000 habitants. On estime que chaque année 20 000 personnes décèdent à la suite d'une agression, qu'à peu près 10 000 assassins sont jugés et que 300 sentences de mort sont prononcées. On se dit alors que ces 300 affaires doivent se différencier des autres par un degré supérieur dans l'horreur ou dans l'atrocité. C'est ignorer qu'en ce domaine le pays se caractérise par une inégalité absolue devant la sanction. Selon que l'on tue au nord, au sud ou à l'ouest, selon que l'on est noir, blanc ou métis, on n'encourt pas la même peine. Écoutez Allen E. Broussard, membre de la Cour suprême de Californie, qui a maintenu la sanction capitale dans l'affaire d'un homme de 20 ans ayant tué un pêcheur d'une balle dans la tête pour le voler : « Nous avons, en Californie, cinquante-huit lois différentes sur la peine de mort, une pour chacun de nos comtés. Si l'on se réfère à la jurisprudence des comtés à dominante urbaine, ce crime n'encourt pas la peine capitale. » Seulement voilà, l'agression a été commise sur un territoire à caractère rural et, dans ces conditions, l'assassin est passible de la chambre à gaz.

Cette justice farfelue, à la sévérité géographique et cantonale, un avocat la résume ainsi : « Aujourd'hui, une condamnation à mort dépend de la personnalité du procureur, de la proximité des élections, du fait que la victime est blanche ou non, de l'endroit où elle a été tuée et d'un tas d'autres facteurs qui n'ont rien à voir avec la monstruosité du criminel ou de l'acte commis. » Tommy Morris, un pénaliste abolitionniste, ajoute : « Aujourd'hui, rien ne permet de différencier une peine de mort d'une perpétuité selon leur degré de gravité ou une application logique de la loi. » Mais le problème sans doute le plus grave a été révélé par le General Accounting Office. Ce bureau d'investigation du Sénat qui, après avoir étudié vingt-huit dossiers répartis dans plusieurs États et s'échelonnant de 1972 à 1988, a publié un rapport dont la synthèse dit : « Il est patent qu'il existe dans ce pays des disparités raciales en ce qui concerne les accusations, les sentences et les applications de la peine de mort. »

La veille de l'exécution présumée de Robert Alton Harris, le *Los Angeles Times* titrait : « Qui meurt et pourquoi ? » Ce que l'on occulte en revanche, c'est « comment ? » Oui, tous ces détails abominables et sordides que l'on occulte quand l'exécution foire. Et elle foire souvent parce que, même sanglés, muselés, bâillonnés, un bout de caoutchouc entre les dents, il est des types qui continuent à s'accrocher à la vie. Les trois récits qui suivent sont rapportés par Amnesty International et corroborés par d'autres témoins directs.

22 avril 1983. Pénitencier d'Alabama. John Louis Evans, 33 ans, reçoit une première décharge de 1 900 volts sur la chaise électrique. Sous la violence du choc, des lanières cassent et de la fumée s'échappe de son corps. Les médecins l'examinent et constatent que son cœur bat toujours. Quatre minutes après le premier essai, on l'électrocute de nouveau. Evans est toujours vivant. Ses avocats téléphonent alors au gouverneur pour demander la grâce du condamné, expliquant que l'exécution atteint un « niveau intolérable de cruauté ». Quatorze minutes

après la première tentative, on inflige encore 1 900 volts à Evans. Cette fois, son cœur lâche prise.

13 mars 1985. Salle d'exécution du pénitencier du Texas. Steven Peter Morin ferme enfin les yeux sous l'effet de la dose mortelle que l'on vient de lui injecter. Le personnel médical de l'établissement a mis quarante minutes pour trouver une veine accessible sur son corps.

16 octobre 1985. Pénitencier d'Indiana. Williams E. Vandiver mettra dix-sept minutes pour mourir. La chaise électrique, vieille de soixante-douze ans, fonctionne mal. Au bout de la troisième décharge, son cœur bat à quarante pulsations par minute. Ce n'est qu'après la cinquième qu'il s'arrêtera.

14 juillet 1989. Nouveau problème avec la chaise électrique, cette fois mal branchée. Les décharges se multiplient et chaque fois les médecins déclarent le condamné Horace Dunkins vivant. Il luttera pendant dix-neuf minutes.

Pour être tout à fait sordide, voici le prix de revient de chaque exécution. Il varie, là encore, selon les États. En Floride, le « coût global » d'un condamné à mort, détention et frais de justice inclus, représentent 3,17 millions de dollars. Au Maryland, 7 millions de dollars, soit l'équivalent de treize fois quarante années de détention.

En Californie, l'administration a tourné un film sur la chambre à gaz. Un documentaire muet de dix-neuf minutes. Des images effarantes bien que cliniques et presque « pédagogiques ». On peut les voir au 1515 « S » Street, dans un bureau du rez-de-chaussée du Département de Justice à Sacramento. Ça commence par des vues de la section des condamnés à mort du pénitencier de San Quentin, des hommes habillés de bleu attendant leur jour, leur heure, pendant des années. Puis la vidéo descend à la chambre à gaz, cette espèce de cloche de plongée verdâtre et monstrueuse. La caméra détaille la porte d'acier, le système de fermeture portant la mention *To seal turn right*, les sièges d'acier perforé, les lanières de cuir et les trois téléphones fixés au mur. L'un d'eux porte en rouge la mention *Governor's Office*. C'est une ligne directe avec le bureau du gouverneur. Une ligne de grâce. Une ligne qui ne sonne jamais.

San Quentin Est, un pénitencier au bord de l'eau, sur la baie de San Francisco. À cinq minutes d'Alcatraz, par bateau. Quand on franchit le premier mur de garde, on est étonné, à l'entrée, de voir proposés à la vente des T-shirts de Mickey un boulet aux pieds. Lorsqu'on passe le second poste de surveillance, on est cette fois surpris par le nombre de gardiens en armes. Et puis, arrivé devant la troisième enceinte, un type de la sécurité vous prend à part pour vous expliquer que si vous entrez là-dedans, c'est à vos risques et périls.

Ensuite, c'est le bruit des serrures qui claquent dans votre dos. On traverse des couloirs, des cuisines, des réfectoires, des cellules noires comme des tunnels, des blocs de douche suant de vapeur où discutent des types nus, un savon à la main, et on retombe dans une cour où traînent des milliers de prisonniers dont on ignore tout, mais que l'on sait être là pour un bout de temps.

Et à un moment donné on se retrouve dans une pièce ronde avec un garde armé d'un fusil à pompe qui fait les cent pas sur une rochelle. Au-dessus d'une porte, inscrit en lettres gothiques, on lit « *Condemned row* ». C'est la section des condamnés à mort. C'est là que survit Harris, en ce moment au mitard pour avoir fumé de la marijuana après l'annonce du report de son exécution. C'est là qu'attendent 282 condamnés à mort de l'État de Californie, là qu'ils piquent des crises d'angoisse, de claustrophobie et de délire, là qu'ils se bourrent de barbituriques pour trouver un peu de sommeil. « La chambre à gaz est juste derrière cette cloison, dit Vernell Crittendon, un membre de l'administration.

À côté, il y a la pièce de "préparation à la mort", où descend le condamné un jour avant son exécution. C'est là qu'on règle avec lui les derniers détails, là aussi qu'on inspecte tous ses orifices, nez, bouche, oreilles, anus, pour vérifier qu'il ne dissimule rien qui puisse entraver le déroulement normal des choses. »

Le déroulement normal des choses ? C'est un couloir qui mène à la cloche verte, un type qui vous assied sur un fauteuil de métal percé afin de laisser passer les émanations, un autre garde qui vous sangle la tête, la poitrine, les bras, les jambes et les pieds, pendant qu'une trentaine de citoyens vous observe de l'autre côté des vitres. Le déroulement normal des choses, c'est un bandeau que l'on vous fixe sur les yeux et une électrode que l'on applique sur votre cœur. C'est le bruit d'une porte qui se ferme et le silence d'un téléphone qui ne sonne pas. C'est enfin, sur ordre du directeur, l'ouverture automatique du sac contenant les cristaux de cyanure de potassium qui se mélangent, sous la chaise, avec l'acide sulfurique. L'ordre normal des choses, c'est la mort qui survient généralement au bout de sept à quinze minutes.

194 personnes ont été ficelées et gazées sur ce siège de métal. 194 fois, l'ordre normal des choses a été respecté. Joe Ferretti, à 86 ans, est sans doute le doyen des « bourreaux ». À lui seul il a dirigé 126 exécutions. Sans impatience, il attend la 127e. Harris lui a glissé entre les doigts au dernier moment. Il ne reste plus qu'à en choisir un autre dans ce vivier de la mort. Deux se sont d'ailleurs portés volontaires. Le premier s'appelle Gerald Stanley, matricule 080900 ; le second, Ronald Deere, matricule 056700, un Indien « très discret et très digne » selon un membre de l'administration. Ces deux condamnés à la peine capitale ont demandé à leurs avocats et aux membres de leur famille d'abandonner tous les appels et de ne pas réclamer de grâce. Quand on questionne ces hommes sur les raisons d'une telle décision, on obtient

sensiblement cette même réponse : « Je ne désire pas mourir, mais je ne peux plus vivre dans les conditions d'une telle attente. » Joe Ferretti va bientôt reprendre du service. L'aumônier aussi. Et le type qui fouille dans les orifices. Et celui qui serre les lanières. Et celui qui ferme la porte. Bien sûr, dans le déroulement normal des choses, le téléphone restera silencieux.

San Quentin, Californie, 28-06-90

Sur rendez-vous, uniquement

À la fin, quand les choses doivent aller très mal, quand la douleur et le dégoût l'emportent sur tout, quand la maladie donne ce sentiment d'infériorité et d'impuissance, il doit être rassurant de voir arriver Jack avec son calme et sa machine. Il suffit alors de s'allonger, de le regarder installer ses flacons, et, lorsque tout est prêt, d'appuyer sur le bouton en fermant les yeux. Suivent une poignée de secondes où la vie se vide comme un lavabo. Vous sentez alors sa main sèche se poser sur la vôtre et sa voix murmurer : « Faites un bon voyage. » Ensuite le docteur Kevorkian surveille que votre cœur lâche sans faire d'histoires, qu'il ne s'acharne pas inutilement. Pendant ce temps, vous, vous êtes déjà loin.

Le docteur Jack Kevorkian habite 223 South Main Street à Royal Oak, dans la banlieue nord de Detroit, Michigan. Au 225, il y a le cabinet d'un chiropracteur. Au 221, la boutique fanée d'un fleuriste. Coincé entre ces deux commerces, c'est à peine si le 223 existe. Le 223, c'est une porte de verre étroite, toujours verrouillée, au-delà de laquelle on distingue un escalier raide qui disparaît dans le noir. C'est là-haut que vit Jack Kevorkian. Dans une pièce sans fenêtre où le jour n'entre jamais. Où d'ailleurs rien ni personne n'entre. Au 223, il n'y a ni plaque ni sonnette. En cas d'urgence ou de visite, il faut cogner avec une clef contre la paroi vitrée. Et Jack descend. Mais personne ne monte là-haut. Le docteur n'y tient pas. « Je suis très pauvre. Ma pièce n'est pas un endroit très agréable, dit-il. Allons plutôt bavarder à la bibliothèque. »

Jack porte un chapeau de paille, une chemise légère, un pantalon de toile claire. Il fait une chaleur à crever. Le docteur est sec comme un bâton. D'un pas vif, il marche sous le soleil. On dirait un oiseau qui sautille dans la lumière. Jack Kevorkian a 62 ans. Il est à la retraite, vit des maigres revenus de son épargne et cotise à une assurance sociale qui le couvre en cas de maladie. Il loue une pièce insalubre, se nourrit de sandwiches, possède une machine à écrire sur laquelle il tape jour et nuit, roule dans une vieille camionnette Volkswagen de 1968 et mène une existence dont personne ne voudrait. Cette fin de vie ratée, il la doit à la mort. Et aux drôles d'idées qu'il a toujours eues dans la tête à son propos.

« Depuis que l'on sait que j'ai "aidé" Janet Adkins à se suicider, depuis que l'on connaît mon travail, je n'arrête pas de recevoir des appels de tout le pays. Et même d'Italie, d'Angleterre, du Canada. Des gens m'écrivent des lettres comme celle-ci, regardez, avec "HELP !" écrit en capitales. On me téléphone trois à quatre fois par jour pour me supplier d'intervenir. Juste avant que vous arriviez, j'étais en communication avec un dentiste du Vermont atteint d'un cancer en phase terminale. Et moi je dois répondre à tous ces gens que je ne peux rien faire, que la loi m'interdit d'agir. C'est une honte. Ma machine est un espoir pour ces malades. Je sais que mes idées sont justes. »

En 1958, le docteur Kevorkian est médecin légiste au General Hospital de Pontiac, dans la banlieue de Detroit. Entre les autopsies, il procède à des recherches personnelles et publie de nombreux textes ayant tous un rapport avec la mort. La ligne centrale de sa pensée est toujours la même : récupérer sur un cadavre tout ce qui peut servir aux vivants. « On trouvait ça choquant parce que la religion a perverti la morale, qu'elle s'est mélangée avec la science. Culturellement, on ne doit pas toucher à une dépouille. Moi je dis qu'il faut savoir tirer parti de la mort. » À l'époque, ce discours passe mal. Surtout quand Kevorkian entreprend de pomper le sang de victimes de mort violente en vue de le retransfuser comme cela se pratique, l'affirme-t-il, en Union soviétique. Encore davantage quand il propose qu'on lui confie les condamnés à mort de l'État pour les exécuter « proprement » lui-même. « Et alors ? Vous croyez que c'est mieux de les faire souffrir dans une chambre à gaz ou sur une chaise électrique ? Ma proposition était simple : il existe une loi sévère ; elle est appliquée. Alors donnons aux prisonniers le choix entre une exécution classique ou bien une fin propre dans un hôpital. En plus, s'ils le désiraient, ces criminels pouvaient se racheter en faisant don de leur corps à la science. Ça voulait dire pour moi qu'un type qui en avait tué un autre pouvait en sauver cinq ou six avec les organes sains que l'on pouvait prélever sur lui. C'était ça mon but, récupérer de la vie dans la mort. Vis-à-vis de la peine capitale, je suis neutre, c'est-à-dire que je n'ai pas d'opinion. »

Le General Hospital de Pontiac, lui, en a une. Il montre la porte à Kevorkian. Le docteur alors a bien du mal à retrouver du travail dans sa spécialité. Il s'installe où il peut, trouvant à droite et à gauche des emplois d'anatomo-pathologiste. Et la vie passe. Mais la mort lui trotte toujours dans la tête. Vers la fin de sa carrière, ne supportant plus de voir souffrir les incurables, il décide de mettre au point une machine qui peut les aider à se suicider. C'est très simple : trois flacons reliés à une aiguille de perfusion. Dans le premier, une solution saline qui dilate la veine ; dans le second, du penthotal pour endormir le patient ; et dans le troisième, du chlorure de potassium afin de provoquer un arrêt cardiaque. Pour contourner la loi et ne pas risquer d'être inculpé de meurtre, Kevorkian ajoute une subtilité mécanique à son dispositif : c'est le malade qui, une fois perfusé, déclenche lui-même, au moyen d'un interrupteur, et quand il le désire, l'écoulement du penthotal et du potassium. « Cette machine m'a à peine coûté 30 dollars de pièces. Mais je sais que c'est une bonne machine. Une machine qui apporte l'apaisement. »

Il y a six mois, Kevorkian décide de se lancer dans la bataille. Il se fait imprimer de nouvelles cartes de visite : *« Jack Kevorkian M.D, Bioethics and Obitiatry, conseiller particulier sur la mort, sur rendez-vous uniquement. »* Puis il se rend au journal local pour passer cette annonce : *« Si vous voulez mourir, contactez-moi, je peux vous aider. »* L'éditeur refuse de publier ce texte. Il va alors se plaindre aux télés de Detroit qui s'empressent de raconter l'histoire, d'ailleurs vite reprise par les chaînes nationales.

Dans son salon, Janet Adkins, 54 ans, voit le reportage sur ce drôle de médecin qui propose gratuitement ses services à ceux qui cherchent une solution digne et rapide pour quitter la vie. Elle se met aussitôt en rapport avec Kevorkian et lui transmet son dossier médical révélant qu'elle souffrait de la maladie d'Alzheimer.

« Après avoir contacté leur médecin traitant, je demande toujours des preuves de leur atteinte à mes clients. Et j'essaie de les dissuader. Je leur demande de tenir encore un peu, d'aller plus loin dans la vie. »

Janet Adkins reste imperméable à ces recommandations. Elle est pourtant encore en pleine forme puisque huit jours avant sa mort elle bat son fils de 30 ans au tennis. Mais elle connaît l'évolution de son mal, son irréversibilité et refuse d'être témoin de la dégradation de son cerveau. Il y a plusieurs rendez-vous entre Jack, Janet et sa famille. À chaque fois, Kevorkian tente de décourager sa patiente. En vain.

« J'ai alors constaté que j'étais seul, très seul, dit Kevorkian. L'opération, pour des raisons légales, devait se dérouler dans le Michigan. Il me fallait un local décent. Je ne pouvais pas faire cela chez moi. Je suis allé voir des prêtres, des entreprises funéraires, des hôtels, des motels, des associations d'aide à la mort. Nul n'a voulu nous héberger. »

Alors Jack aménage sa camionnette Volkswagen, y installe un lit, va chercher des draps propres, des oreillers et gare son véhicule sur un parking public. Puis Janet monte à l'intérieur, s'allonge et quand elle le veut vraiment, appuie sur l'interrupteur. Sa détermination est telle qu'elle l'actionne trois fois. Jack dit : « On a encore quinze secondes pour tout arrêter. » Elle fait non de la tête, murmure : « Merci, merci, merci », et le penthotal s'écoule. En la voyant fermer les yeux, Jack prend sa main et dit : « Faites un bon voyage ». Puis le potassium fait son travail. Cela prend quelques minutes. « Elle avait un bon cœur, se souvient Jack, un cœur solide. Je le sais, je le surveillais sur l'électro. » À l'arrière du camion, la sœur de Janet récite des Notre Père.

Présenté devant la justice, Kevorkian ne fut pas incarcéré. On lui confisqua seulement sa machine à six sous et sa camionnette en lui faisant promettre de ne plus aider quiconque à se suicider tant qu'un jugement définitif ne serait pas rendu sur son cas. « Après avoir aidé Janet, je suis resté seul un moment dans la Volkswagen. J'étais éprouvé, perdu, vidé. On peut facilement parler de tout ça. Mais le faire, croyez-moi… Je ne suis pas un criminel, dit Jack dans le silence de la bibliothèque. J'en ai assez de ces injonctions permanentes de la justice, de l'hypocrisie de mes confrères. Le suicide est légal mais l'assistance, non. Qu'est-ce que ça veut dire ? Je désobéirai, je le sais et il le faut. Je sais que mon action ne changera rien, que je parle à des murs, qu'on ne sait plus ce que c'est que la dignité. »

Pourtant, une enquête de la Hemlock Society a récemment révélé que 64 % des Américains étaient favorables au concept de suicide assisté dans le cas de maladie en phase terminale. « Ce n'est pas cela qui changera la loi, ajoute Kevorkian. Simplement, cet intérêt pour l'euthanasie révèle la défiance des gens vis-à-vis de cette médecine hi-tech qui vous prolonge indéfiniment sous respirateur, alors que vous avez perdu depuis longtemps tout pouvoir sur vous-même. »

Jack Kevorkian fait tourner son chapeau de paille entre ses doigts. Il cite Socrate et Platon, prononce des phrases définitives comme : « Le degré d'évolution d'une civilisation est inversement proportionnel au nombre de médecins qui la composent », et condamne l'hypocrisie et la cupidité de la majorité des membres de sa profession.

Nous marcherons jusque devant le 223. Il montera chercher l'une de ses cartes de visite à l'étage, disparaîtra dans le noir de l'escalier et en resurgira comme s'il fuyait cet endroit. En sortant le bristol de sa poche, il dira : « J'ai mis Obitiatry parce que je ne pouvais pas faire inscrire Euthanasiste.

– Vous pensez sans arrêt à la mort ?

– Oui, Comme vous. Comme tout le monde.

– Vous imaginez la vôtre ?

– Disons que si un jour je suis atteint d'un sale truc, je me servirai moi-même de ma machine. Je la brancherai, je songerai à ce qu'aura été ma vie, je regarderai une dernière fois autour de moi et j'appuierai sur l'interrupteur. Vous connaissiez Bettelheim. C'était un grand, lui. Vous avez vu comment il a fini ? La tête dans un sac. Il s'est suicidé, tout seul, en s'asphyxiant la tête dans un sac. »

Nous avons fait quelques pas dans Main, puis obliqué dans un parking. Au milieu des voitures alignées comme les dents d'un peigne, Jack a dit : « Mon propriétaire est très catholique. J'ai bien peur qu'un jour ou l'autre, avec tout ça, il ne me mette à la porte. » Puis, après un silence et un regard sur ses chaussures, il ajoute : « Le suicide, il faut en parler autrement. Le suicide, ce n'est pas à glorifier ni à condamner. C'est seulement pour un homme, à un sale moment, la liberté de choisir. Vous savez quel est le produit le meilleur pour en finir ? Le monoxyde de carbone. Pas de souffrance, pas d'odeur, pas de goût. »

Jack est un drôle de bonhomme dont on peut dire et penser ce qu'on veut ; qui, avec son chapeau de paille, ne paie pas de mine ; qui a parfois des idées bizarres et qui, avec ses analyses, ne bouleverse pas la structure de la pensée. Simplement, on se dit que, parfois, il doit être rassurant de savoir qu'un type comme ça, avec sa machine à flacons, habite dans le quartier. Et que lorsque vous jugez que la maladie vous a trop dégradé et l'angoisse assez humilié, il suffit d'aller au 223, taper avec une clef au bas de l'escalier, contre la porte vitrée.

Royal Oak, Michigan, 16-08-90

De sang-froid

« Décider ainsi de ma mort est la meilleure décision que j'ai prise dans ma vie. » Il faut savoir que l'homme qui parle habite au 4010 Norman Drive, Sunnyvale. Qu'il vient de nourrir ses chats. Qu'il a fini sa journée de travail et se relaxe en attendant des amis. Il faut savoir aussi qu'à partir de maintenant on pénètre dans l'univers d'un incurable, qu'on n'y mesure plus le temps avec des montres et que la seule morale y est celle de l'imminence. Il faut savoir enfin que, pour écouter l'histoire de cet homme de 46 ans qui s'apprête à se détacher ainsi de la vie, on doit drôlement s'accrocher.

Cela a duré plusieurs semaines. Il y a eu les allées et venues à l'hôpital, les examens, les explorations, les scanners, les soirées d'angoisse et les instants de regain. Et puis, avec un vocabulaire choisi, les médecins ont graduellement préparé Thomas Donaldson à la réalité du diagnostic. Oui, c'est vers le début de l'automne 88, avec une grande économie de mots, qu'on lui a annoncé la présence d'une tumeur cancéreuse dans son cerveau. Et tout est parti de là. Toute l'histoire, toute la suite. Donaldson, chef mathématicien de MIMB, une société californienne d'informatique, a alors calculé sa vie comme un algorithme et étudié sa mort en termes de probabilités et de statistiques. « Franchement, cela n'a rien d'extraordinaire. Il est un moment où l'on doit être lucide. Je sais que j'ai 60 % de chances de mourir dans les quatre ans qui viennent. Avec ce type de cancer, à peine un malade sur trois arrive en phase terminale. Vous voyez, je n'avais pas un choix extraordinaire. »

C'est en 1972, bien avant donc son atteinte, que Thomas Donaldson découvre la cryogénie, cette technique de congélation *post mortem*, censée conserver les corps dans un état d'apesanteur temporelle en vue de les réanimer, un jour, lorsque les progrès de la médecine auront permis de combattre les maux qui les ont accablés. Cet exercice ressemble davantage à un acte de foi, une ultime raideur, un caprice d'acteur, plutôt qu'à une pratique scientifique et rationnelle. En trente ans d'expérimentation, les adeptes de la cryogénie n'ont enregistré qu'un seul succès : ils ont congelé un chien beagle de 3 ans et l'ont ensuite ramené à la vie. Ce modeste palmarès n'a pas empêché les sociétés spécialisées dans le froid éternel de prospérer. Et il n'est pas rare de voir dans les hôpitaux américains des équipes de « cryogénistes » attendre que la mort clinique d'un malade soit déclarée afin de se précipiter sur lui, de le vider de son sang, de lui injecter à la place une solution de glycérol, sorte d'antigel pour voitures, et de le transporter en urgence dans un congélateur de la compagnie.

Thomas Donaldson sait tout cela. Il sait aussi que chaque jour, chaque nuit qui passe l'amoindrit, que son cerveau va insensiblement se détériorer, sa pensée s'étioler, sa lucidité et sa logique se réduire. Et qu'il pourrait même, ainsi diminué, accepter de vivre jusqu'au terme, contre son gré. Alors il a pris sa décision. Le lundi 23 avril, il est monté dans sa voiture et s'est rendu au bureau du district attorney de Santa Barbara. Et il a demandé l'ouverture d'un procès devant la Haute Cour. Voici les termes juridiques de la procédure engagée : « Donaldson désire être placé en suspension cryonique avant que soit déclarée sa mort naturelle. Ce faisant, Donaldson requiert l'assistance de tiers, à savoir une équipe spécialisée de suspension cryonique. » En d'autres termes, Thomas Donaldson veut partir vers la mort de sang-froid et être congelé de son vivant. Il réclame le droit à une euthanasie propre, douce, au moment qu'il jugera opportun.

Le problème réside dans le fait que les volontés du mathématicien impliquent des tiers « aidants ». Et c'est cela qui complique tout. Car ce personnel, on va le voir, prend une part prépondérante dans l'affaire. D'abord Donaldson a choisi sa compagnie de cryogénie : Alcor Life Extension, une société de Riverside, près de Los Angeles. Ensuite, il veut que des spécialistes de ce *« team »*, comme il dit, l'« anesthésient », c'est-à-dire le conduisent à la mort, procèdent à l'échange sang-glycérol, le congèlent, et qu'enfin des chirurgiens séparent soigneusement sa tête de son corps.

« C'est parfaitement exact, ajoute Donaldson. Je veux que tout se passe ainsi. Et je vais vous expliquer pourquoi. Je veux être congelé tôt pour stopper l'évolution de la maladie. À quoi bon recourir à la cryogénie si c'est pour conserver un cerveau détruit ? L'intervention chirurgicale ? C'est très simple. Je sais qu'il est plus facile de stocker une tête ainsi isolée. Le moment venu, il sera aussi plus aisé de la réactiver. Il suffira de la greffer sur un corps valide. Dans dix ou vingt ans, je pense que ce sera là une pratique courante de la médecine. Bien sûr, je fais un pari qui peut sembler absurde aujourd'hui, mais quel est mon choix ? Je ne sais pas s'il est important que je revive un jour. Mais si cela doit se faire, je pense avoir choisi la méthode la plus rationnelle. » La plus problématique aussi au regard de la loi. Car dans l'état actuel des choses, toutes les personnes qui auront aidé Donaldson seront inculpées de meurtre. Et c'est pour cela que le mathématicien attaque l'État de Californie en justice. Il considère que ses droits sont garantis par la Constitution américaine et qu'en s'opposant à ses volontés « on viole sa liberté de contrôle sur son propre corps ».

Le patron d'Alcor Life Extension s'appelle Carlos Mondragon. Il se sent très proche de son client – « On l'assiste et on le soutient, tant auprès de la justice que face aux médias » – et n'éprouve aucune gêne à annoncer le prix de ses interventions : 35 000 dollars (20 millions de centimes) pour congeler une tête, 100 000 dollars (50 millions de centimes) pour un corps entier. Alcor a bien l'intention de plaider aux côtés de Donaldson et de réclamer le droit d'aider ses patients à se suicider. Curt Hinman, le doyen des juges de Riverside, ville où la compagnie a son siège, est convaincu qu'Alcor Life Extension n'a pas attendu ce procès pour pratiquer des « interruptions volontaires de vie ». Il rappelle ainsi le cas de Dora Kent, cette femme de 83 ans dont on avait congelé la tête pendant que de sérieuses doses de barbituriques l'amenaient paisiblement vers la mort. « Il n'y avait pas eu de poursuites à l'époque, poursuit Hinman, car il avait été impossible de déterminer quels employés de chez Alcor avaient physiquement participé à ce "suicide". »

À Santa Barbara, que ce soit chez le shérif Vizzolini ou au bureau du district attorney Thomas Sneddon, on s'en tient pour l'instant à la stricte application des textes : « Si Alcor congèle Thomas Donaldson alors qu'il est encore vivant, nous poursuivrons les gens responsables de cet acte pour meurtre. Si Donaldson gagne son procès, les choses seront alors différentes. Cela voudra dire que la Cour a accepté d'interpréter la loi actuelle au point d'en créer une nouvelle qui officialisera l'euthanasie. Le jugement ne sera pas rendu avant deux ou trois ans et, si vous voulez mon sentiment, il m'étonnerait que la Cour accède aux volontés de Donaldson. » Le porte-parole de Thomas Sneddon ne laisse pas grand espoir au mathématicien. En tout cas, lui est décidé à se battre dans la légalité. Il a même enrôlé trois avocats de Los Angeles : Tepper, Ashworth et Epstein. Ce procès est bien sûr une affaire personnelle, mais on sent bien que Donaldson a aussi le désir de porter le débat devant le public : « J'aurais pu faire cela discrètement, ajoute-t-il. Vous savez, je ne suis pas le seul à désirer être "suspendu" par la cryogénie de mon vivant. Au moment où nous parlons, je connais une femme qui se prépare et qui va partir ainsi, bientôt. Elle se trouve actuellement à San Francisco. »

Tous les matins, à Sunnyvale, Donaldson se lève, nourrit ses chats et part travailler à MIMB. Dans quelque temps, il espère se retirer à Santa Barbara. En fait, tout dépendra de l'évolution de la tumeur. Thomas Donaldson, en bon mathématicien, sait qu'il a fort peu de chances de se faufiler au travers des statistiques. Aussi s'applique-t-il à déterminer le juste moment où il devra prendre l'initiative de ce jeu désespéré qui consiste à se mutiler dans le froid artificiel pour éviter la glaciation éternelle. C'est une drôle de chose. « Je comprends qu'on soit choqué par tout cela. Mais je crois que l'on doit laisser à chacun le droit de finir comme il l'entend. D'ailleurs, dans le procès que j'ai intenté, je demande qu'à aucun moment, quel que soit le verdict, on n'autorise un médecin légiste à examiner ma tête une fois qu'elle aura été congelée. Vous savez, je ne suis pas fou. Si par miracle ma tumeur se stabilisait, si mon cerveau n'était pas davantage endommagé, je n'aurais pas recours à la cryogénie. Mais je sais quelles sont mes chances. Et, d'un autre côté, croyez-vous qu'il soit plus "moral" ou plus "légal" de maintenir, peut-être contre leur gré, en réanimation, sous respirateur, pendant des semaines et des mois, des gens se trouvant en phase terminale et dont le cerveau est détruit ? Économiquement, l'acharnement thérapeutique coûte bien plus cher qu'une "suspension" par le froid. Comme tout le monde, je connais parfaitement les limites de la cryogénie. Rien n'est garanti. Mais c'est une des formes de l'espoir. Je vous l'ai déjà expliqué : je ne dis pas qu'il est nécessaire de revivre. Mais avec ce que j'ai dans le cerveau, à mon âge, J'ai envie d'essayer. »

À Santa Barbara, en roulant sur State Street, on pense à cette tête tranchée, à ces yeux de givre, à ces 30 000 dollars versés en échange d'un peu de glycérol. On pense à la tumeur, aux humeurs qu'elle engendre, au courage qu'il faudra pour l'anesthésie du dernier moment. Si un jour Donaldson revenait des grands froids, il pourrait alors dire, comme l'écrivain R.H. Dana : « Quand la mort vous manque, il est indifférent que ce soit d'un cheveu ou d'un mille. »

Sunnyvale, Californie, 14-06-90

Tristes tropiques

Key West. Route n° 1, kilomètre 0

Selon que l'on vient du nord ou du sud, selon que l'on croit ou non que la vie a un sens, c'est ici que commencent ou finissent les choses, à l'angle de Whitehead et de South Street, face à l'océan, devant la borne kilométrique zéro de la route n° 1. Au nord de ce plot de ciment, il y a Miami à 153 miles, de la lumière, des bars, du tabac à fumer, des motels douteux et des insectes qui dansent la nuit autour des lampes. Au sud, il y a l'eau et les requins. Au kilomètre zéro, l'avenir n'a qu'une direction. Ralph et son ami se font photographier devant la borne. C'est l'usage. « Surtout, qu'on voie bien l'inscription », gueule Ralph. L'inscription dit : « The southernmost point continental USA », suivi de : « Ici commence l'Amérique ».

« Pour Mosquito et moi, l'Amérique, c'est là qu'elle va se terminer, continue Ralph. On va finir nos jours à rôder autour de cette borne. Tu sais pourquoi je l'appelle Moustique, mon copain ? Parce que c'est lui qui m'a piqué, lui qui m'a refilé cette saloperie. Maintenant on l'a tous les deux. Il ne nous reste plus qu'une chose à faire : patienter une cigarette au bec et un verre à la main. Et puis, je vais te dire, on va manger de l'espadon tous les soirs et faire du vélo tous les après-midi. Et celui qui nous en empêchera, crois-moi, il a pas encore débarqué sur les keys. » Ralph a 47 ans, et Mosquito dix de moins.

Ils sirotent une Budweiser, et se repassent la photo Polaroïd. Ils enverront le cliché à leurs amis qui sont restés à New York. Un cliché pris à 90 miles de Cuba, sur une côte flottante de l'Amérique, un cliché où l'on voit deux types souriants, debout sur la route n° 1, devant la borne du kilomètre zéro.

Key West. Memorial Hospital, 5900 Stock Island

Sur le chemin qui mène au Memorial, on croise une pancarte portant la mention : « *Arrive Alive* ».

Pourtant, le plus difficile n'est pas d'arriver mais bien de repartir vivant de cette île. « Avant de venir à Key West, je dirigeais un hôpital identique dans le New Hampshire, raconte Donald Mayer. En trois ans, là-bas, j'ai vu un cas de sida. Ici, nous en traitons entre trois et cinq par semaine. Nous soignons tout le monde sans nous préoccuper de savoir si nos patients sont solvables. » Bilan de l'année écoulée : un déficit d'un million de dollars. « Cela ne compte pas, nous avons ici un devoir d'aide envers ceux qui souffrent et je n'ai jamais entendu qui que ce soit se plaindre que les indigents ne payaient pas. »

Il y a 30 000 habitants à Key West. Les homosexuels représentent plus de 25 % de la population. Le taux de malades atteints du sida est le plus élevé de tous les États-Unis et bien supérieur à celui de New York et de San Francisco. Pour l'instant, on évalue à 200 le nombre des cas révélés. « Je sais tout ça, continue Donald Mayer. Je suis bien placé pour juger du problème. Mais je n'oublie pas que nous avons une dette immense envers toute la communauté gay de Key West. C'est elle qui a transformé cette bourgade de pêcheurs en station balnéaire, elle qui a donné du style à cette ville. Alors voilà ce que je pense : quand on a le sida, autant le subir au soleil, chez soi et parmi les siens. Nous, nous sommes là pour aider ceux qui souffrent. Vous ne m'enlèverez pas de l'idée que cette île est un bien bel endroit pour mourir. » En sortant du Memorial, on se dit que Mayer est bien proche de ce personnage de Hemingway dans *En avoir ou pas*, qui, à la question : « Croyez-vous qu'ils vivront ? », répond : « Non, mais on ne le sait jamais ».

Key West. Sherif's Office, 530 Whitehead Street

Le shérif John Allison Defoor II a un bureau de sénateur. Un bureau clair et frais, tout en cuir et acajou. Le dernier type qui ait fumé ici est mort avant l'élection de Harry Truman. La bibliothèque de J.A. Defoor II ressemble autant à celle d'un médecin généraliste que d'un juriste. On y trouve des textes sur les rigueurs de la loi et sur les désordres du sida. On dirait que cet homme pourchasse la maladie tout autant qu'il traque la délinquance. Defoor II est républicain. Il dit qu'en quelques années il a vu disparaître une centaine de gens formidables, capables, qui étaient « la fierté de la ville ». Il dit qu'il n'y a rien d'extraordinaire à être le shérif d'une communauté gay. Il dit qu'il est fier que douze contribuables de sa cité aient versé 437 500 dollars en une journée pour bâtir une sorte d'hôtel des derniers jours, où les malades atteints du sida seront accueillis et aidés. Il dit tout cela, Defoor II, et il ajoute : « Toutes ces dernières quatre années, je n'ai vu que deux cas de délinquance liés à la maladie. Deux affaires de viol. Et vous savez, à chaque fois, ce que les types m'ont dit, quand ils se sont retrouvés assis dans ce bureau ? "On en a rien à foutre de ta loi. Ta loi n'existe plus puisqu'on va crever". »

Key West. Église épiscopale St. Paul, 401 Duval Street

Par plus de 30 degrés, un type en chemisette et pieds nus tape comme un sourd sur le clavier d'un vieux piano Everell. Autour de lui, une quinzaine de vieilles langoustes à lunettes hurlent des cantiques qui remontent du fond de leur vaste poitrine. Lorsqu'elles aperçoivent le pasteur Hugh McGlashon, elles baissent considérablement le volume de leurs incantations. « Continuez, continuez, mesdames, je vous en prie. » McGlashon est à la tête de la plus grande église de la ville. La semaine dernière, un Allemand qui tenait son petit ami par la main s'est fait tabasser sur le parvis de St. Paul par sept jeunes Américains. « J'ai fait un sermon dominical très virulent sur le sujet, raconte McGlashon. Une chose pareille n'était jamais arrivée dans notre ville, et c'est intolérable. Il y a eu du sang sur la façade de la chapelle. Je ne pouvais l'accepter. D'autant plus que quelques jours avant je venais de perdre un de mes meilleurs amis, victime du sida. » McGlashon reçoit les malades à St. Paul. Il ne leur parle pas de spiritualité, ni de Dieu, ni des Évangiles. Mais simplement des jours qui filent et de la vie qui passe. Là encore, comme chez le shérif Defoor II, l'urgence semble remodeler les attributs de la fonction. McGlashon paraît convaincu que, dans sa situation, il est plus important d'essayer de soigner les corps que de sauver les âmes. Il dit cela en quelques mots pudiques : « L'Église n'est pas préparée à combattre cette détresse. » Même si un prêtre d'une autre paroisse, le Révérend Jindreau, organise chaque semaine des dîners pour les homosexuels atteints de la maladie. Alors, pendant qu'autour du vieil Everell s'égosillent les strictes dames de St. Paul, Hugh McGlashon, résigné et impuissant, administre les derniers sacrements, enterre les morts dans le blanc cimetière de Poorhouse Lane et semble hanté par cette phrase du romancier local Thomas Sanchez : « Il savait bien que pour parvenir à bon port il faut sans cesse nourrir les saints. L'ennui, c'est que de nos jours plus personne ne sait ce que mangent les saints. »

Key West. Walt Marlowe, 612 Fleming Street

Un marlou, Marlowe ? C'est difficile à dire comme ça. Walt est un personnage influent de la communauté. Son job, en quelque sorte, c'est le gay business. En tant que président de la Guilde des commerçants, il organise des manifestations à caractère homosexuel. Parfois d'un goût marécageux. Son dernier coup, pour relancer Key West et faire oublier tout ce que la presse américaine a pu écrire sur cette « capitale du sida » : une grande élection de Miss Lesbienne-K.W. Deux catégories pour ce prix : « Miss Lascive » et « Miss Virile ». Cinq cents candidates sont venues concourir de tous les coins des États-Unis. Marlowe est en train de monter d'autres projets : « Vingt-quatre heures dans l'eau pour les homos », un festival du film gay, suivi d'une gigantesque parade costumée. Quand on lui demande si tout cela n'est pas un peu déplacé dans la situation actuelle, Marlowe, surpris, sourit, remonte ses lunettes et dit : « Life must go on. » Walt est sincère. Simplement, sa conception de l'existence est avant tout spectaculaire, marchande. Tant qu'il y a de la vie, il y a des royalties. « Je ne suis pas indifférent au malheur qu'il y a autour de moi, mais malgré la situation actuelle, mes shows attirent les touristes. C'est cela aussi la réalité. Il faut prendre en compte ses effets économiques et ne pas oublier que la ville regorge de commerces tenus par des gays. La maladie tue des gens, j'essaie de faire vivre les autres au mieux. »

Quand il s'est présenté à l'élection de la présidence de la Guilde, tout le monde a voté Walt. Le nom de sa société reflète bien les sentiments qu'inspire l'homme : *« Impressions unlimited »*.

Key West. Channel Five, Cablevision, 1700 North Roosevelt Boulevard

Cette semaine, tous les soirs à 20 heures, Channel Five diffuse « Aids Today ». Deux ou trois heures quotidiennes en *prime time* consacrées à la maladie. Des spécialistes répondent en direct à des questions parfois surprenantes des téléspectateurs qui appellent par téléphone :

« J'étais persuadée qu'en prenant la pilule, j'étais à l'abri du sida. Je croyais que le *safe sex* et la contraception, c'était la même chose. Vous croyez que je dois me faire tester ?

– Vous le devez. Vous le devez pour vous, et ceux que vous aimez. »

Appel suivant :

« Bonsoir, j'ai 77 ans et je viens d'être infecté.

– Par transfusion ou piqûre ?

– Non, sexuellement.

– Je comprends.

– Je risque d'avoir des problèmes d'argent.

– On peut peut-être vous aider ? »

Deux heures plus tard, en ville, adossé à son comptoir, le barman du Wharf regarde l'émission qui n'est toujours pas finie. Un dollar, que quelqu'un a accroché à une pale du ventilateur du plafond, tourne lentement au-dessus de sa tête comme une mouche verte.

Key West. Sue Barrosa, 1 Key Lime Square

Sue Barrosa a bien connu Tennessee Williams. Il habitait la maison à côté de la sienne. Quand elle parle de lui, voilà ce que ça donne : « Que voulez-vous que je vous dise ? Pour moi, c'était mon voisin. Voilà tout. Un type agréable qui avait une vie simple et qui, lorsqu'il sortait dans la rue, marchait normalement. » Sue Barrosa, qui dirige une société de relations publiques, est la nouvelle présidente de la chambre de commerce de Key West. Quand on passe une matinée avec elle, on se dit qu'elle pourrait tout aussi bien être l'épouse du Révérend McGlashon. « J'ai envie de vous dire vraiment ce que je pense. En tant que femme et en tant que présidente. À Key West, même si cela doit surprendre, nous devons accueillir les gens atteints du sida. Même si cela fait fuir les touristes, même si cela n'est pas bon pour le commerce. Tant pis. Sur notre île, nous avons toujours accueilli tout le monde. Les Cubains, les Haïtiens, c'est presque une vocation. Nous devons être avant tout compatissants envers les malades qui viennent chercher un peu de paix chez nous, nous sommes entourés de gens contaminés, et alors ? J'avais quatre employées, trois sont mortes du virus. Jusqu'au bout elles ont continué à venir ici et nous avons bien vécu ensemble. Récemment, j'ai perdu des amis et des membres de ma famille. Et je persiste à le répéter : à Key West, il faut que ces gens se sentent bien. Les répercussions sur l'économie de l'île ne doivent pas être notre problème et c'est la présidente de la chambre de commerce qui vous le dit. Vous voulez savoir aujourd'hui ce qui me préoccupe ? Le temps qu'il fera demain. » Le lendemain, il a fait très beau, avec 29 degrés, une légère brise et 80 % d'humidité.

Key West. Maison de Hemingway, Truman Avenue

Un couple d'homosexuels se fait photographier devant l'entrée. Ils se tiennent par la main. Ils viennent de Denver, Colorado. Ils tiennent avant tout à passer du bon temps malgré ce qui se raconte. Et le bon temps, c'est une partie de pêche au tarpon. « J'espère qu'on aura de la chance », disent-ils en remontant dans leur Chrysler décapotable. En les voyant s'éloigner sur Truman, je pensais à cette phrase de Thomas Sanchez : « Un bon pêcheur, c'est pas celui qui a de la chance. Un bon pêcheur, c'est celui qui sait attraper un poisson qui, lui, n'en a pas. »

Key West. Cimetière Samantary, Poor House Lane

Cela fait un long moment qu'il ponce la peinture blanche de deux caveaux jumeaux délavés par le temps des tropiques.

« Ils avaient besoin d'un bon coup de neuf, dit le type.

– On repeint notre dernière maison », rigole sa femme.

Ce couple ne se préoccupe pas vraiment de savoir si les ennuis et la maladie commencent réellement à partir du kilomètre zéro de la première route d'Amérique. Ils grattent seulement la pierre qui les attend. Et quand on les questionne, ils répondent qu'il n'y a pas, enterrés ici, autant de gens morts du sida qu'on pourrait le croire. « Quand ils sentent venir la fin, et s'ils en ont encore la force, la plupart quittent l'île et retournent vers la terre où ils sont nés. Les choses sont comme ça. » Le type a ouvert le pot de peinture blanche. On sent qu'on le dérange. On sent qu'il est pressé d'en finir.

Key West. Bar Red Place, Caroline Street

Un vrai trou à rats. On boit dans une fosse. On boit de la bière, des mélanges tordus mais pas des cocktails pour pedzouilles. On boit pendant des heures lassantes, sous des lumières finissantes. Scotty Chelsea est à la guitare. Il chante des trucs de Skynard Linard. Et puis aussi de B.B. King. Howard, son meilleur ami, fête ce soir ses 70 ans. Il a déjà vidé pas mal de verres. Quand il parle de pêche, sa langue s'agite dans sa bouche comme un gros thon. À un moment, il retrousse sa barbe et dévoile des dents à faire fuir les requins : « Tu vois, nous on s'en fout de savoir qui tu es, si tu as le sida ou si tu l'as pas. Dès l'instant où tu rentres, où tu t'assois sur ce tabouret, où t'écoutes la musique de Scotty, où tu bois les mixtures de Tom, où tu reluques pas ta montre toutes les cinq minutes, tu peux considérer que tu es ici dans ta maison. »

À quelques nuances près, c'est un peu la même chose au 801, au Green Parrot, à la Conch ou dans les 1 643 boîtes à musique qui affirment en devanture être « le bar favori de Hemingway ». On y trouve des types avec des verres à la main et du temps qui leur file entre les doigts, des types qui, pour certains, ne sont plus là pour très longtemps. « Ces gars-là, ça ne me gêne pas de les saluer, continue le vieil Howard. Faut jamais refuser sa main à un type qui va mourir. » Au restaurant Exile, sous la végétation tropicale, on peut manger de l'espadon à 12 dollars 95 la portion. À une table, vers le fond et parmi les bestioles qui dansent dans la lumière, près du piano, Ralph et Mosquito s'en tapent une tranche.

Key West, Florida, 19-04-90

Votre sida m'intéresse

Il ressemble à un homme qui sourit, quelqu'un qui croit qu'il a la vie devant lui parce le jour se lève et qu'il serre entre ses mains le dernier moulinet de chez Mitchell. Il ressemble à un homme confiant, pénétré de l'idée de pouvoir tirer de l'eau tous les flétans du Pacifique. Un peu plus haut, sur la corniche du Camino del Mar, il a garé sa Chrysler New Yorker, qui sur ses pare-chocs porte cette inscription : « Le travail, c'est pour les types qui ne pêchent pas. » Et depuis qu'il est gosse, Glenn pêche. Il ne se souvient pas d'être venu sur terre pour autre chose. Il est toujours à traîner dans l'un des coins de la baie de San Francisco, le matin, le soir, que la brume monte ou que tombe la pluie. Et quand sa canne de fibre s'arrondit, que le fil se met à danser, il répète les gestes que son père lui a appris, et quelque chose s'anime dans sa poitrine, lui faisant éprouver le sentiment qu'il ne sera jamais malade tant qu'à l'autre bout de la ligne les poissons s'intéresseront à lui. Glenn est né en 1954. Il est atteint du sida. Il est au stade *full blown* (épanoui), c'est-à-dire vers la fin. Les calculs des statisticiens lui accordent 14,6 mois de vie. Il devrait mourir durant l'hiver de l'année prochaine.

Glenn est au courant de son état et des pronostics. Il sait qu'à partir d'aujourd'hui il lui reste, au mieux, six ou sept cents poissons à pêcher et que dans les derniers temps, ce sera même très difficile de remonter la prise. Il sait aussi que, quelque part dans le pays, un homme qu'il ne connaît pas, qu'il n'a jamais vu, attend cette échéance avec une certaine impatience. Car le jour où Glenn disparaîtra, l'inconnu empochera les 100 000 dollars de son assurance-vie. Grâce à un intermédiaire, Glenn la lui a vendue pour 60 000 dollars, en liquide, il y a moins d'un mois. L'investisseur a fait un placement sans risque lui garantissant un bénéfice de 40 000 dollars en un an. Glenn dit qu'il pense souvent à cet homme en se demandant s'il a une femme, des enfants, s'il est croyant et à quoi ressemble sa maison. Il dit qu'il ne lui en veut pas, au contraire, que c'est la règle du jeu et qu'il l'a acceptée. « Il a misé sur ma mort, mais c'est grâce à lui que je suis là. Tout ça ne regarde personne, sauf lui et moi. » Glenn relance sa ligne, le moulinet fait un bruit de pédalier de vélo bien huilé et le plomb, loin, pénètre dans l'eau froide. Glenn allume une cigarette. « Dans un an, ou peut-être avant, c'est moi qui me débattrai à l'autre bout. »

Il y a des histoires qui vous cassent en deux, qui vous font douter de tout un tas de choses. Celle-ci en est une. Elle raconte comment des hommes et des compagnies apparemment respectables spéculent sur des mourants et gagnent des millions de dollars grâce au sida, en versant aux malades en phase terminale de 50 à 80 % de la valeur de leur assurance-vie et en percevant la totalité au moment de leur décès. On peut appeler cela un *viatical settlement*, ou un placement à taux d'intérêt compassionnel, ou encore l'ultime barbarie des zoos du profit.

Pour simplifier, disons que tout commence un soir à San Francisco dans une chambre d'hôtel exotique à 75 dollars la nuit, avec des pigeons sur la fenêtre, des voisins asiatiques qui crient dans les couloirs et, dans la rue, du brouillard de mer. En feuilletant la presse gay, de la ville, on tombe sur une publicité qui dit : « La société

Living Benefits est en mesure de soigner l'un des pires effets secondaires du sida, les problèmes financiers. Votre assurance-vie peut vous procurer une rentrée d'argent liquide pour payer vos soins, vos frais de maison ou simplement vos vacances. Nous pouvons vous offrir immédiatement de 55 à 80 % du montant de votre police en fonction de votre bilan médical, qui sera analysé confidentiellement par notre équipe de spécialistes. Je vous en prie, appelez-nous. Nous comprenons votre lutte contre le sida. Peut-être pouvons-nous vous aider financièrement dans ce combat. » Ce texte occupe toute la page 28 du *BAR* (« Bay Area Reporter ») du 29 octobre 1992. Un peu plus loin, dans ce même journal, une autre annonce : « Vendre votre assurance-vie pour du cash, c'est simple et facile ! Si vous êtes à la fin du processus… il est temps d'appeler Steven Simon, président d'America Life Resources. » On prend *Sentinel*, l'autre hebdomadaire homosexuel de la ville, et on retombe sur des offres similaires : « Pour ceux qui souffrent d'une maladie terrible, un soulagement financier est désormais possible. Convertissez votre assurance-vie en cash et redonnez à votre existence indépendance et dignité. Téléphonez à Financial Lifeline Inc., appel gratuit. » C'est comme ça que tout commence, un soir d'automne, à San Francisco, entre des Nippons et des ramiers, assis sur un lit de louage, en lisant d'invraisemblables choses dans le journal.

Avant d'éteindre la lumière on parcourt la liste des avis de décès : Tim Fontenot, 33 ans ; Brian York, 48 ans ; John Emil Danze, 42 ans ; George S. Nesbit, 39 ans ; Michael Robert Clendenien, 38 ans ; Stephen R. Farthing, 40 ans ; Charles Thomas Shanley, 38 ans ; Robert Kent Thurman, 35 ans ; Harold Sill, 33 ans ; Jim C. Shurtleff, 38 ans. Et l'on se dit qu'un peu plus tôt dans la journée les annonceurs du *BAR* et de *Sentinel*, ces prospecteurs d'incurables, ont forcément dû faire la même chose. Avec une attention redoublée. Pour savoir si, dans le lot, ils avaient un gagnant.

Le lendemain matin, à la première heure, on téléphone à Living Benefits, à Albuquerque, Nouveau-Mexique. C'est Cale Carson, le vice-président de la société, qui répond : « Ravi que vous vous intéressiez à notre travail. Nous sommes parmi les premiers à avoir eu cette idée de racheter les assurances-vie des gens atteints du sida en phase terminale. Nous gagnons de l'argent, bien sûr, mais nous aidons aussi réellement ceux qui nous font confiance. Après les évaluations médicales de nos experts, on paie cash de 55 à 80 % du montant de la police. Tout dépend de l'espérance de vie du malade. Si elle excède vingt-quatre mois, on ne traite pas. Si nous faisons affaire, en revanche, nous payons par exemple 60 000 dollars une police qui en vaut 100 000. Six mois ou un an plus tard, lors du décès de notre client, nous touchons l'intégralité de la prime, c'est-à-dire que nous réalisons un bénéfice de 40 000 dollars. Pour l'instant, nous avons racheté 600 contrats. Cela fait pas mal d'argent dehors. Sans parler du risque que nos malades vivent plus longtemps que prévu ou que l'on trouve une nouvelle thérapie efficace… Jusqu'à maintenant nous n'avons pas été confrontés à ce genre de problème. Je ne serai pas hypocrite avec vous, c'est vrai, plus vite meurent nos partenaires, plus vite nous rentrons dans notre argent. » Le brouillard et les pigeons se sont envolés. Les Japonais, eux, entassent des bagages démesurés dans le couloir.

En vous écoutant, assis derrière son bureau de Shipley Street, Ray Chalker, éditeur de *Sentinel*, l'hebdo homosexuel militant de San Francisco, hoche la tête, avec cette expression à la fois attentive et désinvolte propre aux Californiens, puis dit : « Pensez ce que vous voulez, moi, je ne trouve pas ça immoral. » Ses yeux se fixent alors dans les vôtres et, avec une peine contenue, il vous confie qu'en trois mois trois membres de sa famille, ainsi que son petit ami, sont morts du sida. Ce dernier avait une assurance de 150 000 dollars. Un an avant de disparaître, il l'a vendue 80 000 à une compagnie spécialisée. Et quand tout cela a été réglé, il est parti vivre au Mexique et ensuite à Hawaii. « Les derniers temps, il ne pouvait plus bouger, ni même s'alimenter. Alors il a pris une nurse privée à demeure pour s'occuper de ses soins, le soulager, l'aider à tenir le plus paisiblement possible. J'étais auprès de lui, et je peux dire que jusqu'au bout il a pu avoir du bon temps. Tout cela n'a été possible que parce que l'argent n'était plus un problème. Uniquement. Mon ami nous a quittés il y a moins d'un mois. » La photo de son visage est restée accrochée au mur.

Dehors, en marchant dans le soleil du port, on repense à tout ça, à tout ce qu'a dit Ray. Par exemple qu'aux États-Unis une bonne protection sociale coûte une fortune, qu'un traitement contre le sida est très onéreux, que la plupart des malades, comme tous les citoyens, sont surendettés, qu'à la fin, quasi invalides, incapables de travailler, ils ne peuvent plus honorer les traites de leur maison ou de leur voiture. C'est sur ce processus inéluctable que misent les prospecteurs. Ils ont aussi leurs informateurs dans les hôpitaux de la ville. Chalker n'a-t-il pas dit que tous les centres de soins possèdent une liste de leurs malades avec des indications sur leur état, l'évolution de la maladie et le temps moyen qu'il leur reste à vivre ? Quand ils « entrent dans la spirale » – c'est l'expression qu'a employée Ray –, chacun sait parfaitement que la mort surviendra dans les six mois. Les soignants, les administratifs sont au courant. Les prospecteurs aussi, évidemment.

Tous ces détails semblent n'intéresser personne. Sans doute parce que, lorsqu'on est à trois ou six mois de la fin du monde, on ne veut plus se consacrer qu'à l'essentiel, c'est-à-dire remonter chaque jour son quota de poissons. Les prospecteurs, qui ont parfaitement compris cela, se contentent d'aleviner en amont, sachant que le jour venu ils récupéreront la totalité des prises, la canne et le moulinet. C'est une charité ichtyophage de bon rapport.

La nuit est tombée comme une pierre. Maintenant on est assis sur le banc d'une église qui sent la cannelle et dont le nom se prononce comme un éboulement : First Congregational United Church of Christ. On est assis, seul, dans cet hémicycle vide, face aux cent cinquante choristes du San Francisco Gay Men Chorus. Et dès que la répétition commence, on comprend très vite qu'il ne faut rien perdre de ces instants uniques, qu'on éprouve là des sentiments que l'on ne pourra jamais transmettre parce qu'ici, dans ce fleuve musical, tout se mélange, la beauté, l'émotion et le courage. Certaines de ces voix ne tiennent que par un fil, soixante-dix-huit des hommes qui composent cet ensemble sont séropositifs ou atteints du sida. Franck Jackson, le directeur du chœur, est un colosse plein d'humanité. Depuis douze ans qu'il est là, il a vu partir ses amis les uns après les autres, parfois dans des conditions terribles. « C'est pour ça que je n'éprouve aucune animosité envers les investisseurs. Je les vois comme des joueurs. Les raisons pour lesquelles ils misent les regardent. Ce que je peux vous dire, c'est que je me servirai moi-même de ce système le moment venu. J'admets que tout peut paraître curieux. Et je ne sais pas si c'est bien. Mais c'est nécessaire. » En rentrant à l'hôtel, dans la voiture, on met un enregistrement du chœur réalisé il y a deux ans. Et en écoutant toutes ces voix chanter *How Fair This Place*, on se demande combien d'entre elles se sont tues à jamais.

Maintenant, c'est la dernière partie du voyage. Nous voici à Waco, Texas, à deux heures de voiture au sud de Dallas. À des années-lumière du monde tel qu'on nous l'avait appris. On est assis dans un bureau climatisé, sur

Sanger, au numéro 6614. À la porte de l'édifice, aucune plaque, aucune raison sociale, simplement la mention *« Private Office »*. De l'autre côté de la table, Brian Pardo, 50 ans, en bras de chemise, civil, propose une tasse de thé. Il est entouré du portrait de ses filles, d'une photo de lui à la Maison-Blanche, bavardant avec Carter, et d'une autre de Reagan, signée de la main de l'ex-président. Waco n'est presque rien. Et pourtant, c'est ici que toute l'histoire a commencé.

C'est Pardo qui a imaginé et développé le concept qui nous occupe. « J'avais un ami banquier qui était en train de mourir du sida. Il connaissait donc toutes les phases par lesquelles passent les malades. Vers la fin de sa maladie, il m'a parlé de son idée, une sorte de viager sur les assurances-vie. » Aujourd'hui, Pardo est le président de Life Partners, la plus importante société de ce secteur, avec cent bureaux ouverts dans le pays, des antennes en Suisse et bientôt à Londres. Brian Pardo assume ce « succès ». Y compris dans ce qu'il peut avoir de gênant. Chaque question reçoit une réponse précise et circonstanciée.

La morale : « Il ne faut pas avoir de blocage sur ce sujet, mais seulement considérer la réalité des choses. Je ne spécule pas sur la mort des malades, puisqu'ils doivent mourir de toute façon. Nous c'est pour bientôt ; eux, c'est maintenant. Alors je me dis qu'au moins je les assiste financièrement. » Le côté pratique de la chose : « D'abord, je ne vends ni n'achète aucune police d'assurance. Je suis un intermédiaire entre le malade et l'investisseur. Ma commission est de l'ordre de 3 à 5 %. Mon travail consiste à savoir si la police est effectivement transférable et si l'homme qui la possède a une espérance de vie véritablement inférieure à vingt-quatre mois. Je fais donc faire un bilan sanguin par nos experts, qui évaluent aussi tout le dossier médical du patient. Il est normal qu'un investisseur qui vous signe un chèque de 100 000 ou 150 000 dollars sache où il va. Ensuite, si tout est correct, je réalise la transaction sans que les deux parties se rencontrent jamais. » L'origine des investisseurs : « Des médecins, des avocats, des petits épargnants et même des assureurs classiques qui ont compris qu'on pouvait à la fois empocher des intérêts de 20 ou 25 % l'an et faire une bonne action. Le dénominateur de mes clients, c'est qu'ils veulent, bien sûr placer leur argent, mais aussi aider leur prochain. Il faut voir ça comme un viager de solidarité, la solution que le secteur privé apporte à un problème de société. »

Et Pardo continue de borner son monde avec cette morale blanche, nantie, hygiéniste et libérale. Il parle du bulletin interne que sa société édite régulièrement et envoie aux investisseurs potentiels. Ces documents sont effarants. Ce sont des listes codées. À chaque numéro correspond un cas, c'est-à-dire un homme vivant qui souffre du sida, avec le degré d'atteinte de son mal, son espérance de vie, le montant de sa police, le prix qu'il faut payer pour la racheter, ainsi que le bénéfice escompté. Et à Cincinnati ou Cleveland, il y a un autre homme dont la formule sanguine est parfaite, qui prend sa calculette, quantifie raisonnablement ses espérances, décroche son téléphone et achète pour 70 000 dollars de mourant pour se changer des cours assommants de la Standard Oil. Et la voix de Pardo qui vous capte de nouveau : « En un an, j'ai traité pour 3 millions de dollars de contrats. Et les demandes ne cessent de s'amonceler sur mon bureau. »

Le voyage et l'histoire s'arrêtent là. Au moment exact où Pardo se tait. Alors on se dit qu'il faudrait raconter à cet homme l'histoire du pêcheur et de ses poissons. Ou l'amener à San Francisco le jour où les cent cinquante types du chœur enterrent l'un des leurs en chantant *Sur la terre comme au ciel*. Ou le convaincre de visiter jusqu'à la fin 3 à 5 % des mourants qui le font vivre. Pour qu'à Waco, Texas, une fois au moins, comme un être humain, il se mette à pleurer.

NOTES

Si vous avez des principes en latex, une morale de flanelle et si vous êtes prêt à tuer père et mère pour un taux d'intérêt supérieur à 20 % par an, ce nouveau sport est le vôtre. Selon Brian Pardo, le président de Life Partners qui a travaillé sur le sujet, le rachat des assurances-vie des malades en phase terminale est un marché en plein devenir. Actuellement il ne concerne que le sida. Mais Pardo et ses confrères envisagent à moyen terme une diversification vers les cancers, les affections cardiaques majeures, les Alzheimer, etc. Les études de marché sont en cours. Celles du sida sont terminées. Les investisseurs ont désormais à leur disposition des données de travail et des statistiques en béton : la somme globale des polices d'assurance-vie des 350 000 malades du sida aux États-Unis représenterait 10 milliards de dollars. L'espérance de vie de 20 % de ces 350 000 cas n'excéderait pas quinze mois. Il faut donc faire vite. Car ces assurances, dépassant pour la plupart les 100 000 dollars, ont été contractées avant 1985, date à laquelle la maladie a été identifiée. Le quota des mourants nantis baisse donc vertigineusement chaque année sans vraiment se renouveler, puisque les compagnies américaines d'assurances exigent désormais un test de dépistage pour des polices dépassant 100 000 dollars. Au-dessous de ce montant, elles ne demandent rien. Si l'on ne néglige pas les « petits » profits, on peut donc s'intéresser à ces contrats modestes, qui eux bien sûr, progressent.

Les compagnies d'assurances-vie envisageraient de se débarrasser des intermédiaires en entrant elles-mêmes dans la partie et en payant par anticipation leurs propres clients sur les bases de la concurrence. Cela leur permettrait d'économiser entre 20 et 40 % du montant du contrat. Pour l'instant, elles observent l'évolution des choses sans se presser. On les comprend quand on sait que 80 % des malades se retrouvent sans ressources à la fin de leur vie et donc dans l'incapacité de payer leurs mensualités. Dans ce cas, les clauses sont formelles : l'incurable perd l'intégralité de ses droits et la police devient caduque. Tout cela est au-delà du misérable et du sordide. Comme l'histoire de cet homme malade du sida qui, au Texas, a contacté cinq sociétés pour revendre son assurance-vie de 100 000 dollars. Toutes lui ont fait des offres. Mais l'une d'elles, pour une espérance de vie de six mois, lui a proposé un chiffre qui fait froid dans le dos : 76 728 dollars et 24 cents.

San Francisco, Californie, Waco, Texax, 10-11-92

En France, depuis peu, la société LBR s'adresse aux malades en phase terminale et leur propose le rachat de leur assurance décès contre le versement immédiat du capital amputé d'un montant moyen de 25 % pour couvrir ses frais.

SHOCK CORRIDOR

Un champignon dans la tête

Le kombucha est un lichen mandchou. Ou mongol. Ou égyptien. Allez savoir. Pendant plusieurs millions d'années, ce champignon a vécu selon sa condition, dans l'ombre et l'anonymat le plus complet. Et puis, en 1992, Tom Valente, petit éditeur de la modeste revue *Search on Health*, sise à Naples, Floride, a publié un article vantant les propriétés singulières de ce cryptogame. Aujourd'hui, le bulbe exotique a colonisé l'Amérique. Toute famille *new age* qui se respecte en possède au moins un exemplaire dans la maison. Ses producteurs le cultivent avec amour dans du thé sucré. Ils lui parlent, lui jouent de la musique, lui donnent des prénoms, le font se reproduire et vendent les *« babies »* en lamelles 50 dollars pièce. Les utilisateurs, eux, boivent trois fois par jour le jus béni de ses entrailles et affirment recouvrer jeunesse, vigueur, et accessoirement guérir du cancer et du sida. Les kombuchas font naturellement des « bébés » tous les dix jours. En trois mois, grâce à la fertilité de ses « petits », une « mère » compte près de mille descendants. À ce rythme-là, il faudra bientôt leur donner la pilule.

Nous sommes en Californie, à la Laurel Farm, le plus prestigieux des centres de culture de kombucha. La Laurel Farm ressemble à tout sauf à une ferme. C'est une villa cossue bâtie sur les hauteurs de Los Angeles, avec une petite piscine et un jardin en surplomb qui domine la ville. Dans cette seule maison, on produit chaque mois un millier de champignons qui sont expédiés dans tous les États-Unis et dans vingt-quatre autres pays. Les « bébés » voyagent dans des sortes de cartons de pizza, accompagnés d'un label d'authenticité et d'un mode d'emploi. Ce matin, à la Laurel Farm, le climat est plutôt tendu. Toutes les radios du pays viennent d'annoncer qu'une femme de l'Iowa qui buvait du jus de kombucha était morte d'une intoxication. « Nous avons vérifié sur nos listings informatiques : ce n'était pas une de nos clientes, s'empresse d'observer Betsy Prior, la mère de tous les kombuchas. Le champignon doit être cultivé et conservé selon des règles d'hygiène strictes. Sinon, c'est vrai, il peut y avoir des problèmes. »

La pièce est chaude, sombre, et l'odeur acide, écœurante. C'est ici, dans cette atmosphère tropicale puant la vinaigrette avariée, que les mères croissent, embellissent et « pondent » leurs bébés. En fait, le kombucha se reproduit un peu comme les paramécies, par une sorte de scissiparité chronique. Le champignon ressemble à une grosse crêpe, un *pancake* gluant d'une vingtaine de centimètres de diamètre, flottant dans une décoction de thé brunâtre et sucré. Conservé à bonne température dans un saladier de verre recouvert d'un linge de coton, la bête se dédouble naturellement au bout d'une semaine. À la Laurel Farm, on procède à trois « récoltes » et autant d'expéditions chaque mois. Pour obtenir son élixir miraculeux de thé macéré, le client n'aura qu'à respecter ce protocole. Il pourra alors boire sans risque sa potion magique acide comme du mauvais cidre qui empesterait le vinaigre. On estime aujourd'hui que 5 millions d'Américains jouent avec ce jus mandchou.

Norman Baker, l'un des actionnaires de la Laurel Farm, conseille à ses clients de donner un nom à leur champignon et surtout de lui parler : « Le kombucha est au moins aussi sensible et intelligent qu'un dauphin. Il vous aide, il sait où aller et quoi faire dans votre corps. » Betsy, elle, a publié une notice qui recense les bienfaits de son produit : « Il aide l'organisme à combattre le cancer, le sida. Il est aussi efficace contre l'arthrite, le stress, la fatigue chronique, les candidae, la constipation, la diarrhée chronique, l'indigestion, les problèmes de prostate, l'incontinence, les hémorroïdes, les symptômes de la ménopause, les excès de poids, les maladies de peau, la perte des cheveux, leur grisonnement, les calculs rénaux et biliaires, le cholestérol, l'artériosclérose, l'acné, le psoriasis, le diabète, l'hypoglycémie, sans parler des usages vétérinaires, notamment sur les chevaux de course. »

Inquiète de l'ampleur du phénomène et de la publicité faite aux vertus supposées du breuvage, la Food and Drug Administration s'est récemment intéressée à ce tord-boyaux. Elle a publié un communiqué expliquant que le jus en question était le fruit de la fermentation de nombreuses levures et bactéries, le produit contenant par ailleurs de grosses quantités d'acides que l'on retrouve généralement dans le vinaigre et l'alcool éthylique. Si la fermentation se déroule en milieu stérile, ajoute la FDA, le produit n'est pas nocif pour la santé. Des médecins sont allés bien au-delà de ce demi-« imprimatur » administratif puisqu'ils se sont lancés dans des recherches sur les principes actifs de cette mixture, et ont préconisé des cures de ce thé « champignonisé » à leurs patients cancéreux ou atteints du sida.

Betsy Prior a publié une liste de tous ces praticiens qui utilisent son breuvage en complément des traitements classiques : « Je ne dis pas que le kombucha guérit des maladies incurables, ajoute-t-elle en s'abritant du soleil sur la terrasse. Je pense qu'il est un adjuvant efficace des thérapies normales. Quand des malades m'écrivent que le kombucha les a débarrassés du sida, je leur réponds que non, que c'est le Seigneur et Lui seul qui les a guéris. Mais au fond de moi je pense que ce champignon est un vrai cadeau de Dieu. J'en ai eu la révélation lors d'une séance de méditation dans un ashram de West Hollywood. »

En attendant, et sans doute sous le coup d'une nouvelle inspiration divine, Betsy a déposé la marque Kombucha Tea et rêve d'une association avec la compagnie Coca-Cola pour distribuer son acide. Elle sort de ses dossiers toutes sortes de lettres que lui ont adressées ses malades : *« Grâce à vous je remarche » ; « Je me suis débarrassé de ma timidité et de mes angoisses, maintenant je souris à des étrangers dans la rue » ; « Depuis que j'ai commencé le traitement mes cheveux repoussent »*. « Ça vous fait rire ? s'indigne Betsy. Écoutez, j'ai 49 ans, vous trouvez que je les fais ? Avant j'avais des cheveux grisonnants, comme vous. Regardez mes racines maintenant ! Et ma peau, autrefois elle était terne, fripée, constellée de taches de son. Elles ont disparu, et voyez mon teint aujourd'hui ! Je n'ai jamais fait de musculation. Je vous le jure. Tâtez mes biceps, allez-y, n'ayez pas peur, touchez-les ! »

Effectivement, sous l'emmanchure de coton, l'on sent poindre une turgescence de la taille d'un noyau de pêche. « Et les yeux. Vous ne pouvez pas savoir comme le thé améliore la vue. Beaucoup de clients m'écrivent qu'ils ne portent plus leurs lunettes. Croyez-moi, il faut prendre cela très au sérieux. Nous faisons du business, c'est vrai, mais nous aidons aussi les gens. Par exemple, si un incurable nous demande un champignon et s'il nous envoie un certificat médical attestant de son état, nous lui offrons gratuitement le kombucha. »

Et quand nous évoquons tout ce galimatias à propos des « mamans », de leurs « bébés » et de leur besoin d'être « bercés », Betsy Prior sourit et explique que l'on parle bien aux plantes, qu'il faut considérer cela comme un simple geste d'amour, qu'il n'y a rien de méchant à chanter une chanson à un champignon avant d'aller dormir et qu'un tel comportement est même « très américain ». En quittant Laurel Farm, on s'arrête au Beverly Hills Juice Club, où se distille la mode de tout ce qui se boit. Et là on nous confirme que le Kombucha Tea est un best-seller de la maison et qu'il s'en vend une cinquantaine de bouteilles chaque jour. Le lendemain, un ami bien intentionné nous propose un « bébé » qui vient juste de naître. On pense à la route qu'il nous reste à faire, à la brave dame de l'Iowa qui est morte hier matin, à la gueule poisseuse de cette crêpe au vinaigre, et l'on décline poliment l'offre en pensant à l'accueil que l'on aurait si l'on ramenait pareille chose à la maison.

Los Angeles, Californie, 8-06-95

Prophet en son pays

Au-dessus du comptoir du Yellowstone Motor Inn, une affiche dit : « Les barmen ne meurent jamais. Simplement ils finissent comme des glaçons dans un whisky. » On lit ça, puis on regarde son verre pour compter combien de types flottent à l'intérieur. Et on se dit que la vie est bien peu de chose, qu'elle fond à vue d'œil, surtout ici, près de Glastonberry, Montana. Oui, dans le meilleur des cas, il nous reste trois, peut-être quatre semaines à vivre. C'est l'Église qui l'a annoncé. Dehors il neige. Ce soir il gèlera.

Depuis quelque temps, dans cette vallée, il se passe des choses curieuses. La nuit du jeudi 15 mars, par exemple. Vers 9 h 30 du soir, Hank Rate, qui possède la propriété voisine de celle de l'Église universelle et triomphante, sort sur le pas de sa porte. « J'ai cru que je rêvais. On aurait dit que la colline était hantée. Sur la Highway 89, généralement déserte, il y avait soudain des centaines, sans doute plus d'un millier de voitures et de bus qui convergeaient vers le quartier général de l'Église. Bon Dieu, je n'avais jamais vu autant de véhicules et de lumières dans toute ma vie. ».

Un peu plus tôt, à 9 heures précises, dans tout le comté, le téléphone avait sonné au domicile des fidèles de la secte et une voix avait simplement dit : « C'est pour ce soir. La bombe arrive. Tout le monde doit être aux abris avant minuit. » Et la sarabande avait commencé.

Depuis le temps qu'on leur répétait, depuis que leur Mère, Clare Elizabeth Prophet, leur annonçait la fin du monde, ils savaient bien qu'un jour ou l'autre il faudrait partir précipitamment, comme ça. C'était donc pour ce soir. Ils étaient prêts. Tout était prêt. Ils avaient acheté leur place 4 000 ou 5 000 dollars dans l'un des cinquante abris anti-atomiques de la secte. Ils allaient s'en sortir. Ils avaient payé et prié pour ça. Dehors, il faisait -8 °C. Selon les autorités, cette nuit-là, près de 3 000 personnes empruntèrent la Highway 89 pour rallier leurs points respectifs de survie. À minuit, toute activité cessa sur les routes du comté. En quelques instants, la famille « universelle et triomphante » s'était enfouie dans ses trous.

Le lendemain, lorsque le jour se leva, on annonça aux fidèles que tout cela n'était qu'un exercice. « Nous voulions savoir, en cas d'alerte, dit un porte-parole de l'Église, quel était le temps réel qu'il nous fallait pour que chacun rejoigne sa position. » Et donc, le 16 à l'aube, des milliers d'hommes, de femmes et d'enfants découvrirent que la seule chose à être tombée pendant la nuit, c'était un peu de neige. D'autres choses curieuses, il s'en était passé aussi quelques semaines auparavant. D'abord à Spokane, où Vernon Hamilton, le responsable de la sécurité de la secte, s'était fait coincer par la police au moment où il allait acheter pour 130 000 dollars d'armes de grosse puissance. L'attorney Tom Rice déclara alors qu'avec cet arsenal on pouvait équiper deux cents personnes. Quelques jours plus tard, c'était au tour de Frank Black, un autre membre de la secte, de se retrouver face à un juge pour avoir donné un faux nom alors qu'il s'était fait prendre avec des fusils d'assaut dans sa voiture.

Après tout, quelle importance tout cela, puisque la fin est si proche ? La fin du monde, Elizabeth Clare Prophet l'avait annoncée pour le 23 avril. « Un jour particulièrement noir et dangereux, une conjonction astrale terrible. » Elle affirmait tenir ses dates directement de Jésus. Et de toute façon, si on a passé le cap du 23, ça pètera en mai ou en juin. Alors dans ces conditions l'Église se moque bien qu'un juge ou qu'un shérif se mêle de faire respecter la loi. Qu'est-ce que peut la loi contre une bombe atomique ? « Ça fait trois fois qu'elle nous fait le coup de la fin du monde, la Mère Prophet, raconte Carlo Cieri, le délégué du comté. On commence à en avoir l'habitude. Vous savez ce que font les gars du coin pour se foutre d'elle ? Ils impriment des tee-shirts avec ce slogan : "Finalement le cataclysme s'est plutôt bien passé." Pour moi, dans cette Église il y a quelques braves types et un bon paquet d'escrocs et de givrés. »

Au fait, c'est quoi, cette Église ? Au départ, rien du tout. Une secte minable fondée au début des années 50 par un certain Mark Prophet. Quand il meurt en 1973, Élizabeth Clare Prophet reprend l'affaire. Elle relance le culte « universel et triomphant » qui mêle dans un cocktail ahurissant catholicisme, hindouisme, astrologie et philosophie *new age*. Aujourd'hui, au côté de son quatrième mari, Ed Francis, Élizabeth règne sur un véritable empire. Elle vit dans le Montana, au quartier général de l'Église, le Royal Teton Ranch, une propriété de 13 355 100 mètres carrés qu'elle a achetée, en 1981, au milliardaire Forbes pour 7,25 millions de dollars. Outre cela, elle possède trois autres propriétés agricoles, un restaurant, une maison d'édition qui vend plus de 5 millions d'ouvrages chaque année, un collège, une université, plusieurs sociétés agro-alimentaires, cinq entreprises d'engineering et de constructions, plus des maisons de production vidéo. Sans parler des 15 millions de dollars de cotisations que les fidèles versent annuellement à l'Église. On estime à cent mille leur nombre dans le monde entier. Car l'Église est internationale. En 1988, Clare Prophet a lancé un appel à ses croyants pour que ceux-ci rejoignent le quartier général du Montana. Quelques semaines plus tard, ce sont trois mille personnes qui, après avoir vendu ce qu'elles possédaient, rappliquaient pour s'installer au Royal Teton et dans ses environs. C'est alors que les folies vont vraiment commencer.

La Mère Prophet, embarquée dans un délire antisoviétique, se met à proclamer que la fin du monde est proche, que le cataclysme nucléaire est imminent. Du coup, elle fait bâtir un monumental abri antiatomique à Teton Ranch. Un refuge souterrain pour 750 personnes. Il s'agit d'une petite ville, avec des plafonds de 10 mètres de hauteur, des pièces de 60 mètres de long, des salles d'ordinateurs, un petit hôpital, des étables où vivent toutes sortes d'animaux domestiques et un an de stock de nourriture et d'eau. Le coût d'un tel chantier frise les 10 millions de dollars. Dans ce coin perdu du Montana, oublié entre la frontière du Canada et le nord du parc national de Yellowstone, l'argent, les hommes et la terre se sont mis à valser dans tous les sens. Mais les choses vont aller beaucoup plus loin car, au fil des semaines et des mois, tous les fidèles qui n'avaient pas leur place dans ce *Heart of the Inner Retreat* entreprennent de creuser leur abri personnel. Du coup, les entreprises de bâtiment font passer des annonces dans les journaux locaux. Bientôt suivies par les marchands de produits longue conservation et les vendeurs de combinaisons antiradiations. Aujourd'hui, dans le seul comté de Livingston, on dénombre 45 abris dits individuels pouvant accueillir chacun entre 16 et 100 personnes. Et ça continue. Près de Glastonberry, la montagne est constellée de pelles mécaniques qui creusent le sol. Les autochtones regardent tous ces chantiers avec amusement. Après tout, l'Église est le troisième contribuable d'une région où les investisseurs sont plutôt rares. Elle possède, dans le comté, 17 millions de dollars de biens et paie sans sourciller ses

150 000 dollars de taxes. Alors, d'une certaine façon, la fin du monde ressemble un peu ici au début de la prospérité.

À cinquante miles de Livingston, si l'on suit la route 89 South, il y a un pont rouge sur la droite qui enjambe la rivière Yellowstone. Et après le pont, un long chemin de terre noire qui conduit à une grande maison bleue. C'est le « quartier général international » de l'Église universelle et triomphante. Tout autour, des entrepôts, de cuves, des hangars, et des camions qui vont et viennent. Mère Prophet vit quelque part dans la propriété. Il est hors de question de la rencontrer. Murray Steinman, son porte-parole, explique pourquoi : « Il est impossible de la déranger chaque fois qu'un journaliste vient ici. Sinon elle n'aurait plus le temps de méditer et de prier. » Steinman a une quarantaine d'années. Il a passé sa vie dans les relations publiques avant de servir Clare Elizabeth. Il est, comme tous les autres, un défenseur acharné de l'écologie, un pourfendeur féroce du communisme, un féru d'astrologie, de karma, de réincarnation et un vénérateur de Jésus et de Saint-Germain. « Regardez le monde, il n'a jamais été aussi instable. Nous ne sommes pas aussi irresponsables que nos hommes politiques. Les villes sont polluées, dangereuses, infestées par l'argent et la criminalité. Chez nous, rien de tout cela. Et puis, nous sommes à l'abri des socialistes qui veulent tuer le spirituel. Notre retraite est avant tout un lieu de recueillement et de prière. »

Carlo Cieri, le délégué du comté, ne peut plus supporter les gens du Royal Ranch Teton. Il leur fourre tout ce qu'il peut entre les pattes. Une fois, il leur interdit d'utiliser leurs abris sous prétexte qu'ils n'ont pas de fosses septiques conformes aux lois du comté. Une autre fois, il s'en prend aux clôtures de la propriété qui empêchent la libre circulation des gros animaux vers le parc national de Yellowstone. « Je vois et je sais trop de choses à propos de ces types. Cette entreprise est tout sauf une Église. Vous savez ce qui arrive maintenant ? Des enfants de la secte fuient leur famille parce qu'ils sont terrorisés à l'idée de s'enfouir dans des abris souterrains. Et on ne peut même pas les aider parce que ce sont des mineurs. Leurs parents ont sur eux tous les pouvoirs. »

Carl Raschke est professeur de religion à l'université de Denver. Il connaît bien tous ces phénomènes de prophètes autoproclamés. Mais l'Église universelle et triomphante est, selon lui, la seule à avoir une telle importance et une telle audience : « Elle incarne à mes yeux la première vague d'une nouvelle forme de croyance fondée sur l'Apocalypse qui pourrait balayer les nations d'ici à l'an 2000. »

David Newhouse senior vit à Glastonberry, à vingt minutes par la route du quartier général de l'Église. David Newhouse senior a treize petits-enfants, six enfants, trois voitures et deux abris antiatomiques. David Newhouse senior est entrepreneur et guette la fin du monde comme on attend le bus. En lisant le journal. « Entrez, je vais vous montrer mes abris. » Il dit cela avec la même fierté, la même ingénuité qu'un type désireux de vous faire admirer ses rosiers. Une porte de cinquante centimètres d'acier et de béton bascule dans le salon, on descend un long couloir et l'on se retrouve cinq mètres sous terre dans un local de plus de 300 mètres carrés. Dix chambres avec des lits déjà faits, une cuisine équipée avec une grande photo du Christ posée sur la table, un séjour, trois salles de bains, un cellier énorme bourré jusqu'au plafond de conserves, de lait, de riz, de médicaments. « On a de quoi tenir un an. » On descend encore. Maintenant c'est la salle des machines : groupe électrogène, pompe à air, filtres, cuves de fuel, d'essence. Tout est prêt.

On sent que David Newhouse senior ne serait pas fâché de jouer avec tout ça. Le second abri est encore plus grand que le premier. Encore plus luxueux. Encore plus équipé. David n'en finit pas de décrire l'épaisseur des murs et des barres d'acier qui le protègent. On sent qu'ici il se sent bien, chez lui, en sécurité. « Quand on a autant d'enfants et de petits-enfants que moi, il faut être responsable. » David Newhouse senior est un homme charmant. Il connaît les affaires. Son entreprise prospère. Il est plutôt cultivé, bien élevé. Quand la nuit tombe, on se retrouve dans sa chambre, assis dans un fauteuil à bascule, à côté de son immense lit blanc. Et lui est en face de vous. Et soudain le propos, avec une infinie douceur dans la voix, dérape : « Je crois sincèrement que le monde est en danger. Vous saviez que les Russes et les Américains avaient une base secrète sur la Lune ? Je vous l'apprends. Mais moi, j'ai décidé de laisser tout ça, de m'occuper de Dieu, uniquement. Je suis entré à l'Église en 1985, après une longue initiation qui est passée par la fréquentation d'un ermite et l'étude de la numérologie. Aujourd'hui, je pense que sans la réincarnation la vie n'a pas de sens. Pour moi la course au dollar, c'est fini. »

Et puis, senior se lance dans une histoire abracadabrante où il est question des véritables raisons de l'assassinat de Kennedy, de la complicité des gouvernements russe et américain qui organisent de conserve le trafic de la drogue, et d'agents de la CIA qui balancent par la fenêtre des types qui en savaient trop sur ce genre d'affaires. Pour lui, la planète est *under control*. Il répète cela sans arrêt. « C'est à cause de tout cela que je suis venu ici, à cause de mon dégoût pour ces pratiques. Depuis que je suis avec mes frères, je me sens bien. Trois fois j'ai vu des auras de couleur verte, rose et bleue autour de certaines personnes. Je perçois désormais ce que je ne voyais pas avant. Mes enfants récitent des "decrees" sans les avoir jamais appris. Dans leur chambre, ils voient des êtres, les ancêtres de notre Église, leur apparaître. Je vais vous raconter une histoire. Un jour, il n'y a pas si longtemps, on voit un grave accident sur la route. Comme nous devons le faire dans ces cas-là, nous nous arrêtons et récitons la "prière des anges" à l'intention des blessés. À ce moment-là ma petite-fille dit : "Les anges vont bientôt arriver." Et mon petit-fils ajoute en regardant vers le ciel : "Tiens, les voilà, voilà les anges !" Eh oui, mes enfants voient les anges ! »

Alors on plante Newhouse senior dans sa chambre, on court jusqu'à sa voiture, on appuie à fond sur la pédale d'accélérateur, on laisse Glastonberry, Émigrant, Pray et Pine Creek derrière soi, et on fonce vers les lumières de Livingston. Là, on entre dans le premier bar venu et l'on trouve des types qui n'ont jamais serré la main d'un séraphin, mais qui s'y entendent pour siffler des bières et jouer au billard en pelotant des filles. Alors, bien au chaud tout contre ces vivants, on commande un verre, on compte combien de barmen flottent à l'intérieur, et on se dit que si le monde doit finir demain, autant commencer ce soir par en prendre une bonne.

Glastonberry, Montana, 10-05-90

Le Christ s'est arrêté à Waco

Tout d'un coup, vous savez que vous êtes arrivé. Vous savez que vous n'irez pas plus loin, qu'avec des centaines d'autres types vous allez devoir tourner comme une âme en peine dans ces limbes agricoles, en bordure de la route nationale 2491, près de Waco, Texas. Dans le lointain vous devinez un bâtiment austère aux lignes utilitaires. C'est la ferme du Christ. Vous vous faisiez une autre idée du paradis. Vous n'avez, bien sûr, jamais eu la prétention d'y pénétrer, mais là vous comprenez très vite que vous êtes tombé au mauvais moment. Les portes en sont gardées par des automitrailleuses nerveuses, des hélicoptères sévères, des militaires déguisés en chèvrefeuille et des agents du FBI qui n'ont pas souri depuis l'élection de Harry Truman.

Autour de vous, dans ce paysage jadis biblique et désertique, c'est le chaos. Des dizaines d'antennes paraboliques larges comme des Awacs pointent vers le ciel. Des camions de la compagnie du téléphone Southwestern Bell posent des lignes et installent des centraux capables d'absorber les conversations de toute une sous-préfecture. Des gens de télévision, l'air préoccupé, entrent et sortent de toilettes mobiles. Des présentatrices attendent l'heure du Journal dans des camping-cars de 14 mètres plaqués en faux acajou. Avec le sérieux d'ambulanciers, les chauffeurs de l'Emergency Service Center de l'Armée du Salut débitent des chapelets de saucisses. Enfin, il y a cette centaine de caméras pointées vers Mount Carmel, juchées sur d'immenses élévateurs hydrauliques, qui le jour, mais aussi la nuit, grâce à des équipements infrarouges, filment le néant, l'absence et le silence de ce paradis agricole et céréalier.

Le Christ vit à l'intérieur, retranché avec ses mitrailleuses, 47 femmes, 43 hommes, 17 enfants, un cadavre et sa Corvette. À un agent du FBI il a dit : « J'ai décidé de ne pas me rendre tout de suite. J'attends que Dieu m'en donne l'ordre. »

Jack Stewart, président de la chambre de commerce, n'est pas pressé. D'une certaine manière, il voudrait presque que tout sur place se fige pour l'éternité. Que Jésus campe sur ses positions et surtout que les 600 flics et journalistes suspendus à sa parole prennent patience et pension à Waco. Stewart a calculé qu'en une semaine tout ce cinéma avait rapporté un million de dollars à sa ville. Stewart sait aussi que cela ne peut pas durer, que le Christ en question s'appelle Vernon Howell, alias David Koresh, que le week-end dernier, avec ses disciples, il a tué 4 agents fédéraux, qu'il en a blessé 15, et qu'il est convaincu que, comme son prédécesseur de Nazareth, il ne sortira pas vivant de sa 33e année.

Avant de devenir le fils de Dieu, Vernon avait plus modestement tenté sa chance comme guitariste de rock à Los Angeles. Mais après ses premières prestations, on lui avait gentiment fait comprendre que le bâtiment manquait de bras. C'est peut-être ce jour-là qu'il s'est mis en tête de construire la « maison de Dieu ». Il commence par épouser Rachel, une gamine de 14 ans, et se lie ensuite avec des membres de la secte des Davidian's, obscure sous-marque des adventistes du 7e jour. En quelques années, Howell devient l'un des leaders de sa nouvelle chapelle. Il est en train de bâtir son royaume. Son charisme est tel qu'on le fait venir au saint-siège de l'organisation, à Waco, Texas. La grande prêtresse du mouvement s'appelle Loïs Roden. Elle a 67 ans. En un tour de main, Vernon la séduit et la prend pour maîtresse. Il est virtuellement le patron des Davidian's. Il couche à la droite du Bon Dieu. Lorsque, deux ans plus tard, Loïs meurt, Howell n'a plus qu'un obstacle sur la route du paradis, le propre fils de sa bienfaitrice, George Roden.

Nous sommes maintenant en 1987. Sur ce terrain pelé, dans ces bâtiments minables, face aux disciples rassemblés, Roden et Howell engagent la guerre de succession. Chacun affirme être le Christ. Ceux des Davidian's qui savent compter jusqu'à deux conviennent qu'il y en a un de trop. Roden, autre cintré professionnel, dit alors : « D'accord. J'ai un moyen très simple de nous départager. Allons déterrer une morte de notre Église, par exemple Anna Hugues, et amenons-la ici. Celui de nous deux qui parviendra à la ressusciter prouvera qu'il est le Christ. » Et voilà tout ce beau monde parti sous la lune, dans la campagne, pour exhumer les restes de la défunte. Mais Roden n'aura pas l'occasion d'exercer ses pouvoirs. À son retour à Mount Carmel, il est accueilli par une volée de plomb tirée par Howell et sept de ses disciples. Il a tout juste le temps de se réfugier derrière un arbre. D'un point de vue biblique, liturgique et théologique, l'affaire est réglée. Vernon Howell est Jésus-Christ et accessoirement usufruitier des 77 acres de Mount Carmel. Il n'a plus qu'à se trouver un nom qui cadre avec son nouvel emploi. Désormais, le maître des Davidian's s'appelle David Koresh.

À Mount Carmel, la vie change. Koresh a décidé de réactualiser les Écritures. Ainsi considère-t-il comme une règle canonique d'être servi et sexuellement apaisé par un harem d'au moins quinze femmes, auxquelles il tient ce langage : « Dieu ne peut pas vous séduire directement, sinon les gens le jugeraient mal. Alors il passe par moi. Et savez-vous pourquoi il passe par moi ? Parce qu'il se sent très seul et qu'il veut beaucoup de petits enfants. Pourquoi ? Parce que Dieu a en tête de détruire le monde pour le repeupler ensuite avec notre progéniture. » Mais ces accommodements bibliques ne suffisent plus à Koresh. Il réclame des filles de plus en plus jeunes. Une ancienne membre des Davidian's raconte : « Je me souviens d'un soir où il a fait venir une gamine de 12 ans dans son lit. Il lui a dit que c'était pour se réchauffer et, très vite, a commencé à lui enlever ses vêtements. La gosse résistait, ne voulait pas. Alors Koresh s'est fâché en lui disant que c'était Dieu qui commandait. Aujourd'hui cette gosse a 14 ans, elle est toujours dans la secte et a accouché d'un enfant. »

Koresh dirige les siens selon des règles et des méthodes éprouvées : réveil à l'aube, course d'obstacles dans la campagne, alimentation minimale, travail forcené dans les champs pendant le jour, lecture abrutissante des Écritures à la nuit tombée et peu de sommeil. Jésus, en revanche, s'accorde du bon temps. Il fait du shopping, traîne dans son harem, va souvent manger au Richland Hall Restaurant où il engouffre des tacos au fromage, des haricots et du thé glacé. Il se balade en Corvette, s'achète pour 30 000 dollars d'instruments de musique en une journée et possède plus de guitares qu'Eric Clapton et Van Halen réunis. Et puis, comme il est le Seigneur, il n'a pas d'heures. « Quand ça le prenait, raconte un ancien disciple, il se mettait à jouer du rock à tue-tête au milieu de la nuit et réveillait tout Mount Carmel. Ensuite, il allait se coucher et nous, nous partions aux champs. »

Tout le monde sait que le Christ a perdu la boule, que son affaire ne tourne plus rond. Et pourtant personne ne dit rien. Une récente enquête du *Waco Tribune Herald* vient de révéler qu'il y a trois ans un détective australien, mandaté par des familles étrangères ayant des enfants dans la secte, était venu au Texas déposer vingt plaintes pour viols de mineures. À l'époque la police locale avait répondu : « Il nous faut des preuves, pas des allégations. Tous ces gens n'ont qu'à se déplacer et témoigner devant nous. » C'est une réponse du même genre qui a été faite au facteur local lorsqu'il est venu rapporter aux autorités qu'il était effaré par les quantités ahurissantes d'armes et de munitions qu'il livrait chaque jour à Mount Carmel.

Quand on interrogeait Koresh sur ces stocks, il répondait : « Nous sommes les marines de Dieu. Ceux qui ne sont pas capables de mourir pour lui ne sont pas dignes de vivre. » Et si l'on émettait quelques réserves face à l'invraisemblance de l'argument, il ajoutait : « Je m'attends à être tué en raison de ma foi. Mais 1 335 jours après ma mort, je ressusciterai et exécuterai un à un mes détracteurs. » Généralement, la conversation s'arrêtait là. Et le facteur continuait à livrer ses fusils M 16, ses mitrailleuses en pièces détachées et ses armes d'assaut AK 47 et AK 15. Tous ces frais étaient réglés sans problème grâce aux « dons » des membres de la secte. En fait, Koresh plumait purement et simplement ses disciples, les dépouillant en douceur de tous leurs biens et se constituant un patrimoine personnel aujourd'hui estimé à plus d'un million de dollars.

Sans doute aurait-il pu doubler ce capital si, le dimanche 28 février, à 9 h 45, un commando de l'ATF (Bureau of Alcohol, Tobacco and Fire Arms), finalement intrigué par tout cet arsenal, n'avait pas dévoilé la vraie nature de l'illuminé de Waco. Au cours d'un assaut pour le moins maladroit, quatre agents furent tués et quinze autres blessés. On sait aujourd'hui que Koresh avait été informé de l'imminence de l'attaque par un coup de fil.

Depuis dix jours, le FBI tâtonne, négocie précautionneusement avec l'aide de psychologues, de théologiens et de spécialistes des sectes. Confronté à ces approches, le Christ louvoie, temporise, menace, se tait, puis annonce que, puisqu'on lui a coupé le téléphone, il va bavarder en solo avec Dieu. Bien qu'assiégé et dans une position désespérée, Koresh demeure imprévisible. Lundi dernier, dans le noir du Mount Carmel, à 3 heures du matin, il s'est mis à jouer de la guitare comme un forcené, ampli à fond. Ensuite, il a demandé au FBI de venir enlever le cadavre d'un Davidian's tué pendant l'assaut du 28 février. Évidemment, les agents fédéraux ont refusé. Parce qu'ils savent Koresh capable de tous les coups tordus. Dans la nuit de lundi à mardi, ils en ont eu une nouvelle confirmation lorsque, lassé des négociations, le Christ leur a déclaré : « Tous mes disciples veulent mourir pour moi, et vous le savez. Nous sommes prêts pour l'assaut, j'aimerais bien que vous me fassiez la guerre. En fait, je vous attends depuis huit ans. Ma prophétie va se réaliser. Vous êtes venus ici pour tuer le fils de Dieu, je le sens. » Du coup, mardi matin, les autorités ont posté des chars M 1 Abrams aux portes du paradis.

L'exorciste évangéliste Mike Evans a proposé ses services pour dénouer la crise : « Si vous me laissiez aller là-bas nettoyer l'esprit de cet homme habité par le démon, vous me permettriez de sauver bien des vies humaines. » Le seul démon qui ronge cet État est en fait celui des armes. Un document d'experts vient de révéler que, rien qu'au Texas, il existait une douzaine de sectes tout aussi douteuses que les Davidian's et équipées chacune d'un véritable arsenal. Cela ne semble émouvoir personne, puisque, dans le centre de Waco, aujourd'hui même, un énorme panneau d'informations municipales annonce la tenue en ville d'une grande « foire aux armements individuels ». Elle se déroulera au Convention Center, dans le bâtiment même où chaque matin, face à la presse, le FBI vient raconter sa nuit passée à essayer de convaincre le Christ flingueur de déposer les armes.

Waco, Texas, 11-03-96

Le 19 avril 1993, après 51 jours de siège, les agents fédéraux ont donné l'assaut au ranch. L'offensive et l'incendie qui suivirent provoquèrent la mort de 81 membres de la secte. Au début du siège, quatre agents du bureau fédéral des alcools, tabacs et armes à feu avaient été tués.

Le Führer de l'Arizona

Nous voilà donc en prison. À Maricopa County, dans le désert de l'Arizona. Parqués en plein air, sous des tentes militaires entourées de barbelés. Nous voilà dans ces incroyables geôles de toile avec un millier d'autres types peu recommandables. Un ramassis de cogneurs, de voleurs, de buveurs et de mauvais payeurs. Mais le pire de tous ces citoyens, de loin le plus effrayant, celui auquel personne n'oserait se frotter, est en train de marcher dans notre direction. Vêtu d'un costume de ville sans ampleur, il avance d'un pas tranquille dans la poussière du camp, s'arrête, glisse quelques mots aux détenus qui aussitôt courent chercher leur Bible pour qu'il leur écrive une dédicace sur la page de garde. Quelque chose comme : « À Terry, Dieu te bénisse. Avec toute ma sympathie. »

Cet homme, élu de droit divin, qui signe les livres saints, s'appelle Joseph M. Arpaio. Il s'approche de nous, plisse les yeux et dit : « Je suis sans doute le policier le plus antipathique du pays, et j'en suis très fier. On vous a raconté que j'étais cinglé ? Possible. Ce que je veux, c'est qu'on me respecte. Même au lit, Ava, ma femme, ne me dit pas Joseph. Elle m'appelle Shérif. » À ce moment-là, un détenu plus courageux que les autres crie : « Hey, Joe ! Je suis en train d'avaler la merde que tu nous donnes à manger. À l'intérieur du sandwich la viande est toute verte ! » Arpaio se retourne, sourit tendrement et lance : « Parfait, tu as de la chance, mon gars, régale-toi. » Et il ajoute : « Certains me haïssent. De loin, ils me montrent leur index, en l'air. J'adore ça. » Avec tout ce que l'on a vu ici aujourd'hui, tout ce que l'on nous a dit, nous n'avons plus qu'une seule chose en tête : filer, fuir, nous évader de cet endroit.

Joseph Arpaio est né le 14 juin 1932 à Springfield, Massachusetts. Soixante-deux ans plus tard, cet homme qui se dit « rusé comme un renard » règne en maître absolu sur Phoenix (2,5 millions d'habitants) et impose ses lubies sécuritaires à tout l'État de l'Arizona. Dans les derniers sondages, 80 % de la population trouve son shérif épatant. Au point que certains le poussent à briguer le poste de gouverneur et même celui de président des États-Unis. Dans son bureau du centre-ville, les murs sont couverts de petits cadres témoignant des honneurs accumulés par Joe durant sa vie professionnelle. « Les journalistes ont tendance à oublier tout ça quand ils viennent me voir. Alors je me charge de leur rappeler que j'ai passé près de trente ans au Bureau des Narcotiques. J'ai été chef de l'US Drug Enforcement Administration à Mexico. J'ai mené des opérations en Amérique latine. Et c'est moi qui ai démantelé la French Connection. Pour résumer, vous pouvez dire que j'ai été le top des agents secrets des Narcotiques. » Un journaliste de l'*Arizona Republic* a récemment eu l'idée de contacter Sonny Grosso, le flic new-yorkais qui a mené pour le DEA l'opération French Connection, afin de l'interroger sur Joe Arpaio. En entendant ce nom, à l'autre bout du fil Grosso a grogné : « Joe qui ? ».

Il ne fait aucun doute que le shérif Arpaio est singulièrement mégalomane et *« full of himself »*, comme disent certains de ses collaborateurs. Il adore la presse et n'hésite pas à salarier un officier de relations publiques à 75 628 dollars l'année, deux agents d'information à 40 227 dollars et 39 000 dollars, et un chauffeur qui pour 19 573 dollars a ordre de prendre des photos de son patron à chacune de ses sorties. En plus de cela, Arpaio verse 12 000 dollars à une société privée pour obtenir des copies audio et vidéo de toutes ses apparitions à la radio ou à la télévision. Il faut dire que ces temps-ci Joe ne quitte plus les plateaux : soixante talk-shows depuis le début de l'année.

Tout a commencé avec cette fameuse prison installée dans le désert. N'ayant plus de place pour coffrer tous les détenus de la ville, et plutôt que de dépenser de l'argent dans la construction d'un bâtiment en dur, Arpaio a clôturé un terrain aride, l'a entouré de barbelés, y a installé des tentes militaires et des toilettes portables avant d'y entasser 1 000 condamnés. « Et alors ?, rigole Joe. Pendant la guerre du Golfe, nos soldats ont bien vécu comme ça, et ils n'en sont pas morts ! Ce qui est bon pour des militaires est encore trop doux pour des taulards. Vous savez quelle est mon idée ? Couvrir le désert de prisons de ce style. Je vais en ouvrir une autre, là-bas, vous voyez ? Je vais en ouvrir d'ici jusqu'à la frontière du Mexique. Des tentes à perte de vue. Ma philosophie est simple : boucler le plus grand nombre de types possible, nettoyer le comté. J'ai 5 741 gars au trou en ce moment. Je suis le quatrième centre de détention du pays. Je veux devenir *number one*, vous comprenez, *number one* ! Battre Los Angeles ! Je veux qu'on m'envoie O. J. Simpson ici pour que je le traite à ma façon ! Je veux que tous les malfrats sachent que les prisons de l'Arizona seront pour eux un enfer. S'ils veulent commettre un crime et être bien traités, qu'ils aillent en Californie ! Je ne veux plus de criminalité dans mon État. Il faut qu'un type puisse installer sa famille ici et se dire qu'il va vivre tranquille ! » Et Joe prend la pause, travaille la mimique, peaufine l'astuce avant de jouer avec les chiffres.

Une prison en dur, bâtie aux normes, pour 1 000 détenus, lui serait revenue, dit-il, à 40 millions de dollars. Avec ses tentes bricolées et son système tordu, il s'en tire pour 8 000 dollars. Le contribuable apprécie. Mais la grande fierté de Joe, c'est sa cantine. Dans le désert, il sert les repas les meilleur marché du pays. En moyenne, le dîner d'un détenu revient partout ailleurs à 4 dollars. Arpaio, lui, nourrit sa population avec 30 cents par tête. 1,80 franc. « C'est vrai, convient Joe, les menus ne sont pas terribles. Mais ça suffit pour des types en prison. De temps en temps, j'expédie des détenus récolter des légumes et des fruits dans des fermes du comté avec lesquelles nous avons passé un accord. Ça nous revient encore moins cher. »

Arpaio a personnellement dicté le règlement intérieur de sa nouvelle prison. Sont formellement interdits : le tabac, le café, *Playboy*, (*Penthouse*, la télévision en général et les sandwichs bologna en particulier. Sont obligatoires : des tests aléatoires de dépistage de drogue. Sont autorisés : trois films de cinéma (*Donald Duck*, *Lassie Come Home* et *Old Yeller*), les émissions de Disney Channel : et les retransmissions des débats du conseil général local. « Ça, c'est une putain de punition ! » ricane Joe en tapotant l'épaule de Thomas Bearup, son adjoint, qui lui n'a qu'un seul tableau accroché au mur de son bureau : une toile post-moderne faite d'une dizaine d'échantillons de fil de fer barbelé artistiquement entrelacés. « Ça ne vous plairait pas de passer un moment en prison, dans le désert ? Vous pourriez vous balader et parler avec les prisonniers. Allons-y. » Bearup conduit et Joe supervise. La Ford Crown Victoria lui va comme un gant.

Arpaio déambule entre les tentes avec cette démarche tranquille du propriétaire terrien. Il s'adresse aux détenus comme à des métayers et n'en finit pas de signer des bibles. À l'écart, Brad regarde tout cela avec dégoût : « Tu peux pas savoir ce que c'est la vie ici ! Regarde les toilettes portables : parfois elles débordent. Tu imagines l'odeur en juillet ? On est entassés à vingt sous chaque tente. Toutes sont déchirées, percées. Quand il pleut, l'eau nous tombe dessus. L'hiver, on gèle. L'été, il fait 50, parfois 55 degrés sous la toile. La nuit, on se fait bouffer par les rats et les araignées. Regarde ma jambe. » Le mollet de Brad est enflé, rougi et violacé par plaques autour d'une piqûre infectée. « On n'est pas soignés. Jamais. On nous refuse tout, les calmants, les médicaments. Ici, c'est le tiers-monde. On est traités comme des sous-hommes. » Il est 4 heures de l'après-midi. Sur leur lit de camp, des détenus dorment si profondément qu'on les dirait morts. D'autres rôdent dans les allées en maudissant discrètement Arpaio. Pendant ce temps, Joe bénit les repentis.

Louis Rhodes est responsable de l'Arizona Civil Liberties Union. Dans son bureau de Phoenix, ce juriste qui veille au respect des droits de l'homme dans cet État sabre le mythe Arpaio : « C'est un fasciste dangereux. Et en plus, il est très populaire. Il a vu trop de séries télévisées. Sa vision du monde est enfantine. Il joue avec la dramaturgie de l'Ouest, le mythe du cow-boy. Ce type est un bouffon et un film à lui tout seul. Sauf qu'il est maintenant à la tête d'une véritable armée. Tout le monde parle de cette scandaleuse histoire de prison dans le désert, mais il ne faut pas oublier qu'Arpaio a aussi mis sur pied sa propre milice, qui compte aujourd'hui plus de 2 000 citoyens en armes, équipés de Jeep, de chevaux, de voitures blindées et même d'un avion. »

Cette histoire de milice est stupéfiante. En l'espace de quelques mois, et toujours au nom de la lutte contre la délinquance et la criminalité, Arpaio a levé une véritable armée de volontaires qui patrouille jour et nuit, à cheval ou en voiture, dans les rues de Phoenix. Ces hommes et ces femmes possèdent des pistolets, des menottes, des radios, des uniformes et des insignes de shérif adjoint. Il ont le pouvoir d'interpeller quiconque. En les accueillant, Arpaio ne leur donne qu'un conseil : « N'hésitez pas à allumer votre sirène et soyez agressifs. » Lorsqu'on demande au shérif s'il ne craint pas que des bavures soient commises par cette escouade non professionnelle, il répond : « Je prends le risque. Et les gens de Phoenix aussi. Ils savent qu'on est en train de nettoyer la ville. »

Qui sont ces éboueurs de la criminalité ? Des médecins, des dentistes, des garagistes, des avocats, des plombiers et même des prêtres. La doyenne de la troupe a 103 ans. Elle s'appelle Elia Krenzien. Elle est aveugle, pratiquement sourde et a cependant reçu son badge le 20 mars dernier. Le gouverneur de l'Arizona lui-même, Fife Symington, constatant le succès de l'entreprise, n'a eu d'autre solution que de s'enrôler dans l'antigang d'Arpaio. La veille de Pâques, 500 patrouilleurs volontaires se sont camouflés dans les rues, les arbres et les buissons pour prendre des tagueurs en flagrant délit. Le week-end précédent, ils avaient mené la chasse aux drogués en fouillant tous les suspects du comté. La fois d'avant, ils s'en étaient pris aux prostituées sur Van Buren Boulevard.

John Nelson a 53 ans. Le jour, il est un avocat réputé ; le soir, après avoir enfilé son uniforme, avec sa femme Linda il se transforme en patrouilleur anonyme au volant d'une camionnette immatriculée « Rugged » (dur à cuire) : « Je fais cela pour ma communauté, par solidarité, vous comprenez ? C'est mon devoir. Mon équipement, avec les armes, les menottes, la radio, m'a coûté 2 000 dollars. Je ne regrette pas cet argent. C'est le prix à payer si nous voulons vivre en paix. Avec Arpaio, on fait du bon boulot. » À une demi-heure de là, dans la banlieue de Mesa, face au magasin Walgreens, Jim Lane fait sa ronde. La nuit est tombée, et ce pasteur-flic qui porte le badge *« chaplain »* agrafé à sa tenue n'hésite pas à allumer ses gyrophares : « En plus de mon ministère, je travaille quarante heures par semaine pour la milice. Disons que c'est mon hobby, une autre façon de me mettre au service des autres. Je suis prêtre, mais ça ne m'empêche pas de faire respecter la loi. »

En Arizona, l'aide aux pauvres et les dépenses de santé sont respectivement inférieures de 17 et 43 % à la moyenne nationale. En revanche, les sommes allouées à la police et aux prisons dépassent cette même moyenne de plus de 15 %. Ainsi, pour alimenter ses excentricités, soutenir ses brigades, entretenir son infanterie, sa cavalerie et son armée de l'air, Joseph Arpaio dispose d'un budget annuel de 82 millions de dollars. « Je dois faire attention, explique-t-il, veiller à ce que les criminels ne coûtent pas trop cher à la communauté. C'est ça, mon but. Ça, et leur mener la vie dure, pour les dégoûter à jamais de revenir traîner en Arizona. » Alors on demande à Arpaio ce qu'il pense de la décision du gouverneur d'Alabama de remettre les chaînes aux détenus emprisonnés dans cet État : « Du baratin ! Bien sûr, ce serait l'idéal. Mais ça me coûterait une fortune. Vous imaginez le personnel qu'il faudrait pour détacher et rattacher ce bordel quand les types vont à la douche ? »

Phoenix, Arizona, 4-05-95

Nous sommes partout

Et dire qu'il a fallu prendre un avion approximatif, louer un 4×4 polaire, longer la frontière du Canada pendant des heures, rouler dans la neige et le blizzard, franchir un pont de glace, arriver enfin à Noxon, Montana, pour voir John Trochmann s'asseoir près du poêle et commander à la barmaid un thé à la crème aigre sucré au miel tout en déployant sa documentation afin d'expliquer le plus sérieusement du monde que l'Amérique est sournoisement envahie par l'armée russe, que le gouvernement fédéral a mis en place un système électronique destiné à dérégler le climat du pays, que de mystérieux hélicoptères noirs surveillent les citoyens et que l'attentat d'Oklahoma City a été monté par le FBI !

Alors bien sûr, durant un instant, assis à cette table de l'unique bistrot du village, en écoutant cet homme au regard sincère et fiévreux ponctuer la plupart de ses affirmations hallucinées d'un « Absolument, *sir* », on a le sentiment de s'être trompé d'individu, d'avoir fait fausse route quelque part. Et puis, lorsqu'on s'aperçoit que tous les clients de Mike's Place, *« a family restaurant, a friendly atmosphere »*, traitent John comme une célébrité, on finit par admettre que l'homme que l'on a devant soi est bien le *« guru of the American militia movement »*, comme l'a écrit le *Washington Post*, ce personnage mythique capable de lever 2 070 groupes armés dans tout le pays pour défendre l'idée qu'il se fait de la liberté et de la vie en général.

Après avoir vendu toute sa vie des pièces détachées de *snowmobile*, ce barbu têtu aux mains de trappeur s'est mis en tête, il y a quelques années, de démonter l'État fédéral et de bricoler avec les MOM (Militia of Montana) une Amérique à l'ancienne vouée à Dieu, aux Donuts, aux Chevrolet et aux actions de la Standard Oil. Et lorsque, après avoir écouté John raconter toutes ces histoires de complots tordus du FBI, de météo filandreuse et de divisions ukrainiennes camouflées, on lui pose franchement la question de savoir s'il n'a pas d'antécédents paranoïaques, celui-ci, le plus sereinement du monde, répond : « Absolument pas, *sir*. »

Noxon est un village de 350 habitants. Depuis quelques années, il héberge le quartier général des MOM. « C'est fini, je ne reçois plus là-bas, dit John. Pour des raisons de sécurité. De toute façon, il n'y a rien à voir. Il n'y a que ma maison et celle de mon frère. Les armes ? Seulement des calibres réglementaires. Vous savez, on s'imagine beaucoup de choses sur les miliciens. En fait, ce ne sont rien d'autre que des hommes libres, comme vous et moi, avec un fusil. Disons des chasseurs résolus. Vous savez quelle est notre devise, dans le Montana ? "C'est mon pays et 5 000 snipers le défendent." »

Il fut un temps où Trochmann se montrait moins modeste et n'hésitait pas à faire visiter les granges d'un voisin marchand d'armes remplies de fusils antichars, de lance-grenades, de bazookas et de balles capables de percer des blindages. Il ne rechignait pas non plus à montrer ses fusils calibre 50 destinés « à descendre les hélicoptères ». Aujourd'hui, sans doute pour des raisons stratégiques et légales, le gourou des milices préfère adopter un profil moins guerrier et se contente de s'appuyer sur ce qu'il appelle son *« intelligence network* » en faisant jouer sa puissance de feu informative et théorique.

Les MOM et toutes les milices qui lui ont emboîté le pas dans les différents États du pays se sont formées ou radicalisées à la suite de trois événements récents : le siège de la maison de Randy Weaver, un séparatiste blanc, mené en 1992 par le FBI ; l'assaut, toujours dirigé par ce même bureau et celui de l'ATF (Alcohol, Tobacco and Firearms), de la ferme de Waco en 1993 ; enfin, l'attentat d'Oklahoma City. Dans les deux premières actions, les miliciens ont vu la volonté de l'État fédéral de s'attaquer aux libertés fondamentales des citoyens en leur interdisant de posséder des armes. Dans le cas d'Oklahoma City, Trochmann et ses amis estiment qu'il ne s'agit ni plus ni moins que d'un attentat monté par le FBI et ses sbires pour déconsidérer les milices. Les MOM ont même publié une cassette vidéo d'une heure qui démonte tous les éléments du complot. C'est Bob Fletcher, un ancien collaborateur de Noriega, aujourd'hui « ministre de l'Information » de John Trochmann, qui développe cette thèse adressée au Sénat et intitulée : *Tout ce que vous avez toujours rêvé de savoir sur le nitrate d'ammonium sans jamais oser le demander*. Il explique ainsi, avec toutes sortes de documents à l'appui, qu'il n'y a pas eu une mais bien trois bombes placées à l'intérieur de l'immeuble fédéral, affirmant également que le sismographe local a bien enregistré trois déflagrations légèrement décalées. Il ajoute enfin que, si l'on a si rapidement dynamité ce qui restait de l'édifice après l'attentat, c'est uniquement pour dissimuler ces faits.

C'est à partir de ce genre de manipulations que les MOM et leurs avatars bâtissent leurs affabulations. Quand on détaille leurs théories et leurs analyses contenues dans un recueil de 190 pages et une vidéo d'une heure quarante intitulés *Enemies : Foreign and*

Domestic, on reste pantois. L'idée de base est confondante : au nom du « Nouvel Ordre mondial », l'État fédéral aurait sacrifié les valeurs fondamentales de l'Amérique et choisi de la livrer aux puissances occultes de l'ONU et à une vingtaine de banquiers douteux. Il existerait donc un plan d'invasion du pays par des forces armées étrangères. Ainsi, la Maison-Blanche aurait loué les services de 100 000 policiers chinois dans l'unique but de désarmer les citoyens. Des divisions entières de soldats russes, déjà disséminées dans le sud du pays et obéissant au plan Operation Vampire Killer 2000, auraient, elles, pour mission de contrôler et de soumettre la nation. Par ailleurs, de mystérieux hélicoptères noirs, actuellement opérationnels, seraient utilisés pour surveiller les habitants et certains secteurs sensibles. Enfin, le gouvernement aurait mis au point un système d'ondes hertziennes capable de dérégler le climat de tout le pays. On aurait ainsi récemment dénombré 85 tornades inexplicables dans le Midwest. Et si tout cela ne suffisait pas à mettre la nation à genoux, 47 camps de concentration « connus et vérifiés », éparpillés sur le territoire, seraient chargés d'accueillir les réfractaires. Les textes des MOM regorgent de photos ou de rapports d'experts censés authentifier toutes ces allégations.

On pourrait croire que de telles bouffonneries sont sans effet sur la population. On se tromperait. Témoin l'aventure arrivée l'an dernier au département des Transports de l'Indiana. Sur l'envers de tous les panneaux de signalisation de cet État, figure un code de maintenance destiné au personnel d'entretien. Dans leur infinie paranoïa, les milices locales ont affirmé que ces sigles étaient en fait des messages secrets destinés aux troupes d'invasion de l'ONU. La rumeur a enflé et le département des Transports a été à ce point assailli d'appels qu'il a dû changer tous ses panneaux pour, selon les termes de son porte-parole, « rassurer les utilisateurs de la route». Le gouverneur de l'Utah, Mike Leavitt, a expliqué lors d'un récent congrès la mécanique de ces facéties inquiétantes : «L'idée de milices existe depuis une vingtaine d'années. Ce qui a changé aujourd'hui, ce sont les moyens de communication dont elles disposent. Elles utilisent Internet, et, lorsqu'elles savent qu'un représentant va voter tel ou tel texte qui leur déplaît, elles font marcher leur fax. Et l'élu reçoit instantanément des centaines de protestations qui, forcément, entament sa détermination.» John Trochmann possède une connaissance parfaite de ces systèmes et Fletcher se vante lui-même de pouvoir contacter 500 000 personnes en moins d'une demi-heure.

Qui sont ces soldats de l'ombre ? «Ne croyez pas que ce soient des marginaux, dit Trochmann. Ce sont des gens qui en ont assez de se sentir trahis par leur pays, des Américains honnêtes qui appartiennent à la classe moyenne.» La devise des MOM ? «Nous sommes partout.» Leur mode organisationnel ? Des groupes soudés de sept patriots. Pas davantage. «Au moins, comme ça, explique John, on est sûr de ne pas être infiltré.» Aujourd'hui, un bon *patriot* est contre l'avortement, refuse de payer ses impôts, ne possède ni permis de conduire ni plaque d'immatriculation sur sa voiture. Si on le lui demande, comme cela a failli d'ailleurs être le cas l'an dernier, il doit être capable de se rendre à Washington pour faire son devoir c'est-à-dire «mettre le Congrès en état d'arrestation». Il lui est également conseillé d'avoir vu au moins quarante fois le film *Hidden Agenda*, censé illustrer la sauvagerie des services secrets. Par ailleurs, il n'hésitera pas, lorsqu'un membre des milices sera en difficulté avec la justice ou l'administration, à menacer physiquement ou verbalement les représentants de l'État quel que soit leur rang. Enfin, il se conformera aux règlements des MOM : «Prendre les armes, désobéir aux ordres de l'État, avoir un code de conduite et se vêtir d'un uniforme (jean et veste grise). L'équipement de campagne inclura : un couteau, des ustensiles de cuisine, un miroir de détresse, du savon sans parfum, un protège-oreilles, une casquette, un colt ARI5, 600 cartouches, un fusil, etc. » Il connaîtra les techniques de terrorisme et de combat recensées dans un manuel de 600 pages (75 dollars) lui permettant de « placer des bombes de forte puissance qui engendreront des pertes irréparables chez l'ennemi ». Il saura manipuler le Semtex et les détonateurs télécommandés grâce à une brochure exhaustive et explosive (11,95 dollars). En sirotant son thé, Trochmann nous glisse un catalogue des accessoires et des livres vendus par les MOM : « On dirige le mouvement avec sérieux, dit-il, comme on gère une entreprise. Les conditions sont réunies pour que les milices nettoient enfin ce pays. Nous voulons que les choses redeviennent comme avant, propres, honnêtes. » Après avoir vitupéré la presse et surtout ces « salauds de journalistes socialistes suédois et danois », John prend congé, monte dans son vieux pick-up Ford et disparaît au bout du chemin enneigé. Quelques minutes plus tard, il repasse devant chez Mike's Place pour savoir si l'on est bien parti. Mais on est encore là, absorbé par la lecture de quelques déclarations de patriotes fameux tels que Bo Gritz : « L'explosion d'Oklahoma City est un Rembrandt. » ; ou Samuel Sherwood, de l'Association des Milices américaines : « Vous savez pourquoi Jésus a été tué ? Parce qu'il n'y avait pas de milice. » Alors, crucifié par ces arguments, tel un « salaud de Danois », on range tout ce bazar et on détale dans le blizzard, quatre à quatre avec le 4×4.

Noxon, Montana, 4-04-96

Chasse à l'homo

Mae Cohens a brûlé debout, hurlant dans les flammes, devant sa fenêtre. Brian Mock, lui, a tenté d'échapper à l'incendie en se traînant au sol. Mae Cohens est morte au pied de ses rideaux. Brian Mock est décédé à son arrivée à l'hôpital. Il avait 45 ans ; elle, à peine 30. C'était un homosexuel discret. Elle, une lesbienne militante. Il rasait les murs. Elle déclamait de la poésie dans les bars. Brian, colosse placide à l'humeur égale, était surnommé *« gentle giant »*. Mae, moins accommodante, était très fière qu'on l'ait rebaptisée « Casanova ». Brian, ancien professeur, avait recueilli Mae à sa sortie de prison. Ils vivaient l'un près de l'autre une sorte de vie conditionnelle, partageant un modeste appartement, à Salem, banlieue désabusée de Portland, Oregon.

Il y a un peu plus d'un mois, de drôles de types se sont mis à suivre Mock, dans la rue. Ils l'accompagnaient jusque chez lui en mimant sa démarche, en le traitant de *« queer »*, de *« faggot »*, de pédé. Brian, comme si de rien n'était, remontait la rue, en silence, jusqu'à sa porte. Un soir, une ambulance ramassa le colosse, sur le trottoir, à mi-chemin de son trajet habituel. Les sauvages lui avaient brisé les os du visage. C'est peu de temps après son retour de l'hôpital que se situe l'épisode de l'incendie. Quelques heures avant l'aube, quatre nervis brisent la fenêtre de l'appartement et jettent à l'intérieur des cocktails molotov. Le lendemain, avant même que

Mae et Brian soient enterrés, des affiches étaient collées sur les murs de Portland. Elles disaient : *« Voilà du bon boulot bien fait. »*

Scott Seibert vit à Eugene, autre périphérie de Portland. Scott Seibert, ancien marine, ancien shérif, a mis une nouvelle plaque minéralogique sur sa Honda Civic. Dessus, il a fait graver *« Gayman »*. Peu de temps après, un bloc de pierre fait voler sa porte en éclats. Le lendemain, il reçoit des lettres anonymes immondes. Deux jours plus tard, il découvre que les conduites de liquide de frein de sa voiture ont été sectionnées. Depuis, à son domicile, il a fait doubler ses fenêtres avec des vitres en Plexiglas à l'épreuve des balles et installer une porte d'entrée en acier ainsi que des alarmes dans le jardin.

Dans les semaines qui suivent, la police de Portland enregistre un nombre incroyable de plaintes de victimes agressées en raison de leur homosexualité, ou simplement pour avoir soutenu la communauté gay. C'est le cas du père Jim Galluzo, prête à l'église Saint Mattews, que l'on a essayé de brûler pendant son sommeil, tandis que son église était couverte de slogans : *« Nous tuons les catholiques »*, *« Nous haïssons les pédés »*. C'est le cas de Robert Ralphs, dont la voiture a connu le même traitement que celle de Seibert. C'est encore le cas d'une jeune femme rouée de coups, à Laurelhurst Park, par un certain Van Gorder qui s'acharnait sur elle en hurlant *« gouine de merde »*. C'est enfin le cas de Pat Bates et d'Amanda Colorado, deux amies partageant une propriété près du Highway 101, et qui ont découvert en rentrant chez elles, un matin, que les magnifiques arbres de leur parc avaient été sciés à la tronçonneuse pendant la nuit.

Des statistiques du Lesbian Community Project, reprenant les rapports de la police de Portland, donnent la mesure de cette vague d'« homophobie » en Oregon :

20 agressions en juillet, 51 en août, 44 en septembre, 91 en octobre. Quand on lit le numéro de novembre de *Just Out*, le journal homosexuel de Portland, on mesure l'angoisse dans laquelle vit désormais cette communauté. Voici les conseils de sécurité que le mensuel livre, sur une page, à ses lecteurs : « *Si vous êtes témoin d'une violence, appelez les détectives Shirley Zahler ou Franck Jolly. Ou téléphonez au 347 H.A.T.E. D'une manière générale, quand vous sortez, soyez sur vos gardes et guettez en permanence un endroit dans lequel vous pouvez vous réfugier. Ayez toujours avec vous un sifflet ou un klaxon à air comprimé. Évitez de quitter les bars gays sans être accompagné. N'affrontez jamais vos agresseurs. Faites installer des alarmes lumineuses à votre domicile. Cette dépense modique peut vous sauver la vie dans les mois qui viennent.* » Ariel Waterwoman, lesbienne, ne trouve pas ces mises en garde déplacées : « *Depuis des mois, on vit ici dans la peur. Certaines de mes amies ont fait poser chez elles des systèmes d'alerte qui les relient directement au central de la police. D'autres, après avoir été attaquées par des skins avec chiens, ont placé des barbelés dans leurs jardins. Parfois, on se lève le matin et sur sa porte, sur sa voiture, ou sur les murs de la maison, on découvre marqué à la peinture : "Sale gouine" ou "pédé pourri".* »

Cette vague de haine et de violence n'est pas le fait de quelques lunatiques. C'est le produit d'un long travail entrepris depuis plus de dix ans par l'OCA (Oregon Citizens Alliance), organisation politico-religieuse d'extrême droite, ultra-bigote, qui s'est fixé pour tâche de nettoyer l'État en le débarrassant de « *l'homosexualité, de la pédophilie, du sadisme et du masochisme* ». Ces derniers mois, à Portland, l'OCA a réussi à instaurer un climat de terreur avec une proposition de loi intitulée « Mesure 9 ». Ce texte, rejeté de justesse le 3 novembre par 57 % des votants, demandait que l'Oregon, et « *sur-*

tout la direction de l'Éducation, mette en place des critères pour la jeunesse de l'État et décrète l'homosexualité comportement anormal, mauvais, contre nature et pervers ». C'est cette initiative de cinglés qui a déclenché la vague d'attentats anti-homos. C'est à cause de ce texte que Cohens et Mock sont morts et que d'autres ont été frappés et humiliés.

Le patron de l'OCA s'appelle Lon Mabon. Vestimentairement correct et politiquement douteux, cet homme incarne parfaitement l'idée que l'on peut se faire d'un danger latent. Il est né dans le Minnesota, a fait ses études en Californie, est parti au Viêt-nam en 1969, avant de revenir se taper son quota d'herbe, de mescaline et de cocaïne à Los Angeles. « *J'ai fait ces expériences*, dit-il, *et puis j'ai changé de vie.* » C'est le moins que l'on puisse dire, puisque l'on retrouve ensuite Mabon dans tous les combats ultra-conservateurs. Aujourd'hui, dans son bureau de South West Salish, à Wilsonville, il se vante de prier à haute voix lorsqu'il conduit sur l'autoroute en compagnie de sa femme et de ses enfants. La Mesure 9 ? « *On a perdu parce qu'on a mal choisi notre formulation.* » Un mot de regret pour les morts et toutes les violences de ces derniers mois ? « *Pas de commentaire, nous n'avons rien à voir avec tout ça.* » Et puis, au bout d'un moment, Mabon commence à avoir assez de ces questions périphériques. Alors il va à l'essentiel : « *Ce n'est pas parce que je dis qu'il faut traiter les homosexuels comme on soigne les drogués que je suis un nazi. Enfin, vous ne me ferez pas croire que le rectum est fait pour avoir des rapports sexuels ! C'est anatomiquement anti-naturel, tous les médecins vous le diront ! Qu'est-ce que vous faites quand vous sortez des toilettes ? Vous vous lavez les mains. Ça veut tout dire. Le rectum n'est pas un endroit propre. Et je vous assure que si mon fils était homosexuel, je le ferais soigner.* »

Il est midi et l'on se dit que Mabon est maboul. D'un autre côté, on considère que 43 % d'un État réputé libéral accorde du crédit à ses histoires de lavabos. « *Dans deux ans, nous remettrons ça, et cette fois nous gagnerons.* » On aurait tort de croire que Lon Mabon délire. Il s'appuie sur un courant informel, diffus, quelque chose de profondément douteux qui habite l'Amérique populaire et rurale. On trouve de tout parmi ses sympathisants : des néo-nazis, des intégristes, des membres du Ku Klux Klan, des politicards. Et ses idées d'exclusion, déclinées du racisme, font leur sillon. C'est cette Église du Colorado qui explique « *que la peine de mort pour les homosexuels est prescrite dans la Bible* ». C'est l'État du Colorado lui-même qui vote des mesures anti-gays, prenant le risque d'être boycotté par la communauté homosexuelle des studios d'Hollywood. C'est ce pasteur du Sud qui annonce partout que la lutte « anti-pédés » sera le combat majeur de l'Amérique d'ici l'an 2000. C'est encore ce sondage de *Newsweek* (14-9-92) qui révèle que 53 % des Américains considèrent que l'homosexualité « *n'est pas un mode de vie alternatif acceptable* ».

Il y a enfin le cas de Keith Meinhold, qui est en train de diviser le pays. Pilote dans la Navy, Meinhold a été exclu de l'armée pour avoir reconnu à la télévision qu'il était homosexuel. Après une longue bataille judiciaire qui s'est terminée devant la Cour de Los Angeles, il a été réintégré dans sa fonction et son grade. Clinton l'a personnellement soutenu, ajoutant même qu'une fois à la Maison-Blanche, il ferait lever l'interdiction faite aux lesbiennes et aux homos de servir dans l'armée (17 000 d'entre eux ont été refusés en dix ans pour ce motif). C'est alors qu'est apparu un incroyable lobby anti-gays, composé aussi bien de démocrates que de républicains. L'ancien chef d'état-major Thomas Moorer s'est lancé le premier : « *Tôt ou tard, on verra des types s'enlacer, s'embrasser et quoi d'autre encore ?* » Le sénateur démocrate Nunn : *« Avant de nous occuper des droits des homosexuels, nous devons prendre en compte ceux des gens qui ne le sont pas et qui considèrent qu'à l'armée, on doit préserver leur vie privée. »* Quant au sénateur Bob Dole, du Kansas, il se contenta d'affirmer : *« Intégrer ces gens dans la Navy ou ailleurs est une immense erreur. »* Malgré ces rafales, Clinton a déclaré qu'il maintenait ses promesses. La communauté homosexuelle met beaucoup d'espoir dans le nouveau président, n'hésitant pas à titrer dans sa presse, le jour de sa victoire : *« Avec lui une nouvelle ère commence. »* Pendant ce temps, Lon Mabon sillonne les États, priant dans sa voiture, récitant son baratin de proctologue et se lavant ostensiblement les mains chaque fois qu'il sort des toilettes.

Portland, Oregon, 24-12-92

Unabomber

Quand il ne peut vraiment pas faire autrement, il dépose lui-même ses bombes à domicile. Mais il préfère de beaucoup envoyer ses colis piégés par la poste. En seize ans, il a ainsi expédié, dans tous les coins des États-Unis, quinze machines infernales savamment usinées qui ont fait vingt-trois blessés et deux morts. Ses victimes sont des gens sans histoires, qui ont simplement en commun d'être professionnellement liés à des compagnies aériennes, des sociétés d'ordinateurs ou des universités. Depuis le 25 mai 1978, quarante agents du FBI travaillent sans relâche sur cette affaire. Malgré toutes ces années d'enquête, dont le coût s'élève à plusieurs millions de dollars, ils n'ont pas avancé d'un pouce. Tout au plus ont-ils établi un profil psychologique et un portrait-robot du maniaque qu'ils ont baptisé « Unabomber » (*university/airline bomb*). Depuis 1984, Unabomber est *« the most wanted man in America »*.

« C'est sans doute l'un des plastiqueurs les plus imaginatifs et les plus insaisissables que nous ayons jamais rencontrés », note un rapport interne du FBI. « *Personne ne l'attrapera jamais*, ajoute Lawrence Myers, un expert dans ce genre d'affaires. *La seule chose qui terrassera ce type, c'est la vieillesse.* » Une perspective qui ne rassure nullement le bureau fédéral puisque, d'après ses recoupements, Unabomber aurait entre 30 et 40 ans. Autant dire que le dynamiteur commence à peine sa carrière.

Mais ce qui déroute le plus les enquêteurs, c'est le caractère imprévisible, incompréhensible de cet obsessionnel animé d'un triple ressentiment contre l'aéronautique, l'enseignement et l'informatique. Dans un désordre apparent, Unabomber a successivement plastiqué des sociétés d'ordinateurs, les universités d'Evanston, de Salt Lake City, de Nashville, de Berkeley, de San Francisco, d'Ann Arbour et de New Haven, avant de mettre une bombe dans un vol d'American Airlines, d'envoyer des colis piégés au directeur d'United et à l'usine Boeing d'Auburn.

À chaque fois, les explosions ont fait de gros dégâts et surtout des blessés. À deux reprises, les machines d'Unabomber ont même tué. La première victime s'appelait Hugh Scrutton. Le 11 décembre 1985, cet employé d'un magasin de location d'ordinateurs de Sacramento, Californie, était déchiqueté par une bombe dissimulée dans un paquet déposé devant la porte de service de son commerce. « *Scrutton est décédé à la suite de graves blessures à la poitrine*, raconte un enquêteur à *USA Today. Il y avait du shrapnel jusque sur le toit de l'immeuble. Ce gars-là n'avait aucune chance.* » Le 10 décembre, Thomas J. Mosser, 50 ans, un « cadre de l'agence de publicité Young & Rubicam, a trouvé une mort identique en ouvrant un colis piégé adressé à son domicile de North Caldwell, New Jersey. En cherchant dans les dossiers de la victime, le FBI a découvert que Mosser s'occupait des budgets de plusieurs compagnies aériennes, ainsi que d'entreprises comme Xerox ou Digital Equipment.

Aucun de ces attentats n'a été revendiqué. Unabomber ne s'est jamais manifesté, n'a jamais rien réclamé. Il s'est contenté à chaque fois de signer son travail. Ses bombes, bourrées d'une poudre assez rare, sont en effet d'un genre très particulier. Elles sont presque ouvragées comme des objets d'art. Les coffrets en bois sont toujours minutieusement travaillés et ajustés. À l'intérieur, toutes les pièces de métal des mécanismes sont méthodiquement polies. Enfin, l'un des éléments de l'engin est toujours gravé de deux lettres : F. C. D'après le FBI, ces initiales seraient l'abréviation de *« fucking computer »* (putain d'ordinateur).

« *Tout cela ne nous avance pas à grand-chose*, observe un enquêteur. *Un plastiqueur en série de ce calibre n'a jamais aucune relation, aucun contact avec ses victimes. Donc nous ne pouvons remonter aucune piste.* » Il reste au FBI à travailler sur le dossier psychologique qu'ont établi des experts. Unabomber aurait vécu à Chicago et serait aujourd'hui installé en Californie, à Sacramento ou à San Francisco. Ce serait un voisin discret, poli, tiré à quatre épingles, entretenant sa maison ou son appartement avec un soin maniaque, fréquentant quelques amis et occupant un emploi sans grand intérêt. Il jouirait intérieurement de ses exploits, de sa capacité à fasciner les médias et à narguer la police. Il se considérerait comme un vrai professionnel des explosifs, et chacun de ses attentats confirmerait son excellence. « *Un de ces jours*, espère Bob Bell, shérif de Sacramento, *on peut penser que ce gars-là aura un accident en manipulant ses engins et que nous le retrouverons dans une salle d'urgence d'un hôpital.* »

En attendant, deux semaines après la mort de Mosser, et en ces périodes de fêtes où le courrier abonde, le FBI, le Bureau de l'Alcool, du Tabac et des Armes à Feu ainsi que les services postaux ont donné aux Américains quelques éléments pour détecter les paquets douteux : *« Les substances chimiques des explosifs laissent souvent des taches sur le papier d'emballage. Il n'y a pas l'adresse de l'expéditeur. Les colis sont généralement surtimbrés et non enregistrés dans un bureau de poste. Les emballages sont parfois très rigides ou gonflés. »*

À l'heure qu'il est, stimulé par l'intérêt qu'on lui témoigne, Unabomber doit être en train d'assembler les éléments de son nouveau coffret. Ensuite, avec amour, il poncera les aciers de sa machinerie. Puis, un matin, il sortira de chez lui un paquet sous le bras.

Sacramento, Californie, 20-12-94

Le 3 avril 1996, Theodore Kaczynski, 54 ans, est arrêté à son domicile du Montana. Il est uniquement accusé d'être en possession de matériel servant à fabriquer une bombe. On ne retient pas contre lui les agressions de Unabomber qui tuèrent trois personnes et en blessèrent vingt-trois dans neuf États.

POLICE DEPARTMENT

Le destin Brando

Au début, il y a un homme assis, un homme chez lui qui regarde venir la nuit. Il fait cela très bien. Il en a l'habitude. Sa vie s'est même construite autour de cette manière très personnelle de poser ses yeux sur le monde et de le maintenir à distance. Ce soir, ce regard éloigné traîne sur sa propriété de Mulholland Drive et même au-delà, en contrebas, vers les brumes scintillantes de Los Angeles. Ici, sur les hauteurs de Bel Air, on a l'impression d'être à mi-chemin du ciel. Oui, au début, il n'y a rien d'autre qu'un homme assis. Il a 66 ans, il est 22 h 40, nous sommes le mercredi 16 mai 1990.

Et puis quelque chose se passe. Un bruit, et une sorte de cri. Cela vient des pièces du fond, de l'autre côté de la maison. Alors l'homme se lève et se rue dans les couloirs. À 22 h 45, Marlon Brando compose le 911 sur le cadran de son combiné de téléphone. Le 911, c'est le numéro des ennuis, l'indicatif des soucis. Une consigne dit : « Restez en ligne. Si vous ne le pouvez pas, donnez à l'opérateur l'adresse de l'urgence. » Brando reste en ligne. Il n'y a pas vraiment d'urgence. À côté de lui se trouvent ses enfants, Christian, 32 ans, et Cheyenne, 20 ans. Un peu plus loin, le corps de Dag Drollet est étendu bizarrement sur le sol. Un peu comme s'il avait glissé doucement du canapé. Du sang coule sur son visage. Dans une main, il tient un briquet butane, un paquet de tabac ; dans l'autre, la télécommande de la télévision. Dag Drollet est mort avant d'avoir eu le temps de rouler une dernière cigarette. Debout, Brando reste en ligne.

Le premier officier de police à se présenter à la grille de Mulholland Drive s'appelle Steve Cunningham. Et Cunningham fait son travail. Il n'a pas vraiment l'habitude de tenir un pareil rôle chez les acteurs. Pendant qu'il se concentre sur son boulot, il sent qu'un homme ne le quitte pas des yeux. Ce type-là n'est pas n'importe qui. Ce type-là a eu neuf enfants, trois femmes et deux oscars. Il n'a pas tourné trente-neuf films, mais ce sont plutôt trente-neuf films qui ont été tournés autour de lui. Il passe pour être le comédien le plus cher du monde, le plus intransigeant, le plus caractériel aussi. Alors ce soir, ce cadavre en short qui dégouline dans le salon, le calibre 45 qui traîne sur le guéridon, la télévision qui continue ses émissions, Brando sur ses talons et des menottes à passer à son fiston, ça fait beaucoup pour l'officier Steve Cunningham.

Pourtant, il note scrupuleusement les premières déclarations de Christian : « Je n'aimais pas ce type, mais je ne voulais pas le tuer, ça, c'est sûr. » En entrant dans cette pièce proche de la salle de billard, Cunningham venait de se glisser dans un scénario tordu qui allait désormais s'écrire au jour le jour. L'histoire oubliera Cunningham comme elle a oublié le flic de service qui a découvert le corps de Marilyn Monroe, ou encore l'inspecteur qui a arrêté en 1958 la fille de Lana Turner alors qu'elle venait de tuer Johnny Stompanato, l'amant de sa mère. Oui, l'histoire oubliera Cunningham. Mais Cunningham n'oubliera pas la nuit où l'homme aux neuf enfants, aux trois femmes et aux deux oscars le regarda s'affairer autour de la mort. Maintenant, il y a un homme debout. Un homme qui semble perdu dans l'arrangement de ce nouveau désordre. La maison est presque vide. Christian a été conduit au poste de police. Il ne reste sur place qu'un détective.

Brando le regarde et lui dit : « Élever des enfants est une lourde charge. Peut-être que je m'y suis mal pris. » Vers 2 heures du matin, l'acteur appelle les parents de Dag Drollet, à Tahiti : « Je suis désolé, il est arrivé un malheur, c'est un accident. » À 3 heures, il contacte Bill Kunstler à New York. Kunstler est un vieil ami de la famille. Surtout un avocat de premier ordre qui a bâti sa réputation en défendant la cause des Noirs dans les années 60. Il prend le premier avion pour Los Angeles. Il fait au plus vite.

Mais Christian l'a pris de vitesse. Au commissariat, où les analyses ont déjà révélé qu'il avait dans le sang trois fois la dose permise d'alcool, il a parlé toute la nuit à tort et à travers. Le détective Andrew Monsue n'a même pas eu à poser des questions. « Dans une affaire comme ça, on ne va pas dire au type qu'on a assis en face de soi de la fermer, observe Monsue. C'est impossible. Christian Brando est un gars très bavard. Il n'a pas arrêté de se confier pendant trois heures. » Et le détective a écouté. Et la caméra vidéo a tout enregistré. Par exemple ce passage : « Laissez-moi vous dire une chose : c'est un accident. Dag ne valait pas grand-chose et même la mort est trop douce pour lui. Ce gars-là battait ma sœur alors qu'elle attendait un enfant de lui. Elle était enceinte de sept mois. Non, ce gars-là ne valait rien. Il y avait une arme sur le canapé. Je me suis empoigné avec Dag. Deux types, un flingue, je ne sais pas comment ça s'est passé mais le coup est parti. Soyez gentils, croyez-moi. Si j'avais à descendre quelqu'un, je ne ferais pas ça dans la maison de mon père, j'entraînerais plutôt le gars dans un coin perdu. Je vous le répète, c'est un accident. »

Emporté par cette logorrhée, Monsue oublie quelque chose de primordial. Il omet de rappeler à Christian Brando ses droits élémentaires. À savoir qu'il peut garder le silence en l'absence de son avocat, et surtout que ce qu'il dira pourra, le moment venu, être retenu contre lui. « Je sais, reconnaît-il aujourd'hui. Mais compte tenu de la façon dont tout cela s'est passé, je ne pouvais pas dire à Christian de la fermer. » Au petit jour, Monsue décharge la caméra vidéo. Il ne le sait cas encore, mais le tribunal n'utilisera jamais ce document. À cause de son étourderie de procédure, la cassette, et tout ce qu'elle contient, ne sera pas versée au débat ni vue par un jury. L'histoire oubliera vite Monsue ; Monsue, lui, se souviendra longtemps de la manière dont il a bêtement gâché le rôle de sa vie.

Lundi 23 juillet 1990. Criminal Court of Justice de Los Angeles. Marlon Brando monte au 9e étage de l'immeuble. On le conduit ensuite à la division 58, chambre nº 9, porte 308. C'est là que ce matin débute l'audience préliminaire du dossier de son fils, là que va être définie l'accusation et éventuellement fixé le montant de la caution. Il s'assied au premier rang. Autour de lui, énervés comme des abeilles, des photographes essaient de lui piquer son visage. À sa droite, les caméras de télévision tournent puisque la loi californienne autorise la retransmission des audiences. Brando n'a pas un regard pour elles. Amaigri – il a perdu plus de dix kilos en deux mois –, fatigué, il conserve cet éloignement, ce désintérêt pour les piètres choses de ce monde. Il ne baisse pas les yeux devant elles. Il a depuis longtemps décidé de ne pas les voir. Il est ce qu'il est et il va le payer. Autour de lui s'organise une véritable biopsie publique de son malheur. Il est facile de faire dire n'importe quoi à un homme qui ne parle pas. Le hasard lui-même se mêle de l'affaire en faisant coïncider la date de sortie de *Freshman*, son dernier film, avec celle de la comparution de son fils devant la justice. Le texte de la bande-annonce ? « Brando est à *Freshman* ce que Nicholson fut à *Batman*. Il est tordant. » Tout se mélange, la fiction et l'affliction, la peine privée et la chose publique. Le *Los Angeles Times* titre : « La carrière de Brando rebondit au moment où sa vie personnelle s'effondre. »

Au cœur de toute cette confusion, celui qui a toujours placé sa famille au-dessus de tout, celui qui a défendu des causes dignes et souvent perdues, comme celle des Indiens, celui qui n'a jamais traîné dans les parties snobinardes de Beverly, qui n'a jamais amusé la galerie avec les comportements salaces et coutumiers de ce milieu, celui-là va finir par pleurer. Au moins deux fois. Mais jamais devant les caméras, jamais devant les photographes. Il fera cela dans l'intimité des couloirs de la cour. Les autres n'auront pas cette part de lui-même. À chaque fois qu'il passera la porte 308 de la chambre n° 9 et qu'il s'assiéra devant le juge Larry Fidler, il présentera ce visage impassible, inaccessible et illisible. C'est sa manière à lui de repousser ceux qui l'assiègent.

Mardi 24 juillet, Brando n'a pas bronché quand le jury a fixé le montant de la caution pour la mise en liberté de Christian en attendant son procès. Brando a encaissé. Et pourtant, les 10 millions de dollars que lui réclame la justice représentent la garantie la plus élevée jamais fixée dans ce comté. Cinquante-huit millions de francs pour que son fils revienne à la maison en attendant sa véritable comparution. Immédiatement, Brando déclare qu'il est prêt à engager sa propriété de Bel Air estimée à plus de 5 millions de dollars. Il s'arrangera pour le complément. Ce n'est pas un problème. Ce qu'il veut, c'est que Christian quitte la prison et regagne Mulholland Drive. Nicholson, son ami, est à ses côtés. Il a écrit personnellement au juge pour lui demander la clémence. Aux journalistes, celui-ci a seulement déclaré : « Bon Dieu, imaginez que ça arrive à un de vos gosses ! »

En cette soirée du 24 juillet, lorsque Marlon Brando quitte le tribunal, il sait que le pire est encore à venir.

Parce que le juge a refusé la thèse de l'accident et a inculpé Christian de meurtre et de détention d'arme prohibée. Parce que Cheyenne, qui entre-temps s'est envolée pour Tahiti rejoindre sa mère, est à son tour accusée de complicité. Parce qu'en quelques heures, l'unité et la dignité de la famille ont volé en éclats. Parce que, dans les mois à venir, la presse à scandales va recommencer à fouiller dans les penderies de sa vie pour en tirer de médiocres morales. Et surtout parce que Christian, quoi qu'en disent les avocats, quoi qu'en pensent les amis, risque la prison à vie. Les 10 millions de dollars, c'est juste le tarif d'une mise en liberté toute provisoire.

Mais encore une fois, même à ce moment-là, même au plus bas de sa vie, Brando entend demeurer maître de sa déchéance. Ainsi refuse-t-il que la police procède à la reconstitution de la mort de Drollet dans le salon qui jouxte la salle de billard. Quand on lui demande l'explication de ce refus de coopérer, il donne ses raisons : « Je veux que cet endroit devienne une sorte de mémorial pour Dag. Je veux que l'on y fasse brûler un cierge, que l'on nettoie le sang qui y demeure et qu'autant que possible, la vie reprenne. » La vie ? Brando l'a toujours considérée comme un sport individuel. Pourtant, c'est une sacrée équipe que Christian et lui vont devoir désormais affronter. Des types curieux de tout, des as de la balistique qui vont étudier la trajectoire de la balle, et des enquêteurs de personnalités qui, eux, examineront celle des existences.

Et Brando craint autant les rapports de la police scientifique que ceux des enquêteurs intimistes. Les premiers ont déjà accablé Christian. Tous affirment que le coup a été tiré à bout portant et qu'il n'y a pas la moindre trace de lutte entre les deux hommes. À la sortie de l'audience du 23, un observateur de la police faisait malicieusement remarquer : « Moi, je n'ai jamais vu un type se lancer dans une bagarre avec un briquet, un paquet de tabac et une télécommande de télé à la main. Ou alors, c'est que le programme était sacrément intéressant. » Les enquêteurs de personnalité eux, vont devoir trier dans l'excès de matière qui leur est soumis. Il y a d'abord le profil fragile de Christian, ensuite celui tout aussi précaire de Cheyenne, sans parler de la position de Dag dans ce huis clos brandonien et, enfin, du rôle déterminant de Marlon dans la conduite de son clan. Vendredi dernier, avant de regagner Tahiti, les parents de Drollet ont tenu à donner leur sentiment sur ce drame et la famille dans laquelle il a pris naissance : « Notre fils voulait rompre avec Cheyenne. Nous lui avions dit que cette fille sentait la tragédie et la mort, qu'elle n'était pas équilibrée. Je me souviens très bien de la dernière mise en garde que nous lui avions faite : elle peut très bien se suicider, ou te tuer, ou vous pouvez mourir tous les deux. Dans tous les cas, c'est elle qui amènera le drame. Notre fils a été tué comme un chien et Brando, qui était au courant des problèmes qu'il y avait dans sa maison, ne l'a pas protégé. Cette maison n'est d'ailleurs pas une maison mais un bunker bourré d'armes. Il faut aussi que vous sachiez ceci : Cheyenne frappait notre fils quand elle était en colère. »

Dimanche 29 juillet 1990. Le soleil écrase Los Angeles. La température est montée à plus de 85 degrés Fahrenheit. À Mulholland, Brando demeure dans l'ombre de son bunker. Il sait que désormais ses clôtures ne sont plus étanches, que les lames de rasoir qui les hérissent n'empêcheront pas les rumeurs de remonter jusqu'à lui. On connaissait le clan Brando. La presse découvre que celui des Drollet, riche lignée tahitienne, est tout aussi puissant. Et chacun de voir se décider un curieux et inattendu affrontement : le Parrain contre les parents. L'une et l'autre famille semblent avoir en commun cette même volonté de regroupement dans l'éclatement, cette même conscience de la fragilité de leur descendance.

Christian, Cheyenne, Dag, sont des êtres ébréchés et incomplets. Christian est dépeint comme un homme instable, capable d'autant de douceur que d'emportements violents. Et l'on met ces accès cyclothymiques sur le compte des rapports qu'il entretient avec son père. Ce dernier se battit quinze ans durant contre sa première femme pour avoir la garde de son enfant. Ensuite, il l'éleva à sa guise. À 16 ans, Christian quitta l'école et s'inscrivit au chômage. Pour l'occuper, Marlon Brando lui offrit une propriété de 5 hectares dans l'État de Washington et un demi-million de dollars sur un compte en banque. Puis Christian se tourna vers le rock. Lassé du binaire, il entreprend de devenir sculpteur avant de s'essayer dans le cinéma. On l'engage sur un film. Le résultat est si nul que la production refuse de distribuer les bobines. Alors Christian fait des petits boulots. Du bâtiment, de la peinture, des choses comme ça. Des choses qui ne feront jamais de lui que le fils de Brando. Certains jours, il s'accommode de ce destin médiocre. D'autres fois, étouffé par l'immensité de ce père, la rage le prend et il boit. À moins que ce ne soit l'inverse.

Dag et Cheyenne ont vu leur vie bouleversée après le grave accident de voiture qu'ils ont eu au mois d'août dernier. Dans la collision, Cheyenne avait été défigurée et son fiancé profondément traumatisé. Depuis, ils vivaient tous les deux sous tranquillisants. Et quand ça allait mal, ils prenaient ce qu'il fallait pour brusquer la vie. Bref, ils existaient en dents de scie.

Comme toujours, et jusqu'au bout, Brando a gardé la haute main sur les siens, exigeant notamment avant le drame que Cheyenne quitte Tahiti pour accoucher dans une clinique de Los Angeles. Quand on lui demandait les raisons de ce rapatriement, il répondait à ses proches : « Je n'ai pas une grande confiance en ces médecins français. Je veux que ma fille ait ce qu'il y a de mieux. » C'est encore l'acteur qui organisera et mettra en scène, avec les siens, la thèse de l'accident, alors que tous les éléments de l'enquête concluent au meurtre. C'est toujours Brando qui, quelques jours après la mort de Drollet, préparera la fuite de sa fille à Papeete afin qu'elle ne soit plus importunée par la justice américaine. Il la fera embarquer dans un avion et elle passera sans encombre le poste de police français, après avoir rempli une fiche d'entrée au nom de sa mère, Tarita. Pour Cheyenne, Brando voulait le meilleur. Elle a le pire : un amant tué par son frère, un exil forcé, un accouchement loin de son père, un internement psychiatrique et, pour couronner le tout, une inculpation de complicité de meurtre par la justice française. La descendance aux enfers.

Depuis le 27 juin, Marlon Brando est grand-père d'un petit garçon de 2,9 kilos, né le plus normalement du monde à la clinique Mamao de Papeete. Mais comme il fallait, dans cette histoire, que toujours la mort l'emportât sur la vie, que la sauvegarde de l'espoir passât par les couloirs de la morgue, l'acteur, pour étayer la thèse de l'accident, a engagé Michael Baden, le médecin légiste le plus renommé des États-Unis, pour procéder à une contre-autopsie sur le corps du père de son petit-fils, victime de son propre fils. Tout cela est compliqué, comme le chagrin, la souffrance et le tourment. « Brando se raccroche à un cadavre », observa un journaliste en apprenant la nouvelle. Et Brando qui se tait, qui sait qu'il va tout tenter, qu'on va le lui faire payer, et qui attend.

Oui, à la fin, c'est cela qui reste, l'image d'un homme qui attend. Un homme qui, ces deux derniers mois, a vu s'affaisser autour de lui toutes les fondations de sa vie. Lorsqu'il sort de sa maison de Bel Air, il voit partout son visage sur les affiches de Los Angeles. Pour 6,5 dollars, on peut le voir empoigner les joues d'un jeune garçon sur l'écran. On peut même le trouver « tordant ». Pour

25 cents, on peut se payer dans les journaux spécialisés les confessions des anciennes petites amies de Christian, les détails de l'internement de Cheyenne et les considérations condescendantes sur le clan. Oui, à la fin, quand le soir tombe sur les collines, il ne reste plus que la stature d'un homme seul, debout, et qui attend. D'une certaine façon, lorsque Christian comparaîtra en justice, c'est Brando que l'on jugera et peut-être que l'on condamnera. À ce moment-là, lorsque les choses iront mal, l'acteur sait qu'il pourra compter sur Nicholson et Kunstler afin de diviser sa peine. Pour les autres, tous les autres, il s'enfermera comme toujours derrière son visage. Et seuls les couloirs le verront pleurer.

Los Angeles, Californie, 2-08-90

Simpson's circus

À la prison de Los Angeles, le détenu matricule 4 013 970 continue de recevoir des cadeaux envoyés par ses admirateurs. Parfois on lui adresse des gâteaux en forme de ballon de football. Chaque matin arrivent une centaine de lettres de soutien. Mais Orenthal James Simpson, dit « the Juice », n'a plus le temps d'ouvrir son courrier. Ni de lire les journaux, qui depuis juin dernier lui ont consacré 28 000 articles. Sa cellule individuelle est équipée d'un téléviseur, d'un fax et d'un téléphone. Il peut ainsi commander des pizzas de chez Domino. Ou converser avec ses avocats. Il en emploie six à plein temps. Ce sont les défenseurs les plus agressifs, les plus réputés et les plus chers d'Amérique. On a surnommé cette équipe la *« Dream Team »*. Chacun de ses membres a été rétribué 4 000 francs l'heure jusqu'en décembre. À ce tarif, ils réalisent des miracles. Robert Shapiro, 52 ans, a sorti Johnny Carson et Christian Brando du pétrin. Johnnie Cochran, 57 ans, a sauvé Michael Jackson du scandale. Lee Bailey, 61 ans, a défendu Patricia Hearst. Et Alan Dershowitz a consolidé sa renommée avec l'affaire von Bülow.

Pour mettre toutes les chances de son côté dans une affaire plutôt mal engagée – il est accusé d'avoir tué sa femme Nicole et l'ami de celle-ci, Ronald Goldman –, Simpson a aussi recruté deux médecins légistes, deux hématologues, un biologiste spécialiste de l'ADN, un psychiatre, un psychologue, trois détectives privés, un testeur de jury, un comptable, une armada d'assistants. Et un conseiller financier pour gérer tout ce personnel. « Vous voulez savoir ce que peut coûter une équipe comme celle-là ? sourit un professeur de droit de UCLA. En gros, tout ce que vous possédez. » Selon les estimations, cinq mois d'audiences préliminaires, suivis de six mois de procès, devraient être facturés entre 3 et 5 millions de dollars.

En ce dimanche matin, le 12 juin 1994, Ron Goldman marche sur San Vicente Boulevard. Il sort de son club de gymnastique et avance tranquillement dans le soleil comme un homme qui plaît aux femmes, comme un type de 25 ans qui sait avoir devant lui le meilleur de sa vie. Vers 13 heures, il va au parc de Barrington jouer avec des amis sa partie hebdomadaire de base-ball avant de prendre son service au restaurant à 17 h 30. Lorsque Ronald Goldman, toujours ponctuel à son travail, passe la porte du Mezzaluna, il lui reste un peu plus de quatre heures à vivre.

Assise parmi d'autres mères de famille, Nicole Brown Simpson, 35 ans, endure stoïquement un spectacle de danse scolaire à la Paul Revere Middle School, l'institution mondaine où sont inscrits ses enfants, Sydney et Justin, 8 et 6 ans. Ce matin, elle est allée leur acheter des jouets chez Star Toys. Et ce soir, elle a décidé de leur offrir une glace au Ben & Jerry, puis de les emmener dîner au Mezzaluna. À ce repas dominical, elle a également convié son père, Louis, sa mère, Juditha, et sa sœur, Denise. Vers 19 heures, entourée des siens, Nicole Brown Simpson commande un plat de rigatoni à Ron Goldman. Trois heures plus tard, on la retrouvera en bas de chez elle, au 875, South Bundy Drive, allongée près du jeune serveur, la gorge tranchée.

Cela fait quarante-cinq minutes qu'Orenthal James Simpson parle au téléphone avec une fille qu'il ne connaît pas, qu'il n'a jamais rencontrée mais qu'il peut cependant décrire dans les moindres détails. Car l'essentiel de Traci Adell, 24 ans, est photographié dans les pages centrales du dernier numéro de *Playboy*. Seul dans sa propriété du 360, North Rockingham Avenue, en ce dimanche, O. J. plaisante avec la *playmate* de printemps : « À ce que je vois, tu es blonde. Je vais être franc : les blondes, ça ne m'a jamais trop réussi. Mais je ne suis pas à plaindre. J'ai eu ma part, si tu vois ce que je veux dire. J'ai tout fait, tout essayé. J'ai vécu l'équivalent de cent vies normales. » Vers 16 h 30, à regret, Simpson, 45 ans, prend congé de sa jeune correspondante et va lui aussi faire sa corvée paternelle à la Paul Revere Middle School. À la fin du gala, il s'entretient brièvement avec Nicole, son ex-femme, et embrasse ses enfants, Justin et Sydney. Vers 19 heures, dans sa voiture, en compagnie d'un ami, il marmonne quelque chose à propos de la tenue « trop provocante » que portait Nicole à la fête des enfants, évoque brièvement l'avion qu'il doit prendre ce soir vers minuit pour Chicago, puis gare sa Rolls Royce sur le parking d'un McDonald's et entre manger un morceau.

À la fin des années 50, à San Francisco, pas un gosse membre du gang des Persian Warriors n'aurait imaginé qu'un jour Simpson se baladerait au volant d'une Rolls. À l'époque, Orenthal James était un gamin du ghetto manquant de vitamine D et de calcium, avec des jambes squelettiques et une tête énorme. Selon l'humeur, ses copains le surnommaient « Headquarter » ou bien « Pattes de crayon ». Pour essayer de redresser ses tibias arqués, sa mère, Eunice, obligeait O. J. à marcher en inversant ses chaussures. « Pied droit dans chaussure gauche. Pied gauche dans chaussure droite » : c'est selon ces préceptes tordus que fut éduqué Orenthal.

Dix ans plus tard, équipé d'un casque sur mesure, le « crabe » était devenu la vedette de l'équipe de Buffalo.

Il courait le 100 mètres en moins de 10 secondes, mais surtout était le seul Américain capable de gagner 250 yards en un seul match et de marquer 23 *touch downs* (essais) après 2 003 yards de course en une seule saison. Aux États-Unis, de pareilles statistiques font de vous une légende, un milliardaire et un séducteur quelle que soit la cambrure de votre ossature. O. J. devient donc la coqueluche des femmes et le favori des grandes compagnies. Hertz, Royal Crown Cola, Schick, Foster Grant, Tree Sweet Orange Juice, Wilson et NBC paient tour à tour des fortunes pour acheter l'exclusivité de ses « pattes de crayon ». En 1979, lorsque O. J. quitte le sport professionnel, il est la plus grande vedette que le football américain ait jamais produite, le personnage le plus populaire du pays.

Il est 23 h 15 lorsque Simpson monte à bord de la limousine qui doit le conduire à l'aéroport de Los Angeles. Il a une heure de retard au rendez-vous qu'il avait fixé au chauffeur. Durant le trajet, et bien qu'à l'extérieur l'air ait sérieusement fraîchi, Orenthal, agité, ne cesse de répéter à Allan Park, le conducteur : « Bon Dieu, je suis en nage ! Branche la climatisation, je crève de chaud ! » À 23 h 45, Simpson se présente au comptoir d'American Airlines pour enregistrer son billet sur le vol 688 à destination de Chicago.

Au même moment, Sukru Boztepe et sa femme Betina Rasmussen sortent faire une promenade le long de Bundy Drive. Sur le trottoir, ils trouvent un grand chien japonais, un akita au pelage blanc. Boztepe remarque que ses pattes sont rougies de sang. L'animal semble nerveux, il aboie de façon curieuse et, dans son agitation, conduit le couple au numéro 875, le domicile de sa maîtresse. Dehors, dans le retrait d'un patio, Nicole Brown Simpson, 1,64 mètre, 58 kilos, gît au milieu d'une flaque de sang. Sa robe noire est déchirée. Son cou est tranché net jusqu'aux vertèbres cervicales. Ronald Goldman,

1,75 mètre, 81 kilos, est allongé dans l'herbe, en retrait du passage. Sa nuque est tailladée en plusieurs endroits. Il a reçu trente coups de couteau dans le ventre et la poitrine. C'est une boucherie que découvrent les détectives Fuhrman, Vannatter et Lange quand ils arrivent à Bundy Drive.

Bundy Drive. Depuis cette soirée de juin, l'endroit est devenu un repaire de cinglés. Le jour, les touristes venaient prendre des photos. La nuit, des dingos hurlaient sous les fenêtres qu'ils étaient les véritables auteurs du double meurtre. D'autres, plus discrets mais aussi inquiétants, emportaient des mottes de terre « imprégnées du sang des victimes » ou dérobaient des blocs de ciment « sur lesquels reposaient les corps ». Pauline Walsh, un agent immobilier, a mis en vente la maison de Nicole Brown. 795 000 dollars. « Cette demeure n'a rien de morbide. Nicole a été heureuse ici. Je ne fais visiter les lieux que si le client me laisse sa pièce d'identité et un relevé bancaire prouvant sa solvabilité. » D'autres ont moins de scrupules. Le propriétaire de la limousine qui a conduit O. J. à l'aéroport a vendu aux enchères la-voiture-de-la-nuit-du-crime.

Lenward Holness II, lui, est allé négocier directement avec O. J., en prison, le droit d'éditer une statue de bronze le représentant ballon en main : « Elle mesure 51 centimètres. On en a coulé 25 000, dit le promoteur. À 3 395 dollars l'une, on devrait faire dans les 85 millions de dollars de chiffre d'affaires. Dans la vie, tout le monde exploite tout le monde. Là, au moins, l'intéressé est consentant et largement rétribué. » Simpson, de son côté, commercialise lui-même une cassette vidéo de remise en forme, tandis que sur Commonwealth Avenue, dans la banlieue de L. A., le patron de Ragztop diffuse les panoplies gore du « Juice ». Un cadeau très en vogue pour les fêtes de fin d'année. L'ensemble se compose d'un maillot de football couvert de sang

(22 dollars), d'un couteau (20 dollars), d'un masque en latex du héros (20 dollars) et de la perruque blonde de Nicole (12 dollars). « Qui achète ça ? Mais mon vieux, dit le patron de Ragztop, des types comme vous et moi, des gens qui vivent sur cette terre. »

Les détectives sont à quatre pattes dans l'herbe. Dans le noir, ils cherchent des indices. À côté des corps mutilés de Nicole Brown et de Ron Goldman, ils trouvent un gant de cuir taché de sang (main gauche), des lunettes et un biper. Deux heures plus tard, les policiers se présentent au domicile d'O. J. Simpson. En jetant un coup d'œil sommaire à l'extérieur de la résidence, l'enquêteur Fuhrman découvre un autre gant de cuir rougi de sang (main droite). Du sang, il y en a encore sur les portes et à l'intérieur de la Ford Bronco de Simpson.

À Chicago, prévenu de la mort de sa femme, O. J. quitte l'hôtel O'Hare Plaza dans lequel il venait juste de s'installer et se rend à l'aéroport. Avant l'embarquement, il signe des autographes. Dans l'avion, il commande une eau minérale et avec le téléphone de bord donne plusieurs coups de fil dont un à son avocat, Howard Weitzman. Quand il arrive dans sa propriété de Los Angeles, le lundi 13 juin vers midi, les policiers ont déjà accumulé un certain nombre de pièces à conviction. Simpson est menotté et conduit au quartier général, où on l'interroge pendant trois heures et demie sur son voyage à Chicago, son emploi du temps de la veille et ses relations avec son ex-femme.

En fait, la police est bien placée pour connaître avec précision l'état de délabrement du couple Simpson. Ces dernières années, à la suite d'appels affolés de Nicole Brown sur le 911, des patrouilleurs ont dû intervenir une vingtaine de fois dans la propriété de North Rockingham pour maîtriser les débordements du « Juice ». Les incidents les plus marquants ont fait l'objet d'une procédure. En 1985, tandis que sa femme est réfugiée à l'intérieur, Simpson pulvérise les vitres de sa voiture à coups de batte de base-ball. Quand les flics l'interrompent, il dit simplement : « Laissez tomber, les gars ! C'est *ma* femme et *ma* bagnole. » En 1989, la veille du premier de l'an, les patrouilleurs arrivent trop tard. Nicole a déjà le visage tuméfié et les lèvres ouvertes. Elle est hospitalisée. Et O. J. arrêté. Jugé, il est condamné pour violences à 900 dollars d'amende. En 1992, tandis que Nicole Brown Simpson entame une procédure de divorce, son mari la harcèle, l'espionne et tente de s'introduire chez elle. En 1993, il défonce sa porte à coups de pied et la menace en vociférant. Épouvantée, Nicole appelle la police : « Il va me tuer ! »

C'est en 1977, alors qu'il est encore professionnel, qu'Orenthal, le plus grand séducteur de la National Football League, le cavaleur légendaire de la côte Ouest, fait la connaissance de Nicole Brown. Elle a 18 ans et travaille comme serveuse au Daisy, une boîte de nuit sur Rodeo Drive. Pour elle, Simpson quitte Marguerite, sa première femme, une Noire qu'il avait connue à l'époque où ses jambes ressemblaient à des croissants. En se remariant avec Nicole, cette vigoureuse Californienne, si jolie, si jeune, si blonde et si blanche, Simpson s'allie – il en est convaincu – avec quelqu'un qui lui ressemble.

Tous ceux qui l'ont un jour approché savent qu'Orenthal James est le Noir le plus blanc que la Californie ait jamais produit. Un « bon nègre », comme disaient autrefois avec mépris les Black Panthers. Quelqu'un qui a travaillé des années durant pour perdre son accent noir et lessiver sa diction. Quelqu'un qui a toujours aimé traîner dans ces country-clubs outrageusement blancs, exclusivement fréquentés par des femmes blanches, des golfeurs blancs, des chanteurs blancs, des acteurs et des cinéastes blancs. « En Amérique, pour ne pas se couper du business, de grands sportifs noirs fraient en public avec les Blancs, explique un agent publicitaire noir. Mais, rentrés chez eux, ils mettent Boyz II Men ou Anita Baker sur leur hi-fi. O. J., lui, croyait vraiment qu'il était blanc. Il finissait par penser comme Sinatra. » D'une certaine façon, il n'avait pas tort.

Selon des études menées par les annonceurs, Simpson était le contraire d'un Mohamed Ali ou d'un Tyson. Il était perçu par le consommateur comme le premier homme « sans couleur ». Un support idéal, un vecteur transracial, un type capable de fourguer une Pontiac de location à Malcolm X aussi bien qu'au juge Wallace. « Il ne s'est jamais considéré comme un Afro-Américain, observe un responsable du marketing de Hertz. Pour lui, la race n'était pas un problème. En fait, il n'était ni blanc ni noir. Il était O. J. » Une société de relations publiques à lui tout seul. Hertz le payait pour jouer au golf avec les gros clients de la société, Hollywood l'engageait pour des petits rôles grassement rétribués (*Naked Gun*), et les télévisions se l'arrachaient pour commenter les matchs vedettes. « Ce gars-là avait un charisme exceptionnel, raconte l'écrivain McInerney. Il y a deux ans, je l'ai rencontré dans un restaurant de New York. Les gens n'avaient d'yeux que pour lui. Ce n'est qu'au bout d'une dizaine de minutes qu'on s'est aperçu qu'il était accompagné d'une femme éblouissante. Il l'avait totalement éclipsée. » Qui était cette femme ? Impossible de le dire, tant on en a vu en sa compagnie. Peu de temps avant la mort de Nicole, O. J. fréquentait le mannequin Paula Barbieri. Partout où il l'emmenait, il demandait : « Vous ne trouvez pas qu'elle ressemble à Julia Roberts ? »

Depuis son divorce, Nicole Brown s'était installée dans l'appartement de Bundy Drive. Au volant de sa Ferrari cabriolet immatriculée L84AD8 (*« late for a date »*), elle essayait de démarrer une nouvelle vie. Elle dînait dehors, sortait avec des hommes. Autant de choses qu'O. J. n'admettait pas. Il espionnait ses rendez-vous. Un soir, alors qu'elle flirtait avec Keith Zlomsowitch, un actionnaire du Mezzaluna, Simpson surgit d'on ne sait où et secoua l'amant de Nicole en criant : « Cette femme-là est encore ma femme ! »

Toutes ces « simpsonneries », ces salades conjugales, ces bagarres domestiques, les flics de Los Angeles les connaissaient pour avoir eu à les arbitrer. Mais cette fois, c'est différent. Ils sont confrontés à un double meurtre. Et le suspect numéro un, c'est le « Juice », la crème de ce pays. Un homme « sans couleur » peut-être, mais un Noir tout de même. La pire des situations : tout le monde a encore à l'esprit les émeutes et le déchaînement de haine raciale provoqués par l'affaire Rodney King. Et la police ne veut prendre aucun risque. C'est pour toutes ces raisons qu'en ce 13 juin 1994, malgré les taches de sang retrouvées sur les gants et sur les flancs de sa Ford Bronco, Simpson est relâché et autorisé à rentrer chez lui.

Nicole Brown est enterrée deux jours plus tard. Entouré de ses enfants, portant des lunettes noires, marqué du deuil hollywoodien, O. J. assiste aux obsèques. Le dimanche suivant, c'est l'épilogue, l'épisode grotesque de la « poursuite » sur l'autoroute. Au lieu de se rendre à la police, où selon les termes d'un accord tacite il doit être arrêté, Simpson, assis à l'arrière de la Bronco, menace de se tirer une balle dans la tête, tandis qu'au volant du break un de ses amis erre à 60 kilomètres à l'heure sur les freeways de Los Angeles. Derrière, les voitures de patrouilles suivent. Au-dessus, les hélicoptères de la télé filment ce burlesque *road-movie*. Et aux carrefours, comme au plus beau temps de ses interceptions, la foule acclame le « Juice ».

À partir de là, l'histoire change de dimension. Un banal fait divers de quartier vient de passer le mur du son et de l'image. Aspirées dans les turbines médiatiques, les médiocres aventures d'un couple font soudain plus d'audience que les jeux Olympiques. Signe de la comédie qui se prépare, le jour de sa première comparution devant la cour de justice de Los Angeles, Simpson entre dans le prétoire en fredonnant *« Un nouveau jour commence… »*. Pour sauver son client, Shapiro se sait condamné à multiplier les arguties et les zip-zap juridiques. Alors, émoustillé par la presse, fouetté par quelques sondages (70 % des Noirs considèrent qu'O. J. est innocent), il s'en prend pêle-mêle à la police, à l'ADN, aux pièces à conviction, suggérant que si l'on s'acharne contre Simpson, c'est parce qu'il est noir.

Il faut l'entendre pour le croire. Shapiro, le lézard des palaces, la diva de Beverly Hills, jouant le ghetto contre le gotha. Filou, il peaufine son personnage. Les jours d'audience, il troque sa Jaguar contre une modeste Isuzu conduite par un chauffeur plus noir que l'ébène. Et pour faire chavirer son public, il convainc O. J. d'enrôler Johnnie Cochran, la star des avocats noirs. Prévoyant, il s'attache les services d'un agent multimédia, pour négocier les droits d'un livre et d'un film télé sur le procès. En attendant, il se délecte de la dernière blague à la mode à L. A. C'est Michael Jackson qui téléphone à O. J. : « Te fais pas de bile. Tant que tu es en prison, c'est moi qui m'occupe de tes gosses. »

Et la comédie continue. Cette fois, c'est le procureur Marcia Clark qui occupe la scène. Un sondage commandé par la télévision la juge trop stricte, trop austère. Branle-bas de combat à son cabinet. Dans une affaire aussi médiatisée, chaque détail compte. On convoque donc un jury fantôme qui note ce qui cloche dans sa présentation. Une semaine plus tard, lorsque Marcia Clark revient dans le prétoire, elle est méconnaissable. Cheveux courts, maquillée, tailleur blanc cintré, elle sourit à tout bout de champ et plaisante avec le président Ito. Les jurés se réuniront une seconde fois pour décider de la longueur de ses jupes. L'affaire est depuis longtemps sortie du tribunal pour se juger dans les talk-shows et les tabloïdes. Pendant la sélection du véritable jury (huit femmes et quatre hommes choisis grâce à un savant questionnaire en 294 points), Faye Resnick, la « meilleure amie » de Nicole Simpson, a publié un livre de ragots, *Private Diary* racontant la vie privée de la victime ainsi que la sauvagerie et les excès cocaïnomaniaques du « Juice ». En une semaine, le livre s'installe en tête des ventes.

Scandalisé par ces outrances, le juge Lance Ito tançait la presse, moralisait à tout crin et menaçait même d'exclure la télévision des débats. Un mois plus tard, fin novembre, Ito, qui ne supportait plus de voir Shapiro monopoliser la scène, se discréditait et mettait sa femme, Margaret York, chef de la police de Los Angeles, en mauvaise posture, en accordant à KCBS cinq heures d'interviews sur sa propre vie privée.

On en est là. À ce point critique d'indignité. Au moment où un billet de spectacle ayant appartenu à O. J. vient d'être vendu 8 000 dollars aux enchères, au moment où s'ouvrent les audiences pour savoir si les tests d'ADN effectués sur les échantillons de sang prélevés par la police sont recevables en justice, un modeste procès vient de s'achever devant la cour de Santa Monica. L'inculpé, James Foster, 48 ans, un Noir qui n'avait jamais joué au golf de sa vie, était accusé d'avoir égorgé sa femme Maria, une Blanche de 29 ans, qui voulait divorcer. Défendu par un avocat commis d'office, Foster a été jugé en cinq jours par un jury sélectionné aléatoirement. Reconnu coupable de meurtre au premier degré, il a été condamné à vingt-six ans de prison.

Los Angeles, Californie, 5-01-95

Un Noir sauvé par un raciste

À quelques kilomètres des premières effervescences du procès Simpson, James Foster, un Noir de 48 ans, il y a un an, comparaissait dans la plus grande discrétion devant le tribunal de Santa Monica. Ce modeste employé, réputé violent et jaloux, était accusé d'avoir égorgé sa femme, Maria, une Blanche de 29 ans, qui venait de demander le divorce. Face à un jury sélectionné aléatoirement, sommairement défendu par un avocat commis d'office, Foster était jugé en cinq jours, reconnu coupable et condamné à vingt-six ans de prison. Les frais de justice de cette affaire ordinaire s'élevaient à quelque 500 dollars.

Accusé d'avoir commis le même crime, dans des circonstances et un contexte similaires, Orenthal James Simpson, malgré une série de preuves que tous les observateurs s'accordaient à qualifier d'accablantes, était, lui, acquitté le mardi 3 octobre par la cour de Los Angeles. Si l'on prend en compte les soixante-quatorze jours qui ont été nécessaires pour constituer minutieusement le jury, ce procès aura duré plus d'un an et coûté 9 millions de dollars aux contribuables de la ville. De son côté, Simpson a déboursé une somme identique pour couvrir les honoraires pharaoniques de sa monumentale défense, ce fameux « *dream team* » composé des experts et des avocats les plus chers et les plus prestigieux du pays. Autant d'excès qui ont poussé Jeffrey Abramson, professeur de droit à Brandeis, Massachusetts, à écrire dans *le Monde* à l'issue du verdict : « La grande leçon de ce procès, c'est que l'argent peut acheter la justice. »

Le procès Simpson est bien une extravagance de riches. Avec tous les ingrédients des beaux quartiers et les poncifs des vies de mauvais goût. Le procès Simpson, c'est un million de lignes de transcriptions, des kilomètres de mensonges, un marathon d'indignité. Le procès Simpson, c'est un procureur qui raccourcit ses jupes, cintre ses tailleurs et frise ses cheveux afin de séduire un jury. C'est un juge incohérent, prenant des décisions farfelues, racontant un soir sa vie privée à la télévision, et le lendemain intimant l'ordre aux avocats et à l'accusation de se tenir à l'écart des médias. Ce sont des avocats manipulant la presse, jouant avec les démons raciaux, tordant le cou aux évidences et négociant des droits personnels pour des films à venir. C'est un accusé traitant dans sa cellule des affaires commerciales, vendant un livre à 500 000 exemplaires, déposant la marque « O. J. » et prélevant des pourcentages sur une foule d'objets estampillés « Simpson ».

Ce sont des experts en gants, en sang, en chemises, en taches, en couteaux, se ridiculisant, se parjurant ou se liquéfiant à la barre. Ce sont des témoins qui oublient, inventent, mentent ou bien vendent leur mémoire à la presse. Ce sont des jurés qui se font chasser du prétoire pour avoir dissimulé certains éléments de leur vie passée, et d'autres qui claquent la porte, las qu'ils sont de vivre loin de leur famille, quasi détenus dans un hôtel, surveillés par des inspecteurs, privés de radio, de journaux, de télévision, et soumis à des tensions énormes.

C'est enfin Mark Fuhrman, cet enquêteur cauchemardesque, xénophobe et sexiste, ce policier qui, le jour du double meurtre, a effectué les premières constatations, cet allié numéro un de l'accusation, que le procureur Marcia Clark sera pourtant obligé de qualifier ainsi :

« Fuhrman est-il raciste ? Oui. Est-il le pire policier de Los Angeles ? Oui. Est-il quelqu'un qui nous fait honte et horreur ? Oui. » Fuhrman a fait basculer une histoire qui avait déjà du mal à tenir debout. A-t-il pour autant, comme l'a affirmé la défense, « disposé » des preuves sur la scène du crime, allant jusqu'à imbiber les chaussettes de Simpson avec le sang des victimes et déposer des cheveux du footballeur sur les lieux du meurtre ?

Dans cette affaire, bien des éléments objectifs portent à croire que le « complot raciste » est un habile montage de la défense. Mais Fuhrman a été rattrapé par son passé et par ses propos honteux. Et dans ce dossier, le destin a voulu que ce soit lui, le nazillon, qui instille le doute et donc sauve ce qu'il déteste le plus au monde : un Noir. Même si ceux qui ont bien connu Simpson disent de lui qu'il avait renié ses frères depuis longtemps et qu'« il pensait aussi blanc que Frank Sinatra ». C'est cependant ce « frère »-là, tellement peu représentatif, ce fuyard en Ford Bronco, déjà condamné pour avoir menacé et violemment battu sa femme, que la communauté noire a choisi dès le début du procès pour incarner ses désirs de revanche judiciaire. Au point qu'à Los Angeles, tout le monde était convaincu qu'une condamnation de Simpson déclencherait des émeutes.

Malgré leur isolement, les douze jurés ont été unanimement sensibles à cette pression. À l'issue de neuf mois de procès et seulement quatre petites heures de délibération, épuisés par leur réclusion, usés par ce marathon, peut-être intimidés par leur responsabilité, ils ont décidé de rendre Simpson à sa Rolls Royce. Tous ont ignoré ce que la presse appelait il y a peu « une montagne de preuves ». Tous. Les neuf Noirs, les deux Blancs et l'Hispanique. Aucun n'a eu la force ou le courage de « s'accrocher aux faits » sans se préoccuper de considérations raciales, comme le leur avait demandé Chris Darden. Ce procureur noir, sans doute le seul personnage dans l'affaire à avoir fait preuve d'élégance, d'humanité et de dignité, a éclaté en sanglots à l'issue du verdict.

Ensuite, pendant que Simpson déclarait qu'il allait employer le reste de sa vie à rechercher les assassins de sa femme et de Ronald Goldman, et tandis qu'ABC vendait ses écrans publicitaires 470 % plus cher que d'habitude, le procureur Darden a respectueusement salué les parents des victimes, avoué qu'il avait honte d'avoir participé à une pareille mascarade, que ce procès était pour lui le dernier et qu'il quittait le métier.

Los Angeles, Californie, 12-10-95

Bad Ewell

À Fresno, Californie, au mois d'avril 1992, quelques jours après l'assassinat de son père, de sa mère et de sa sœur, Dana Ewell, 21 ans, unique héritier d'une fortune évaluée à 8 millions de dollars, disait à un enquêteur : « La police ne trouvera jamais ceux qui ont tué ma famille. » À l'issue de trois années d'investigations, Dana Ewell vient d'être arrêté, incarcéré et accusé d'avoir planifié et commandité le triple meurtre de ses proches dans le but de s'approprier leurs biens.

Fresno est situé sur la route 99, entre Tulare et Modesto, ce qui est tout dire. Proche du Sunnyside Country Club, au numéro 5663, sur East Park Circle Drive, la maison des Ewell est ce que l'on peut espérer de mieux quand on habite dans un pareil endroit. En cette veille de Pâques 1992, le gardien de la propriété vient jeter un coup d'œil rapide sur les serrures avant de rentrer chez lui. Ses patrons sont partis en week-end à 300 kilomètres de là, à Santa Cruz, dans la villa qu'ils possèdent en bordure du Pacifique. Sur la terrasse de cette résidence océanique, Dale Ewell, 59 ans, riche marchand d'avions de tourisme Piper, dîne en compagnie de Glee, 57 ans, sa femme si sociable, de Tiffany, 24 ans, sa fille autrement discrète, et de Dana, 21 ans, son singulier garçon. À ce repas, le jeune Ewell a convié Monica, sa petite amie, et le père de celle-ci, John Zent, un agent du FBI. Comme toujours dans cette famille, les conversations ne prennent que rarement de l'altitude et tournent autour des mêmes balises : les Piper et l'argent des Piper.

Le lendemain, en milieu d'après-midi, Glee et Tiffany, comme cela était prévu, retournent à Fresno par la route. Le père, lui, rentre un peu plus tard dans la soirée en utilisant son avion personnel, un Beechcraft Turbo Bonanza. Quant à Dana, il reste au bord de la plage en compagnie de sa fiancée et de l'agent Zent.

À la tombée de la nuit, Glee et Tiffany garent leur Jeep sur East Park Circle Drive et pénètrent dans leur maison de Fresno. Un homme les attend à l'intérieur. Avec un revolver muni d'un silencieux, il abat la mère sur un fauteuil du salon et tire plusieurs balles sur Tiffany, qui se trouve dans la cuisine. Ensuite, il se poste dans l'entrée et guette l'arrivée de Dale. Après avoir atterri à Fresno, l'aîné des Ewell a décidé de faire un crochet par son bureau. Il passe quelques coups de téléphone, vérifie un dossier et rentre seul à Circle Drive. Lorsque, devant sa porte, il descend de sa Continental, il est à son tour exécuté. À l'instant où son père s'effondre, Dana boit un verre de vin face à l'Océan en compagnie de Monica et de l'investigateur du Bureau fédéral. Il devient l'unique héritier d'une fortune de 7 974 500 dollars.

C'est l'ampleur de cette somme et le comportement bizarre du riche orphelin qui, dès le début de l'enquête, vont tracasser le shérif Steve Magarian. Les Ewell ont toujours eu des rapports passionnels avec l'argent, sauf peut-être Tiffany, en toutes choses si réservée, qui vivait en retrait du groupe depuis qu'à la suite d'un accident on lui avait vissé une plaque de métal sur le crâne. Sa mère, Glee, était en revanche une mondaine farouche que l'on retrouvait à la tête de tous les country clubs et autres comités culturels et caritatifs de la ville. Une femme cultivée, brillante, riche, qui tenait sa fortune d'une compagnie pétrolière de l'Oklahoma.

Son mari, Dale, était un ours obsédé par le profit et les affaires. Il vendait des avions de tourisme et discutait chaque contrat comme si sa vie en dépendait : « C'était sans aucun doute le concessionnaire Piper le plus détesté de tout le pays, se souvient Frank Lambe, un de ses concurrents. Quand l'affaire était conclue, quand l'argent avait changé de mains, c'était fini, il ne vous connaissait plus. Ce n'était pas la peine de lui demander quoi que ce soit. » Pendant plus de dix ans, Bob Pursell a été le principal agent commercial de Dale Ewell à Western Piper Sales. « Je n'ai jamais rencontré quelqu'un d'aussi dur, d'aussi manipulateur, quelqu'un capable à ce point de vous mettre chaque soir mal à l'aise en vous demandant ce que vous aviez fait de bien pour lui dans la journée. Il y a quelques années, j'ai été hospitalisé à la suite d'un cancer. Son premier geste a été d'annuler mon assurance. Je lui ai dit : "Vous ne pouvez pas faire cela, vous me mettez dans une situation terrible." Vous savez ce qu'il a répondu ? "Ce n'est pas de ma faute si tu fumes." Et malgré cela, le jour de son enterrement j'ai pleuré. »

Dana, le fils de la famille, aussi. Mais pas très longtemps. Ainsi, au cimetière, il n'a pu s'empêcher de complimenter une amie pour l'énorme taille d'un diamant qu'elle portait au doigt. Et le lendemain des funérailles, il a attelé le hors-bord de son père à la Jeep de sa mère, embarqué plusieurs caisses de bière, et est parti avec des amis pour le lac Millerton s'adonner aux joies du ski nautique. Élevé dans la religion du profit, Dana Ewell a toujours entretenu d'invraisemblables relations avec l'argent. À 10 ans, il se baladait avec des billets de 100 dollars dans les poches. À 15, il possédait l'ordinateur le plus puissant du comté, la chaîne hi-fi la plus sophistiquée. Dès qu'il est en âge de conduire, son père lui offre une Mercedes neuve. La voiture ne durera que quelques mois, avant d'être réduite à l'état d'épave par un accident. Le lendemain du sinistre, Dale Ewell achetait à son fils Dana une nouvelle Mercedes, de couleur gold celle-là.

C'est en s'intéressant de plus près à la scolarité de cet enfant gâté que le shérif Magarian va découvrir chez lui quelques singularités psychologiques. D'abord, il apparaît que depuis son adolescence Dana Ewell n'est habité que par une seule idée : vivre habillé par Armani et faire au plus tôt partie du Billionaire Boys Club, une association que son intitulé suffit à qualifier. Au fil de son enquête, Magarian découvre qu'à l'université de San Jose, dans la banlieue de San Francisco, où il est inscrit, Ewell s'est bâti une existence fictive à la démesure de ses ambitions. Il prétend que son véritable père vit en Europe et que lui-même y séjourne souvent. Il affirme être un surdoué de la finance et posséder ses entrées dans les clubs les plus fermés de Wall Street.

Au point qu'un jour le *San Jose Mercury News*, un journal local, s'intéresse à ce personnage hors du commun et lui consacre un grand article. Puis un second. Dans ces portraits, Dana Ewell est décrit comme un génie précoce, un « tycoon », un « mogul », menant de front une vie d'étudiant et de gérant de compagnies. Ewell explique qu'à 18 ans, il a déjà gagné 2,8 millions de dollars, et qu'il possède même une petite société d'avions d'affaires. Dans l'édition datée du 22 novembre 1990, Dana trône en photo sur cinq colonnes devant un de ses Piper imaginaires. L'article est intitulé : « Le magnat essaie de mener une scolarité normale ». Et au-dessous, on peut lire une citation du jeune homme : « Quand je rentre en cours, j'oublie les affaires. Je pense seulement à mon professeur et à Platon. »

Mike Pointdexter était à cette époque très proche de Dana Ewell : « Je me souviens que sa Mercedes gold était immatriculée "EWELL CO". Ce garçon semblait ne pas avoir de limites. Il avait un press-book impressionnant, fait de reportages racontant comment il avait fait fortune. Je me souviens du titre de l'un d'entre eux : “En survolant Wall Street”. Dana mystifiait tout le monde, ses amis tout autant que la presse. » Au printemps 1992, au plus fort de sa mythomanie, Ewell rencontre un étudiant en économie apparemment aussi cinglé que lui, Joel Radovich, qui passe son temps à se décolorer les cheveux, à cracher sur les portes et les murs de l'université, et à agresser ceux qu'il croise. Dana et Joel deviennent inséparables.

Lorsqu'il rentre à Fresno, le jeune Ewell reste cependant un fils serviable. Ainsi, quelques semaines avant le triple meurtre, il dresse, à la demande de son père et sur ordinateur, l'état précis des biens de la famille. Près de 8 millions de dollars en terres agricoles, argent liquide, obligations et placements.

Nanti de ces informations, le shérif Magarian va observer pendant des mois, des années, le comportement de Dana Ewell. Un jour, il note que le jeune homme passe des annonces dans les journaux pour vendre les précieuses bouteilles de vin de son père, ainsi que les fourrures et la Ford Mustang de sa mère. Une autre fois, un homme de loi lui rapporte que Dana Ewell vient de piquer une crise terrible en apprenant qu'il ne peut empocher la totalité de son héritage, une clause testamentaire stipulant que l'argent lui sera versé en trois fois, lors de ses 25e, 30e et 35e anniversaires. Les services de l'aéroport lui signalent qu'Ewell s'est offert un Piper quatre-places à bord duquel il mène joyeuse vie.

Hanté par tous ces détails, troublé par tant d'attitudes irrationnelles ou cupides, le shérif Steve Magarian s'est convaincu que Dana a commandité le meurtre de ses parents. Il convoque le suspect, l'interroge, se heurte à ses dénégations et à l'indignation de John Zent, l'homme du FBI, qui clame dans la presse l'innocence de son futur gendre : « Accuser Dana d'avoir payé quelqu'un pour commettre ce meurtre est vraiment une hypothèse gratuite et absurde. » Mais le 2 mars 1995, un certain Ernest Jack Ponce, de San Bernardino, reconnaissait avoir fourni l'arme du crime à Joel Radovich, le cracheur irascible. Il déclarait également que Radovich, avant d'exécuter ses victimes, s'était entièrement rasé le corps debout sur une feuille de plastique, afin de ne laisser aucun indice.

Les deux hommes sont arrêtés. Et Dana Ewell s'échappe de Fresno au volant de sa Mercedes gold. Trois jours plus tard, il sera interpellé par la police de Long Beach. Le 22 mai, lors de l'audience préliminaire de son procès, malgré quelques témoignages accablants et la découverte de l'arme du crime, il niait toujours avoir payé Radovich pour tuer les siens. En attendant l'issue des débats, la justice a bloqué les biens et l'argent de Dana Ewell. Y compris les 50 000 dollars de récompense que le jeune homme avait promis à quiconque permettrait l'identification des assassins.

Fresno, Californie, 1-06-95

J'ai tué trop de gens

La liste. Lynwood Drake III s'en tient à la liste. Procéder de manière chronologique est le plus sûr moyen de n'oublier personne, de ne pas se laisser distraire. Il est 7 heures du soir à Morro Bay. Sur le parvis de la maison des Zatko, Drake III raye trois noms : celui du propriétaire, Andy Zatko, 80 ans, et ceux de ses amis, Norman Metcalfe, 37 ans, et Danny Cizek, 32 ans. Il ne les a pas vraiment visés. Les choses se sont pour ainsi dire faites toutes seules. C'est l'avantage du calibre 12. S'il veut respecter son planning, Drake III sait qu'il ne doit pas s'attarder. Une heure plus tard, il arrive à Paso Robles, à 190 miles au sud de San Francisco. À leur table habituelle, David Law, 41 ans, Kris Staub, 31 ans, et Joe Garcia, 60 ans, sont en train de jouer au poker. Drake pense que, pour une fois, c'est lui qui a les cartes en main. Et, tranquillement, il ajuste ces hommes les uns après les autres. Avec ce total de six cadavres, Drake III commence à y voir plus clair. Tous ces types-là ne valaient pas grand-chose. Il les connaissait, il n'aimait pas leur façon de faire. S'il était aujourd'hui à la rue, c'est parce que Zatko s'était arrangé pour qu'on le vire de son logement. Et c'est à cause de Metcalfe que sa femme et sa fille l'avaient quitté. Law et Staub, c'était différent. Eux lui avaient tout pris aux cartes. Deux vrais crabes. Sans parler de cette bagarre, un soir, où ils lui avaient cassé la moitié des dents.

La liste. Drake reprend la liste. Il reste encore quatre

ou cinq noms. Le suivant est celui d'une femme, Joanne Morrow. Drake se souvient parfaitement d'elle. Il a travaillé quelque temps dans sa vigne jusqu'à ce qu'elle le renvoie parce qu'il passait toutes ses journées devant la télévision. Avant de se rendre à son ranch, Drake écrit une lettre dans laquelle il explique les griefs qu'il avait contre chacune de ses victimes, le détail de ce qu'il a dû subir. Il adresse aussi un mot à ses parents qui se termine par : « Mes sœurs et leurs maris m'ont toujours laissé tomber. Que la famille américaine finisse en enfer. Et que Dieu me pardonne ! »

Drake III n'a jamais vraiment su s'y prendre avec la vie. Il a essayé d'avoir une femme et un enfant. Mais ça n'a pas marché. À cause de l'argent et du travail. Drake ne peut pas rester en place bien longtemps. Dans le comté de San Luis Obispo, on dit de lui qu'il est un peu *nuts*, qu'il a un grain. C'est pour ça que cet après-midi, lorsqu'il se baladait partout avec sa liste dans les doigts en racontant qu'il allait faire un massacre pendant la nuit, personne ne l'a vraiment pris au sérieux.

Il est minuit et Drake III est assis face à Joanne Morrow. En entrant, tout à l'heure, il l'a rouée de coups, mais quand cette femme, seule dans son ranch, s'est mise à hurler « Pourquoi me faites-vous ça ? », ses poings se sont figés et il s'est entendu dire : « J'ai tué trop de gens, aidez-moi ! » Drake III est maintenant très calme. Il parle de son passé, de sa fille, de sa femme et de tous les ennuis qu'il a eus dans sa satanée vie. À un moment, il s'arrête, semble réfléchir et dit à Joanne : « Je vais vous piquer votre camionnette et filer vers les falaises de Big Sur. Mais si je fais ça, je suis obligé de vous tuer. » Morrow ne fait aucun commentaire, mais elle voit bien que cette idée ne plaît pas à Drake. Il n'est plus le même que lorsqu'il est entré. Il a oublié la liste. Il se souvient par contre du bon temps qu'il a passé ici, à tirer au flanc dans les vignes, à traîner à droite et à gauche dans le ranch. Il le raconte longuement à Joanne Morrow. Vers 3 heures du matin, Drake III exprime pour la première fois du remords d'avoir tué tant de monde. Il parle même avec tendresse du vieux Andy Zatko. Mais ajoute qu'il ne pouvait pas faire autrement, que ces gens l'avaient trop fait souffrir.

Drake III regarde la nuit par la fenêtre, et avec sérénité annonce à Joanne qu'il va se suicider. Auparavant, il a deux services à lui demander : faire parvenir à sa fille le peu d'argent qu'il a sur lui et téléphoner à sa mère quand tout sera terminé. Il prend un papier et note le numéro. « Je vais me tirer dessus avec mon fusil calibre 12. » Joanne fait alors cette incroyable réponse, rapportée par le *San Francisco Examiner* : « Avec un fusil ? Vous êtes sûr d'arriver à atteindre la gâchette ? » En guise de réponse, Drake III fouille alors dans sa poche et en sort un pistolet.

Il est presque 4 heures du matin. Drake III sait qu'il est le dernier de la liste. Alors il demande à Joanne Morrow de promettre de s'occuper de sa crémation pour que tout se déroule dans les règles. Elle répond : « Vous préférez que vos cendres soient dispersées au bord de la mer ou dans la vigne ? » Drake III réfléchit brièvement et dit : « Dans la vigne, c'est l'endroit où j'ai été le plus heureux de ma vie. »

Il est 4 heures 30. Drake a remarqué des voitures de police autour de la maison. Le téléphone a aussi sonné trois fois. Alors il s'approche de Joanne, lui dit doucement : « Ne parlez plus », s'éloigne de quelques pas et, dans le silence de la pièce, se tire une balle dans la tête.

Le shérif en est à son septième cadavre de la nuit. Il se dit que l'aube ne va pas tarder à se lever. Quand il demande à Joanne Morrow pourquoi Drake est resté là à parler toute la nuit avec elle, elle répond : « Parce qu'il avait tué tout le monde autour. »

Morro Bay, Californie, 31-12-92

Le genou de Nancy

La bouche s'entrouvre, la cuillère coulisse délicatement entre les lèvres avant de glisser dans une gorge profonde un contenu que l'on devine onctueux. Au plan suivant, revigorée par la mixture, souriante, tonique, Nancy Kerrigan se lance sur la glace et, d'un seul coup d'épaule, démonte un monumental défenseur de hockey. Pendant que la caméra s'attarde sur la plastique de la patineuse, la voix murmure : « C'est ça, la soupe Campbell ! » Inévitablement, on se dit que si la soupe Campbell c'est vraiment « ça », alors, oui, dès demain on se met au potage aux vermicelles.

Ce spot de publicité, tourné bien avant que la championne ait été frappée au genou avec une matraque télescopique, il y a deux semaines, par un proche de Tonya Harding, sa rivale de toujours, est diffusé plusieurs fois par soirée sur les grandes chaînes de télévision américaines. Campbell connaît la recette. Et Kerrigan l'empoche. Car désormais, quoi qu'il arrive, quoi que découvrent les enquêteurs du FBI, il est clair que l'argent, les sponsors, les médias, et accessoirement les célibataires, ont choisi leur héroïne. « Les appels affluent de partout, reconnaît Jerry Solomon, l'agent de Kerrigan. Des demandes d'interview, des offres pour des livres, ça n'arrête pas. » Avec Reebok qui lui enserre les chevilles, Seiko qui lui ceint le poignet et Campbell qui lui soutient l'estomac, Kerrigan n'a plus de souci à se faire. Aux Jeux de Lillehammer, ses commanditaires ne lui demanderont même pas de gagner la médaille d'or, seulement d'être là, de patiner, de se laisser porter, de glisser sur son image. Sa seule apparition olympique, couplée aux retombées de l'affaire, devrait lui rapporter quelque chose comme 10 millions de dollars. Le coup de bâton qu'elle a reçu sur la rotule a définitivement fouetté sa carrière. Et sans doute à jamais brisé celle de Tonya Harding.

De Kerrigan, on saura à peu près tout quand on aura dit que son père, plombier, s'y entendait tout autant pour aboucher les tuyaux que pour souder une famille. Depuis toujours, accompagné de ses quatre fils, de sa femme aveugle, de ses propres frères, neveux et cousins, Kerrigan senior suit, encourage et préserve sa fille partout où elle patine. Avec sa seule lignée, il se fait fort de remplir une tribune. Et comme si cela ne suffisait pas, Nancy est une splendeur bien élevée, s'exprimant avec charme, sachant parfaitement mettre en valeur son petit côté country club et ne détestant pas se faire photographier pendant qu'elle s'exerce au golf.

Qu'est-ce que Tonya Harding pouvait lui opposer, dans cet atrium médiatique où tout l'accable ? Elle que la presse a baptisée « la fille des rues ». Elle qui s'exprime toujours comme un charretier avec son air de culbuto buté. Elle dont la mère, hôtesse dans un bar de nuit, a épuisé six marins. Elle qui se vante d'avoir appris à tirer au revolver à 5 ans et d'occuper ses loisirs à démonter des boîtes de vitesse. Elle qui dit avoir été violée par son demi-frère et battue par son mari. Elle qui, apprenant le tabassage de Kerrigan, n'a rien trouvé de mieux à dire que : « Je regrette de ne pas l'avoir battue moi-même. Sur la glace, bien sûr… »

Harding, c'est le *trash skating*, le patin du ruisseau. Tandis que Kerrigan encaisse avec une distinction aristocratique les dividendes de l'incident, Tonya se confie à la presse : « Je patine pour le fric. Ce que je veux voir, c'est la couleur de l'argent. L'an dernier, j'ai vécu avec 10 000 dollars. Ça fait plus d'un an que je ne me suis pas acheté des habits neufs. Il y a six mois, mon proprio m'a jetée dehors parce que je lui devais 1 095 dollars que je ne pouvais pas payer. » Évidemment, ce n'est pas cette image de valseuse nécessiteuse que l'Amérique souhaite exporter en Norvège. Même si Harding patine comme un as. Même si avec, une grâce de pompiste, elle fut, il n'y a pas si longtemps, la seule femme au monde à effectuer un triple saut particulièrement périlleux. En ce moment, la glace fond sous ses pieds. Il faut dire que son entourage immédiat est englué dans les boues du scandale.

Shawn Eckardt d'abord, son garde du corps, un monstre inquiétant de 2 mètres pour 170 kilos, vivant dans un univers fantomatique, affirmant avoir jadis travaillé pour la CIA et le FBI, se déplaçant toujours en Mercury 76, est inculpé d'avoir organisé le tabassage. Rusty Ritz, un témoin capital, affirme que, quelques jours avant l'agression Eckardt lui a fait cette proposition : « Pour 65 000 dollars, tu serais prêt à tuer ? Non ? Et pour la même somme tu briserais les jambes de quelqu'un ? » Aujourd'hui, Eckardt, qui a décidé de coopérer avec les enquêteurs, explique que Tonya Harding était au courant de tout, qu'elle se plaignait même que les choses ne soient pas assez rondement menées, et que le cerveau, si l'on peut dire, de cette affaire n'était autre que Jeff Gillooly, le mari mentor de la championne.

Gillooly, c'est l'amour d'enfance de Tonya, l'homme qu'elle a quitté dix fois et vers lequel elle est toujours revenue, l'homme qui lui répétait qu'à tout moment « il pouvait briser sa carrière ». Qui, lorsque le ton montait, la menaçait avec un revolver, qui enfin lui mettait de telles trempes que la police était obligée d'intervenir pour le ramener à la raison et saisir en douceur tout son arsenal. Gillooly n'avait alors de cesse de trouver un « arrangement » avec le shérif pour éviter le scandale. Aujourd'hui, inculpé et arrêté, il nie toute participation dans l'affaire Kerrigan. Et quand on lui oppose un versement de 3 500 dollars effectué à l'ordre d'Eckardt, deux jours après la bastonnade de Detroit, il répond qu'il ne faisait ainsi que rétribuer son ami d'enfance pour ses menus travaux de protection et d'escorte.

À l'issue de son audition par le FBI, Tonya Harding a réuni la presse pour annoncer officiellement que, cette fois, elle plaquait Gillooly pour de bon. À peu près au même moment, sous une averse de neige du plus bel effet, Nancy Kerrigan, éblouissante, posait face aux caméras au bras de son père éternel, devant le perron de la maison familiale de Stoneham, Massachusetts. À l'intérieur, on imaginait sa mère et ses frères patientant aimablement devant un bol de soupe fumante. Épiée par les journalistes, et malgré les rumeurs qui courent sur sa prochaine inculpation, Tonya Harding continue à s'entraîner obstinément sur la patinoire de Portland, Oregon. Elle veut encore croire en sa sélection pour Lillehammer. Elle sait qu'elle vient de la rue et qu'un seul saut manqué peut l'y renvoyer. Alors, sans Seiko, Campbell ni Reebok, avec ses deux jambes pour seul sponsor et unique soutien, elle patine en rond devant les reporters, en pensant à la fin du mois et au terme du loyer.

Portland, Oregon, 27-01-94

LE MINISTÈRE DE LA PEUR

Miami, mi-hostile

À Dulles, l'aéroport de Washington, lorsque le couteau suisse que vous gardez toujours dans votre poche déclenche l'alarme du portique de sécurité, le préposé, après s'être inquiété de votre destination, et considérant, atterré, le modeste multilame helvétique, soupire : « À Miami, ce machin-là ne vous servira pas à grand-chose… » De toute évidence, l'agent aurait préféré vous voir vous envoler avec un bon Walter PKK sous le gilet. Lorsque deux heures et demie plus tard vous atterrissez en Floride, on vous propose aussitôt deux documents intitulés *Importantes informations pour la sécurité du touriste* édités par la chambre de commerce de Miami. Machinalement, vous fourrez ces brochures dans votre sac et vous vous dirigez vers les comptoirs d'agence de location de voitures.

Chez Alamo Rent a Car, vous constatez, un peu surpris, qu'à l'orée des guichets une employée a pour seule fonction de remettre un texte de « mise en garde pour la sécurité des voyageurs » à des touristes déjà paniqués à la seule idée de voir la nuit tomber. Vous préférez traiter avec Dollar, où un employé hâbleur, très « latin-loueur », vous fourgue à vil prix et sans préambule sécuritaire une espèce de barge oléopneumatique de marque Chrysler et de type New Yorker. Ce n'est qu'après avoir conclu la transaction qu'il agrafe au contrat une feuille portant le titre « Conseils de sécurité ». Ensuite, fixant vos yeux, il dit : « Surtout lisez tout ça attentivement. Ça peut vous sauver la vie. Il y a tellement d'agressions aux alentours de l'aéroport que j'ai de moins en moins de clients. La plupart préfèrent payer un taxi ou une navette et prendre leur voiture dans nos agences du centre-ville. Je travaille ici depuis longtemps. J'ai vu la violence s'installer, vous pouvez me croire. »

Tandis que l'on vous conduit à votre voiture, vous apercevez cette publicité d'une compagnie d'hélicoptères qui, pour quelque 300 dollars, se propose de vous transporter à Fort Lauderdale en « évitant les hauts lieux du crime ». Vous voilà au volant, seul dans la jungle avec votre canif. En virant sur LeJeune Boulevard, vous jetez un œil sur les règles de survie que vous a remises votre ange gardien. Et vous lisez ceci : « 1) Évitez surtout de consulter ces documents en conduisant, ceci pouvant attirer l'attention sur le fait que vous êtes étranger à la région. » Comme de toute façon vous avez déjà commis l'irréparable, vous êtes repéré. Alors autant continuer à vous informer pour connaître le sort qui vous est réservé : « Si quelqu'un essaie de s'approprier vos objets de valeur, surtout ne résistez pas, la vie est plus précieuse que les biens matériels… Soyez toujours sur vos gardes avant de vous mettre en route. Si votre pare-chocs arrière est heurté par une autre voiture, ne vous arrêtez pas, continuez jusqu'à la station-service la plus proche et appelez la police au 911. Ne vous arrêtez surtout pas si on vous fait des appels de phares. Soyez toujours sur vos gardes quand des piétons s'approchent de votre véhicule. Inspectez les alentours, le dessous et l'intérieur de votre véhicule avant de vous y installer. Si vous tombez en panne sur une grande artère, verrouillez vos portes, allumez vos feux de détresse et attendez l'arrivée de la police. La brochure "*Visitor Information*" contient d'autres conseils de sécurité. »

Voilà comment, en Floride, un soir de janvier, vous

vous sentez transformé en cible mouvante, au milieu d'une « sniper allée » tropicale, dans une ville piquée de mangroves que vous teniez pour familière et qui jamais ne vous avait semblé hostile. Ce qui a déclenché ce processus d'alerte, ce sont les meurtres spectaculaires commis l'an dernier sur dix touristes, en majorité anglais et allemands, abattus puis dépouillés alors que, pour la plupart, perdus dans le labyrinthe des freeways, ils cherchaient leur route. Sauf Uwe Willem Rakebrand, qui, lui, lisait les conseils de sécurité sur le bas-côté de la route quand il a été percuté à l'arrière par un van et tué d'une balle dans la tête à côté de sa femme enceinte. Les agresseurs, jeunes pour la plupart – certains ont à peine 13 et 16 ans –, procèdent souvent de la même manière : ils foncent sur le véhicule de leur victime, l'emboutissent, puis profitant de l'effet de surprise, abattent le conducteur et volent tous les bagages entassés dans l'automobile.

Ce matin, 10 janvier 1994, Domingo Eugenio Torres s'en est plutôt bien sorti. Ce concessionnaire Nissan de Santiago du Chili, accompagné de sa femme et de ses deux enfants, quittait à peine l'aéroport pour le Disneyworld d'Orlando, quand une grosse camionnette grise avec quatre types à bord lui a foncé dessus aux abords de l'Interstate 95. Torres a parfaitement appliqué la consigne « La vie est plus importante que les biens matériels ». Cela lui a coûté 4 300 dollars en liquide, quatre billets d'avion, tous ses papiers et effets personnels. Au flic qui essayait de le réconforter, il a dit : « Jamais plus, jamais plus je ne remettrai les pieds ici ! » La veille, Jean Calixte a eu un peu moins de chance. Lui n'a pu éviter de prendre une balle dans l'épaule, tirée par un adolescent de 14 ans qui voulait piller sa voiture. Ce climat, on s'en doute, crée à Miami des conditions de circulation particulière. Aujourd'hui, après un accrochage plus personne ne s'arrête, puisque chacun suspecte l'autre d'avoir volontairement provoqué l'accident, préliminaires habituels d'une agression. La psychose est générale. Ainsi, récemment, Sandy Stubbs, stewart sur Delta Airlines, et Patty Cantwell, médecin, se sont enfuis à toutes voiles, slalomant dans les embouteillages et grillant maints feux rouges alors qu'un conducteur distrait avait légèrement embouti leur malle.

Ces incidents, bien sûr, influent singulièrement sur l'industrie du tourisme, qui rapporte chaque année 7,2 milliards de dollars à la ville. Compte tenu des derniers événements, l'État de Floride a annulé une campagne internationale de promotion de 6,7 millions de dollars. Et le moral de Carol Metivier, agent immobilier à Fort Lauderdale, spécialisée dans la vente d'appartements à des étrangers, surtout des Allemands, est au plus bas : « Toutes ces affaires de touristes attaqués nous ont fait le plus grand mal. Ces six dernières années, durant le mois d'octobre, je vendais douze logements. Cette année, j'ai à peine réussi à en solder un. » Sur Biscayne Boulevard, Bob Dunbar, patron du magasin de sport Upwing Surfing, affirme pour sa part que son chiffre d'affaires a chuté de 40 %. Et, suprême camouflet, des Colombiens viennent d'annuler un congrès qu'ils devaient tenir à Miami, au prétexte qu'ils jugeaient maintenant l'endroit trop dangereux.

Des petits malins ont essayé de tirer quelque profit de l'hécatombe touristique en éditant un T-shirt proclamant *« Don't shoot, I'm a local ! »* (Ne tirez pas, je suis du coin !). Sans doute ignorent-ils que le fait de résider à Miami ne fait qu'augmenter vos risques d'avoir des ennuis. L'officier Ray Lang de la police de Miami produit sur ce sujet des statistiques édifiantes. En 1993, pendant que 963 touristes déposaient à son bureau une plainte pour vol, c'était 7 133 « locaux » qui étaient dépouillés. Sur les 41 millions de visiteurs qui viennent chaque année en Floride, moins de 1 % sont volés ou victimes d'attaques, tandis que les résidents permanents doivent dans la même période faire face au taux de criminalité le plus élevé d'Amérique : 2 195 agressions pour 100 000 habitants.

Toute cette violence est induite par de grandes disparités sociales à l'intérieur d'une ville extrêmement riche. Le commerce légal rapporte ici 25,6 milliards de dollars par an et augmente de 20 % à chaque exercice. Quant aux profits du trafic de drogue, ils sont colossaux. Pour fixer les idées, il suffit de dire que la police de Miami a intercepté l'an passé 49,5 tonnes de cocaïne. On imagine les quantités qui lui sont passées sous le nez. Cette ville est un véritable poudrier. Au point que c'est le seul endroit des États-Unis où, lorsque vous demandez à la réception de votre hôtel l'emplacement de la *« Coke machine »* – qui, dans toute l'Amérique, se traduit par « distributeur de Coca-Cola » –, on vous répond, un peu embarrassé, que l'on ne vend pas de cocaïne à l'intérieur de l'établissement.

Pour tenter de sauver la saison touristique en jugulant la criminalité, les autorités de Miami ont pris ce mois-ci deux mesures spectaculaires. La première, qui prendra effet à la fin de février, est la mise en place d'un couvre-feu permanent pour les mineurs de moins de 17 ans. Si ces adolescents sont pris dans la rue après 11 heures du soir, leurs parents devront acquitter une amende de 500 dollars. On imagine la popularité d'une telle loi dans une ville tropicale, bouillonnante et de culture totalement latine. La seconde concerne les forces de police, qui, grâce à un budget supplémentaire de 1,8 million de dollars, recevront l'appui d'une unité spéciale et mobile, composée de vingt-trois officiers, dont l'unique mission sera de protéger les visiteurs dans le « triangle de l'aéroport ».

Maintenant, à 8 miles à peine de tous ces tracas, vous voilà à Miami Beach. Sous les palmes, à l'ombre poudrée des immeubles arts déco, assis à la terrasse du Sagamore, sur des fauteuils d'aluminium alignés comme des tombes, parmi des vieillards qui n'en sont plus très loin. Vous repensez à la fierté de l'officier de police Boza quand il vous a annoncé qu'ici, en 1993, il n'y avait pas eu un seul meurtre et à peine 323 touristes volés sans violence. Tout au plus déplorait-il, certains soirs, quelques castagnes mondaines, lorsque Dieu sait quelle mouche piquait l'acteur boxeur Mickey Rourke, alias Marielito (propriétaire du restaurant Mickey's, situé sur Washington Boulevard, juste en face du commissariat), et qu'aviné il se mettait à hurler en pleine nuit des obscénités sous les fenêtres de ses voisins flics. Sans le savoir, Boza venait de vous apprendre que vous étiez ici chez vous. Et qu'avec le tire-bouchon de votre couteau suisse vous vous sortiriez toujours d'affaire dans ce Miami-là.

Miami, Florida 3-02-94

Le meilleur des mondes

Ça s'appelle Placienta Lakes. Et, bien sûr, il n'y a pas de lac. Seulement un océan de maisons identiques, peintes de couleur uniforme et entourées d'un mur d'enceinte. Pour accéder aux villas surveillées par des caméras de télévision, il faut se présenter à des postes de garde barrés de grilles coulissantes. Les gens qui habitent dans cette lointaine banlieue au sud de Los Angeles ne sont pas des délinquants. Seulement des citoyens qui ont choisi de vivre prisonniers de leurs propres règles.

Placienta Lakes est un CID (*Common Interest Developments*), c'est-à-dire un ensemble résidentiel âprement géré et surveillé par la copropriété. Ces îlots de rigueur, ces plaques urbaines, pareilles à des principautés, sclérosent et stérilisent lentement l'Amérique. « En l'an 2000, rapporte Evan Mac Kenzie, professeur de sciences politiques à Chicago et auteur de "Privatopia", ouvrage de référence sur le sujet, 30 % des Américains vivront rassemblés, regroupés dans des CID. Cela veut dire que le pays sera segmenté, spatialement découpé en propriétés privées édictant leurs propres lois. »

Car un CID est le plus souvent bien autre chose qu'un simple agrégat de résidences hautement surveillées. Financées par des promoteurs privés, ces cités surgies de nulle part sont totalement administrées, le mot est faible, par les associations de propriétaires. Chaque fois qu'un CID sort de terre, c'est un peu du territoire américain qui passe sous la coupe d'un mini-gouvernement libre d'imposer ses lois, ses décrets et parfois même ses lubies. On ne compte plus les extravagances de ces dictatures de quartier : interdictions de fumer ou de s'embrasser dans les rues ; enfants exclus des villas au même titre que les animaux (Lake Wood Village, Floride) ; visiteurs reconduits aux grilles d'entrée avant minuit. À Monroe, New Jersey, un résident a dû céder son logement parce qu'il avait une compagne de 45 ans alors que le règlement du CID stipulait qu'aucune femme du lotissement ne devait avoir moins de 48 ans. À Fort Lauderdale, Floride, l'association des propriétaires a obligé un couple à ne plus sortir de chez lui que par la porte principale au motif que leurs allées et venues par l'entrée de service détérioraient la pelouse communautaire. À Boca Raton, Floride, un homme a dû se séparer de son chien qui pesait plus que les 30 livres tolérées par la collectivité.

Des pages entières de *Privatopia* font état de cas semblables. Pour savoir ce qu'il en était vraiment, nous nous sommes présentés, au hasard de la route, à la frontière de l'une de ces étranges républiques. Kelly Moore est l'un des managers de Canyon Hill, un CID tout neuf situé au sud d'Orange, Californie. Ici pas de grilles, pas de caméras ni de clôtures. Et Moore est loin d'être un dictateur. Il semble même administrer son affaire de manière pépère, les pieds enfouis dans la moquette, un œil flottant sur la piscine. « Vous voulez lire le règlement intérieur ? Je vous en offre un exemplaire. 300 pages. Prenez-le. Vous verrez qu'il n'y a rien dedans de bien extravagant. »

Extrait : « Interdit de modifier quoi que ce soit dans la structure de la maison. Interdit de laisser des fleurs en pots desséchées sur les fenêtres. Interdit d'apposer une affiche quelconque dans l'enceinte de Canyon Hill. Aux fenêtres, les rideaux devront être discrets, de couleur neutre. Pas de stores d'aluminium. Interdit de faire de la mécanique dans son garage. Interdit de posséder des véhicules dont la taille dépasse les normes fixées par le CID. Pas de barbecue. Pas d'antenne satellite. Quatre sortes d'animaux sont autorisées dans les maisons : chien, chat, poisson, oiseau (à condition qu'il soit gardé dans une cage). » Trois cents pages de codes de conduite que l'on peut lire comme les nouveaux standards civiques de la classe moyenne américaine. Économiquement, politiquement, les CID pèsent déjà un poids considérable. À San Diego, l'association de propriétaires Rancho Santa Fe gère 1 800 résidences et emploie 65 personnes à plein temps. Avec 3 millions de dollars de budget annuel, elle peut faire sauter à la corde n'importe quel homme politique local. D'ailleurs, les candidats à toutes sortes d'élections, plutôt que de visiter les villes, se rendent de plus en plus souvent dans les CID. Quant aux municipalités, elles se plient en quatre pour attirer ces nouvelles résidences. « Accueillir un CID signifie pour nous une rentrée de taxes supplémentaires sans avoir eu à investir quoi que ce soit, explique Jim Donovan, qui travaille au bureau du développement à Orange. Ces sociétés s'occupent de tout. Elles font leurs adductions, leurs écoulements, tracent et entretiennent leurs routes, collectent et traitent leurs ordures. »

Mais en se déchargeant ainsi de leur rôle, les villes prennent le risque de voir un jour ces néo-résidents refuser d'acquitter leurs impôts locaux : « Tôt ou tard, je pense qu'il faudra poser le problème devant un tribunal, explique un habitant de Canyon Hill. Ici, nous payons déjà 109 dollars par mois pour notre eau, le ramassage de nos ordures, l'entretien de nos avenues et de nos espaces verts. En vérité, si l'on réfléchit, on ne doit rien, absolument rien à la ville. » Et pas davantage à la police, puisque la plupart de ces lotissements possèdent leur propre personnel de sécurité. « Je n'aime pas ça, je n'aime pas du tout ce système, dit l'officier Atchley, de la brigade de Placentia. Quand il arrive quelque chose, on ne peut rentrer là-dedans que si l'on a le code d'accès. Ce n'est pas normal. » À son niveau, Atchley est en train de prendre la mesure de ces nouvelles colonies privées, le meilleur des mondes imaginé par des classes moyennes plutôt blanches. Et ce que ne comprend plus le patrouilleur, c'est que lui, le défenseur attitré de toutes ces valeurs, se retrouve cette fois de l'autre côté des grilles, parmi les exclus.

Orange, Californie, 3-11-94

Police démontée

Il porte des lunettes de soleil et à la ceinture l'arme réglementaire des patrouilleurs. Ses bras sont croisés sur sa poitrine et il ne bronche pas. De loin, on dirait un flic sûr de son affaire. Et pourtant, en ce dimanche d'été, au milieu des 34 000 spectateurs venus encourager l'équipe de base-ball des Red Sox, sanglé dans son uniforme, Edward Donovan pleure. Il pleure debout, sur ces gradins du Fenway Park de Boston, sans véritable raison, comme un type à bout de forces qui tout d'un coup se laisse aller. Cet après-midi, il a pris ce service supplémentaire pour améliorer sa paie de policier. Il est marié et père de sept enfants. D'ordinaire, son travail consiste à surveiller les rues, mais aussi à se rendre sur les lieux des meurtres pour photographier les corps des victimes. En dix ans, dans son objectif il a cadré à peu près toutes les nuances de la mort violente. Il revoit tous ces cadavres, il pense à son existence et il sanglote. Pendant ce temps, Carl Yastrzemski et Billy Conigliaro, les batteurs des Sox, ratent tout ce qu'ils veulent. La foule hurle contre ses joueurs. Donovan a le sentiment que c'est lui que le public conspue. Dans son esprit, tout se mélange.

Le match terminé, Donovan ne se résout pas à rentrer chez lui. Il est assis dans sa voiture sur le parking maintenant désert de Fenway Park. « Après avoir réfléchi longtemps à ce que j'avais fait de ma vie, j'ai sorti mon arme de service de son étui et l'ai mise dans ma bouche, sur ma langue. J'ai senti le métal du canon contre mes dents et l'odeur de l'huile d'entretien. J'ai pensé : Bon Dieu, si tu le fais, fais-le comme il faut, fais-le proprement. J'ai actionné le percuteur et posé mon doigt sur la détente. J'ai appuyé très doucement, et soudain j'ai songé à mes gosses. Il fallait que je leur laisse un mot, quelque chose pour leur dire que jusqu'au bout leur père avait pensé à eux. J'ai posé le pistolet sur le siège et gueulé : "Où ai-je bien pu fourrer ce putain de stylo !" »

Cet épisode s'est déroulé il y a bien longtemps. Aujourd'hui, après trente-deux ans de service, Edward Donovan a quitté la police de Boston. Il vit seul, retiré dans une petite maison qui donne sur la Myakka River, près du golfe du Mexique, au fin fond de la Floride. Sous l'œil des ratons laveurs et des alligators, il continue à réfléchir et à travailler sur un problème qui le hante, une question qui a occupé la majeure partie de sa vie : le suicide des flics. Aux États-Unis, ce n'est pas une petite affaire. Longtemps considéré comme tabou, ce sujet est désormais pris en compte par les statistiques. À New York, le taux des policiers qui se donnent la mort est quatre fois supérieur à celui de la moyenne nationale des simples citoyens. Selon une étude de l'Association des chefs de la police, le nombre de flics qui se suicident chaque année (300) est deux fois plus élevé que le total des agents tués en service. « Et encore, ce chiffre de 300 ne veut rien dire, ajoute Donovan. En réalité, il est bien plus important. Très souvent, pour que la famille du mort puisse toucher l'assurance ou la pension, on maquille le suicide en accident. C'est pour ça que tant de policiers meurent en "nettoyant leur arme". Sincèrement, vous croyez qu'il y a autant de flics maladroits ? »

Donovan sait de quoi il parle. Il y a vingt ans, à Boston, il a créé le premier *« police stress program »*, intitulé *Cops helping cops*. Ensuite, il a fait toute sa carrière dans ce service d'assistance policière. « Après mon esquisse de suicide, j'ai compris que, psychologiquement, les policiers vivaient sur le fil du rasoir. Aussi, pour les aider, j'ai ouvert des locaux neutres hors des commissariats où, sans honte, ils pouvaient venir confier leurs peurs, leurs faiblesses, leurs angoisses, avouer leur lassitude de ce métier. Il fallait qu'ils puissent raconter ça à d'autres flics, pas à des psychologues ou à des aumôniers, mais à des types qui leur ressemblent, qui font le même boulot qu'eux, qui voient et entendent les mêmes choses, des gars qui sont déjà passés par là. » Donovan a commencé par recevoir les policiers. Puis leurs femmes. Et surtout leurs enfants : d'après ses chiffres, 500 adolescents se donneraient chaque année la mort, par incapacité d'assumer le rôle de fils de flic.

En vingt ans, Donovan a exporté ses structures de soutien thérapeutique – inspirées du modèle des Alcooliques anonymes – dans toutes les villes des États-Unis et aujourd'hui, à la tête d'International Law Enforcement Stress Association, il s'attache à conseiller les forces de l'ordre qui, dans divers pays du monde, louent ponctuellement ses services. Selon notre « flicothérapeute », membre de l'American Institute of Stress, il existe bien une maladie spécifique de la police américaine, un traumatisme du service qu'il désigne sous le nom de « syndrome John Wayne » : « C'est très simple à comprendre. Avec la pauvreté, le chômage, le sida, les sans-domicile, la drogue, les villes sont devenues des lieux critiques. Devant la violence moderne – ici, à chaque bulletin d'information, on apprend la mort d'un type –, le flic n'est plus le surhomme, le héros qu'il était autrefois. Aujourd'hui, il se fait tirer comme un lapin. Il a un sentiment d'impuissance face à la criminalité. Lui, l'ancien macho, le John Wayne de quartier, se sent déchu, impuissant, mais aussi culpabilisé par ce gâchis social. En plus, quel est son lot quotidien ? Les drames, la mort, le sang, la dope, les tentations de la corruption. Vous connaissez beaucoup de citoyens “normaux” qui pourraient résister longtemps à ce régime quotidien ? La conjonction de tous ces problèmes fait entrer le flic dans la spirale du stress. Alors, ou bien il collectionne les ulcères et les maladies cardiaques, ou bien il se met à picoler, se drogue, cogne sur sa femme, ses enfants, et un jour, pour une raison souvent étrangère au service, il se met une balle dans la tête. »

Les psychologues américains se sont bien sûr penchés sur ces manifestations de fragilité chronique chez ceux qui sont censés incarner une certaine idée de la force. Et leurs conclusions sont assez pragmatiques. Aux observations de Donovan, ils ajoutent seulement cet élément : si les policiers se suicident davantage que les autres citoyens, c'est tout simplement parce qu'ils portent constamment une arme sur eux et qu'en période de crise, ils ont la mort à portée de main. Comme d'ailleurs les pharmaciens et les médecins, gardiens de potions létales, chez lesquels le niveau d'autolyse est également supérieur à la moyenne.

Il a fait chaud toute la journée. Maintenant, le ciel tourne à l'orage. La plaque de police du patrouilleur Donovan, incluse dans un bloc de résine, trône dans le salon. À la cuisine, Ed prépare un jus d'orange. Soudain, il traverse le salon et se précipite vers la rivière. Près du bras mort, il gesticule un instant devant une longue forme brune qui avance dans l'eau sans la rider, puis, désignant l'alligator, ajoute, comme un homme qui tient à la vie : « Ce fils de pute doit bien mesurer au moins trois mètres. » Tournant le dos au golfe, le retraité continue de vaticiner en surveillant la bête dans le bras de la rivière : « Les grandes villes sont bien plus dangereuses que ces marais. Nous, au départ, on ne s'est pas enrôlé pour tirer sur des gens ni pour se faire descendre au coin des rues. On n'est préparé ni pour le Viêt Nam ni pour la Bosnie. Laissez-moi vous dire ceci : le suicide des flics embarrasse tout le monde parce qu'il traduit une forme d'impuissance et de vrai désespoir. Ce boulot est devenu physiquement et mentalement dangereux. Un jour ou l'autre, sous la pression, on peut finir comme Bob Ricci, le chef de la police de Rhode Island, qui s'est tiré une balle dans la tête, il y a longtemps. Son histoire m'a marqué. Voilà le mot qu'a laissé Ricci. » Il déplie une feuille administrative de couleur jaune où l'on peut lire : *« John (751 67 17), je t'en prie, prends soin de ma famille. Leo (521 15 47), tout est devenu trop difficile. Bob. »* Ed Donovan se tait. Il observe l'alligator à la jumelle. L'animal est immobile au milieu de la rivière. Seuls ses yeux émergent.

Port Charlotte, Florida, 10-11-94

Walther PPK

On peut dire que vous avez la poisse. Oui, si un jour Jessica vient s'asseoir à côté de vous pour bavarder, c'est que la chance nous a vraiment laissé tomber. Essayez pourtant de rester calme, poli, et gardez vos mains bien en évidence, à plat sur la table. Surtout, ne vous avisez jamais de les glisser sous son pull. Pintade dodue à la poitrine dotée, Jessica porte généralement un chandail un peu ample qui tombe sur ses hanches comme un mauvais angora. Défiez-vous de ce tricot et achetez plutôt *Guns Magazine* de janvier 94. Vous serez édifié en voyant la croupe garnie de notre amie posant pour une publicité de la compagnie Law. La légende dit ceci : « Grâce aux holsters LCS II et LCSB, Jessica dissimule aisément trois gros pistolets sous son gilet. Et elle seule le sait. Elle est équipée pour chasser l'ours ! Dans le dos, elle porte un Smith & Wesson 44 magnum et un Glock. Sur le ventre, un Smith & Wesson 45 auto. »

L'Amérique est pleine de ce genre de surprises. Elle est bouffie de crosses, obèse de ces abdomens corsetés dans de la lingerie pour culasses. Ce pays est un gigantesque holster, un endroit où l'on n'est rien si, en se déshabillant, on ne dévoile pas son attirail pour « chasser l'ours ». Qu'ils habitent Manhattan ou Venice, tous ces porte-flingues vous diront que, s'ils charrient une telle artillerie, c'est avant tout pour se protéger des autres, comme leur père l'a fait avant eux, en vertu du

2e amendement de la Constitution des États-Unis, qui donne à chacun « le droit de détenir et de porter des armes ». Autant dire celui de s'en servir.

Ce soir, à la télévision, on a annoncé la mort d'un chauffeur de taxi. Un type sans histoires, à quelques mois de la retraite, qui venait de charger une gamine de 15 ans. Arrivée dans un coin perdu de banlieue, sans aucune raison, la gosse a sorti un revolver et vidé le chargeur dans la nuque du conducteur. Ensuite, elle est rentrée chez elle à pied. La présentatrice d'« Action News 7 » dit : « N'oubliez pas que ce genre de choses peut arriver à tout le monde et partout. » Demain, ce sera la ruée chez les armuriers de la ville.

Les choses marchent ainsi. Un événement tragique que la télévision martèle, dramatise, et aussitôt la population court soigner son angoisse chez le marchand de brownings. C'est un cercle infernal. Dans les semaines qui suivent de grandes et spectaculaires tueries, comme celle du métro de New York en décembre dernier, les sociétés fabriquant des armes avouent multiplier leurs ventes par dix ou quinze, préparant ainsi d'autres massacres, encore plus meurtriers.

Face à une telle logique de l'absurde, l'Amérique, saisie par un frisson rétrospectif, tente la révolution culturelle sans doute la plus périlleuse de son histoire, en s'engageant dans un processus de désarmement intérieur. Il y a d'abord eu la loi Brady, ce texte qui, après sept ans d'atermoiements, entrera en vigueur au printemps. Il prévoit un délai de « réflexion » de cinq jours entre le moment où une personne achète une arme et celui où elle en prend possession. Il y a ensuite une foule d'initiatives privées inspirées par des citoyens désireux de lutter contre la prolifération de tout cet arsenal domestique. C'est l'homme d'affaires éleveur de chevaux Robert Brennan qui imagine et finance l'« horloge de la mort » : depuis le 1er janvier, sur Times Square, à

New York, ce journal lumineux donne toutes les cinq secondes le nombre d'armes en circulation dans le pays, avec en vis-à-vis le décompte des victimes qu'elles ont faites. Une par quart d'heure en moyenne. C'est Fernando Matteo, un marchand de moquette, qui lance à l'occasion de Noël l'opération « Une arme contre un jouet » : il offre 100 dollars en bons d'achat chez Toys « R » Us pour tout pistolet restitué. Ce sont encore les sociétés de distribution K Mart, Wal-Mart et Sears qui renoncent à vendre des armes de poing aux comptoirs de leurs grands magasins.

L'administration n'est pas en reste. Le gouvernement ordonne à ses agences fédérales de ne plus solder ni vendre leurs stocks de mitraillettes démodées aux armuriers. Le Congrès envisage de décupler le prix de la licence autorisant l'ouverture d'un commerce d'armes (actuellement, la taxe est de 66 dollars par an). La police de New York, « sans poser de questions », rachète les fusils pour 25 dollars, les revolvers pour 50 et les semi-automatiques pour 75. Tandis que celle de Washington met en place une « unité renifleuse » chargée de détecter les suspects armés qui se baladent dans la rue.

Face à cette amorce de revirement dans l'opinion, la NRA n'a pas tardé à dégainer. La National Rifle Association of America est un pilier de la société américaine. Elle dispose d'un budget annuel de 100 millions de dollars, compte 3,5 millions d'adhérents équipés pour soutenir un siège et pilote un nombre colossal de revues spécialisées. En politique, la NRA est le lobby par excellence, la manne des candidats qui ne crachent pas sur la détente. L'Association, donc, a engagé la contre-offensive. Diffusion dans tout le pays d'une brochure dans laquelle Wayne R. LaPierre, son vice-président, rappelle avec solennité les termes du 2e amendement. Distribution massive d'autocollants proclamant : *« Imbéciles ! Nous, nous ne faisons que nous défendre. Ce sont les criminels qu'il faut désarmer.* » Sans oublier, dans chaque comté, l'influence radiante des 284 000 armuriers. Écouter ces négociants, traîner dans ces arsenaux, c'est prendre l'exacte mesure du retournement qu'entreprend l'Amérique.

Washington, Old Town Armory, 10 618 Sudley Manor Drive. Cette banlieue de la ville n'appartient déjà plus au minuscule district de Columbia et s'accroche comme elle peut à l'État de Virgine. Il fait nuit. Des congères sales bordent les vitrines de la boutique. Derrière son comptoir, renfrogné, John J. Craine astique un Ruger avec un chiffon gras. Il n'aime pas ce qui se trame en ce moment. Ni le bruit fait autour de ces kermesses de désarmement : « Qu'est-ce que vous avez tous avec la loi Brady ? On s'en fout, de la loi Brady ! C'est de la poudre aux yeux. Pour nous ça va rien changer. Déjà, ici, depuis des années, si vous voulez acheter une arme, il vous faut remplir le questionnaire ATF F 4473 et répondre à ce type de questions : "Avez-vous été condamné à un an de prison ? Êtes-vous un évadé ? Prenez-vous des drogues, de la marijuana ou des stimulants ? Êtes-vous mentalement déficient ?" Quand vous avez signé la fiche, je la transmets à la police, et si tout est en ordre, je reçois l'accord pour la vente. Alors vous croyez sincèrement qu'un truand ou un cinglé qui veut mitrailler le quartier va prendre le risque de venir acheter son flingue ici, en sachant qu'il va devoir se dévoiler sur ce document et me laisser son identité et son adresse ? Non, mes clients sont de braves types, respectueux de la Constitution. Ils veulent seulement défendre leur famille. » Près du comptoir, un employé déballe une caisse de fusils à lunette. Un complément optique sans doute destiné à des « braves types » un peu myopes.

Miami, US Arms, 117 SE Third Avenue. Peter Rouvière est un drôle d'oiseau. Sa boutique contient assez d'armes pour mettre la Floride à feu et à sang, mais il interdit à ses employés de fumer « parce que ça abîme les poumons ». Il vous déplie sous le nez son incroyable Pen Gun 25. Le Pen Gun est un stylo revolver de 2 000 dollars qui envoie des balles ourlées comme des boutons de rose. « Si vous en prenez une dans le ventre, dit Rouvière, elle ressort dans votre dos en faisant un trou gros comme un pamplemousse. » Le Pen Gun, livré sans la plume ni le réservoir, qui sont en option, est évidemment le stylo idéal pour écrire un bon fait divers. Mais Rouvière propose aussi des fournitures moins littéraires. Comme ses Sig Saur, ses Colt, ses Sentinel MK2, ses Lawman MK3, ses Tec, ses Walther PPK.

Dans la conversation, on s'arrange pour lui glisser qu'hier la Missionary Baptist Church de Miami a réuni 3 000 dollars pour racheter 100 armes à ses paroissiens. Alors, il remonte son pantalon et dit : « La dernière fois qu'une église a fait ça, vous savez comment ça s'est terminé ? Le lendemain de l'opération, le pasteur était là où vous êtes pour essayer de me revendre son stock… Il m'expliquait qu'il avait besoin de rentrer dans ses fonds. Vous ne voyez pas que tout ça c'est fait pour amuser les journalistes ? La vérité, c'est qu'on est en train de désarmer de braves pères de famille pendant que les voyous, eux, graissent leurs "machine guns" et vous vident la maison. Au lieu de racheter des pétoires minables, ces foutus pacifistes feraient mieux de donner leur fric pour qu'on construise de nouvelles prisons ou qu'on engage des patrouilles de police. Pas plus tard que ce matin, un gars entre ici pour acheter un revolver. Vous savez ce qui est arrivé ? Pendant qu'on faisait les papiers, sa femme, qui attendait au coin de la rue, s'est fait agresser et dépouiller. » Tandis qu'on discute, dans le coin du magasin, un client essaie une veste un peu bizarre signée « Safari Land Ballistics Industries ». C'est un gilet pare-balles.

Los Angeles, Gun World, 1 136 North La Brea Avenue. Le patron de la boutique est une vraie tête d'ours. Il refuse de parler de la loi Brady. Il se fout des opérations de « rachat d'armes ». Il dit qu'il est là pour faire marcher son commerce, qu'on peut regarder, mais que pour les questions, c'est terminé. Pendant ce temps, un adolescent examine un tas de munitions et fixe son choix sur une boîte de balles capables de décorner un bœuf. Le propriétaire d'une Porsche cabriolet garée devant l'entrée offre à sa somptueuse fiancée, visiblement émue, un petit automatique chromé à crosse de nacre. Devant le présentoir des revolvers, un homme velu comme une mouche, agacé de tics, examine un Deuringer 22 magnum et dit à son copain : « On dirait un gros chat sauvage. » Tout à l'heure, en remplissant le questionnaire *« ATF F 4473 Firearms Transaction Record »*, on peut parier qu'à la question : « Êtes-vous mentalement déficient ? » il répondra « non ».

NOTE 1

Les Américains possèdent 211 millions d'armes à feu, dont 67 millions sont des pistolets, des revolvers ou des mitraillettes. Dans l'État du Texas, on a dénombré 60 millions d'armes pour 17 millions d'habitants. Tout cet arsenal, en partie utilisé à l'occasion de 1 640 000 agressions, cause chaque année la mort de 38 000 personnes (15 000 homicides, 23 000 suicides ou accidents). Les États-Unis affichent le taux d'homicides le plus élevé de tous les pays industrialisés : 13,9 victimes pour 100 000 habitants (la Nouvelle-Zélande, deuxième de la liste, affiche à peine 2,8). 5 356 enfants ont été tués par balle en 1993. Dans la seule ville de New York, l'an dernier, 170 personnes ont été tuées par des balles perdues.

Les frais annuels d'hospitalisation pour blessures par armes à feu s'élèvent à 1 milliard de dollars, tandis que les incapacités qu'elles engendrent coûtent 14 milliards de dollars à l'économie nationale. On estime à près de 150 000 le nombre d'élèves qui chaque jour se rendent à l'école avec un pistolet dans le cartable. L'Amérique compte davantage de marchands de revolvers que de pompes à essence. Leur nombre a doublé en vingt ans : 284 000 armuriers en 1993, contre 150 000 en 1975.

NOTE 2

« Une milice bien organisée étant nécessaire à la sécurité d'un État libre, le droit qu'a le peuple de détenir et de porter des armes ne sera pas transgressé. »

C'est sur ce 2e amendement de la Constitution américaine que la National Rifle Association of America a bâti son fonds de commerce et élaboré sa philosophie rudimentaire. Le seul problème, c'est que ce texte date du XVIIIe siècle et qu'il est l'expression d'une époque troublée où, après la guerre d'Indépendance, fédéralistes et républicains n'avaient pas encore réussi à instaurer une réelle autorité étatique à l'intérieur de cette nouvelle et gigantesque nation. Aujourd'hui, le FBI, l'ATF (Alcohol, Tobacco and Firearms) et l'ensemble des polices locales devraient suffire à assurer la *« sécurité d'un État libre »*. Les adversaires de la NRA estiment donc que le 2e amendement est caduc.

Miami, Florida, Los Angeles, Californie 24-02-94

Les gladiateurs

Lorsque la pointe du coude de Mark Hall frappa le nez de Koji Kitao, il se produisit un claquement assez proche de la sonorité d'une balle de tennis heurtant le cordage d'une raquette. Un bruit à la fois sec et caverneux. Un instant, le Japonais se figea, écarquilla les yeux et ouvrit la bouche comme s'il allait dire quelque chose d'important. Puis, telles deux portes de garage, ses paupières se fermèrent et il s'effondra d'un bloc. S'écoulant de ses narines, semblable à un voile carmin, du sang recouvrit lentement son visage. Sur le ring, le docteur Richard Istrico constatait déjà le dégât des os. Il semblait épaté. Comme le nez du Japonais.

Pour participer à ce combat de Detroit, Kitao avait fait le voyage de Tokyo. Comme à chaque fois, il avait loué deux sièges dans l'avion afin de pouvoir caser ses 2,03 mètres et ses 154 kilos. Comme à chaque fois, il s'était souvenu de l'époque où l'empereur du Japon lui-même se déplaçait pour assister à ses prestations. Il y a quelques années, dans son pays, Kitao était un homme respecté, une vedette de sumo. Ce soir, au bout du Michigan, il n'était plus qu'un géant humilié et démantibulé. Face à un Californien gringalet d'à peine un quintal, il n'avait tenu que 47 secondes avant de perdre la face et l'essentiel de ses cartilages. Ayant repris ses esprits, Kitao essaya bien de saluer la foule ainsi qu'on le lui avait toujours appris. En retour, le public lui témoigna son amour en scandant : « Pearl Harbor ! Pearl Harbor ! »

Ainsi va la vie à l'Ultimate Fighting Championship, ce nouveau sport de combat américain à mi-chemin de l'asile et de la boucherie, qui vous emporte au tréfonds des plus sombres boyaux de l'humanité. Imaginez une cage octogonale de 9 mètres de large entourée de grillage et de filles en maillot de bain. Ajoutez dix mille spectateurs givrés, des lumières bleutées, des fumigènes dosés, de la musique synchronisée, et faites monter sur le ring deux sauvages enragés de plus de cent kilos chacun capables de décorner un bœuf. Ensuite, fermez les yeux et écoutez bien les règles du combat : « Il est interdit de crever ou d'arracher les yeux de son adversaire, de le mordre, de lui enfoncer des doigts dans la bouche ou de le frapper à la gorge. » À part cela, tout est permis. Les *ultimate fighters* sont même vivement encouragés à se donner des coups de genoux dans les jambes, l'entrejambe, à s'assommer en s'aidant de la tête, des pieds, des poings ou de toute autre partie du corps susceptible de briser des canines, d'ouvrir une arcade ou de fendre une cloison nasale. L'étranglement et la manchette sont également très prisés.

Il n'y a ni round ni repos, et le vainqueur est celui qui reste debout à l'issue des vingt minutes de combat. Parfois, il n'y a même pas de limite de temps. Mais, toujours, le sang doit couler. C'est un principe de base. D'ailleurs, à la fin de chaque match, une jeune fille en short minimal vient passer une serpillière sur le ring et les grillages. C'est une sorte de nettoyeuse chargée de prévenir la coagulation. C'est son travail. Elle est payée pour ça. Les organisateurs aiment à faire savoir que tous les *ultimate fighters* doivent passer des examens cardiopulmonaires et satisfaire aux tests de l'hépatite et du sida. Ils adorent également insister sur le fait qu'en cas de traumatisme sérieux les combattants sont aussitôt secourus par deux médecins, un neurologue et deux ambulances équipées de systèmes de réanimation.

On se demande alors quel genre de lutteur peut accepter d'entrer dans la cage en se soumettant à ce type de protocole. On trouve de tout. Des GI's recyclés, un ex-membre des commandos de l'armée Rouge, d'anciens champions olympiques de gréco-romaine, des infirmiers leaders de syndicat (comme le Canadien Dave Bénéteau), des boxeurs finis, la lie ou le gratin des arts martiaux ou encore de jeunes fauves qui rêvent de se tailler un nom dans de la viande, de tourner un film d'action ou d'être reconnus dans les rues de leur ville natale. Il y a aussi pas mal de véritables fondus, à l'image de Tank Abbott, l'une des vedettes du circuit. « Ce que j'adore là-dedans, c'est le côté bagarre de bar, la possibilité de cogner légalement sur quelqu'un sans devoir aller en prison. » Abbott est réputé boire la vodka à la bouteille et avoir arraché, avec les dents, l'oreille d'un type qui cherchait des ennuis à un de ses amis. Il se plaît aussi à répéter : « J'aime mieux me battre que baiser. »

Bob Meyrowitz, lui, par-dessus tout, adore faire de l'argent. C'est cet homme qui a inventé l'*ultimate fighting*, ses règles, ses pompes, sa barbarie, laissant au réalisateur de cinéma John Milius (*Conan le Barbare*) le soin d'imaginer le design du ring octogonal grillagé. Meyrowitz a débuté en organisant des concerts de rock et en les diffusant en *pay per view* à la télévision. Aujourd'hui, tout en poursuivant ses activités musicales, il fête sa neuvième édition de combats sans merci. Et autant de succès. Trois cent mille abonnés dans toute l'Amérique, 1 million de téléspectateurs, 6 millions de dollars de recette par soirée. Plus les cassettes vidéo des affrontements les plus sanglants. Plus les T-shirts officiels au logo de l'UFC. Plus une banque d'images choc sur Internet. Plus des lignes téléphoniques où l'on peut entendre grogner ses lutteurs. Plus la recette de stades de

10 000 places remplis de spectateurs ayant payé leur siège entre 15 et 350 dollars. Plus le bonheur de rouler dans la farine les juridictions locales qui voudraient bien interdire dans leur ville la tenue de tels affrontements.

Ce soir, à Detroit, Meyrowitz a fait très fort. Alors qu'un juge essayait en vain, jusqu'à l'ultime minute, d'empêcher l'organisation du meeting, lui, entre deux combats, face à une foule conquise, montait sur le ring encore sanguinolent et remettait dix chèques de 1 000 dollars à dix écoliers noirs endimanchés et réputés particulièrement méritants, tandis que, discrètement, sur les bordures, l'éponge à la main, la nettoyeuse luttait contre les effets pervers de la coagulation. « Ce que nous proposons n'est rien d'autre qu'un spectacle, un sport pratiqué par de vrais athlètes. Violent sans doute, mais sans hypocrisie, affirme Meyrowitz. Quelle est la vraie raison qui pousse les gens à assister à des grands prix de voitures ? Je vais vous le dire : les accidents. » Alors, Bob a décidé d'en organiser. Sept par soirée. Sans automobiles mais avec des hommes prêts à tout pour se foncer dessus. Avec à la clé 50 000 dollars pour le survivant de la course et la moitié pour celui qui sort du circuit. Ce soir, l'homme qui a raflé la mise est un vieux renard de 37 ans qui s'appelle Dan Severn, alias *« The Beast »*. Tout un programme.

La plupart des lutteurs possèdent d'ailleurs un sobriquet censé évoquer l'entier de leurs qualités. Dave Bénéteau, c'est *« Dangerous »*. Gary Goodridge, *« Big Daddy »*. Don Frye, *« The Predator »*. Steve Nelmark, *« The Sandman »*. Rafael Carino, *« The Earthquake »*. Et cette nuit, à Detroit, comme à chaque fois, la terre du Cobo Arena a tremblé. Nous étions assis à quelques mètres du ring. Nous pouvions entendre le bruit des coups, le craquement des os et même, suprême raffinement, suivre le cours des hémorragies, au ralenti, sur écran géant. Notre voisin immédiat semblait un homme souriant et placide. Pourtant, peu avant le début du premier combat, il fut soudain entouré et prestement ceinturé par trois gardes de la sécurité. Les vigiles avaient repéré que le reître dissimulait sous sa chaussure un couteau à découper de 30 bons centimètres de long. L'inspecteur Whillie prit l'affaire en main, glissa la lame dans sa poche, menotta le nuisible et l'embarqua avec discrétion. C'était un bon début.

Dans son ensemble, le public était assez homogène. Les hommes, front bas, nuque épaisse, lippe moussue, semblaient communier dans une amitié houblonneuse. Jusque dans les toilettes où l'on urinait fraternellement en continuant d'avaler des seaux de bière. Curieusement, les soirées d'*ultimate fighting* génèrent l'éclosion d'une mode assez particulière. Les spectateurs donnent en effet le sentiment d'avoir été trempés tout habillés dans de l'eau chaude et de porter des vêtements qu'ils ont laissé rétrécir sur eux afin de mieux exposer la sculpture de leur supinateur et de leur deltoïde, à la façon d'un peintre du dimanche qui aimerait faire admirer sa toile. De temps à autre, sans doute pour rappeler que tous ces tableaux ne sont pas des œuvres abstraites, et aussi pour s'occuper les mains entre les combats, on s'insulta avant de se tirer quelques bons pains entre voisins. Que l'on oublia aussitôt que Dan Severn pénétra dans l'octogone. Là, unanime, la foule se leva, hurla sa fraternité et agita des pancartes proclamant que tous, ici, sans exception, nous étions « *brothers of The Beast* ».

De notre petit siège, nous vîmes donc beaucoup de choses que nous aurions préféré ignorer. Ainsi Worsham se faisant bourrer de colossales gifles par son propre entraîneur avant d'entrer en piste. Ainsi Andersen se signant avant l'affrontement et ruisselant de sang quelques minutes plus tard, le visage coincé dans le grillage, suffoquant, les yeux remplis d'un effroi terrifiant. Ainsi Bitteti et Don Frye se ruant l'un sur l'autre comme des bêtes sauvages, des fauves rendus fous par le feu de l'argent, se frappant à coups de tête, s'expédiant des pointes de rotule dans le bas-ventre et des directs dans la nuque tandis que le public renversé hurlait : « USA ! USA ! ». Ainsi ces femmes hallucinées qui criaient à s'en arracher la gorge, se jetant sur notre dos, bousculant notre fauteuil, et finissant par nous enjamber, afin d'approcher *« The Beast »* pour humer l'odeur véritable de la Bête au travers du grillage. Au pied de cette *« Hamburger Hill »*, nous vîmes toutes ces choses, entendant même, à son sommet, le nez de Kitao craquer.

De retour à notre chambre d'hôtel, nous pensâmes à la fille qui nettoyait le sang, à Meyrowitz qui le faisait couler, à Cal Worsham qui, « en tant que chrétien, remerciait Dieu tous les jours de lui donner la force de se battre », à Don Frye qui se vantait « de ne jamais payer quand il allait manger chez Pizza Hut », à Rafael Carino qui expliquait « qu'il avait toujours en tête de tuer son adversaire, sans excitation, avec calme », à Kimo Leopoldo, enfin, qui depuis qu'il luttait en UFC s'était fait tatouer « Jesus » sur la peau de l'estomac. Et alors, comme ça, en rangeant nos affaires, l'on se demanda combien de directs du droit s'étaient écrasés à cet endroit-là.

Detroit, Michigan, 30-05-96

LE SEXE EST – PARFOIS – UN SPORT COLLECTIF

What We Talk About When We Talk About Love*

« Il faut que nous fassions l'amour. Si ce n'est pas maintenant, ce sera pour plus tard. – Avec moi ? Harold Cohen ? Tu baiserais avec le symbole de ton frère ? – Tout a changé, ne comprends-tu pas », ronronna-t-elle en se frottant contre moi. En épousant maman, tu es devenu mon père ! »

Elle m'embrassa à nouveau et murmura juste avant que nous ne rejoignions les invités : « Ne t'inquiète pas, papa, nous aurons des tas d'occasions. » (*Destins tordus*, de Woody Allen, 1981, p. 179, extrait de la nouvelle intitulée « Un amour complexe »).

Quand il est arrivé au Plaza Hotel de New York, le mardi 18 août, quand il a regardé tous ces journalistes qui l'attendaient, quand il leur a dit : « C'est ma première apparition depuis des années, mais je n'ai que ces quelques lignes à vous lire », quand ses mains se sont mises à trembler, chacun a compris que l'homme qui parlait de cette voix en déséquilibre n'était ni Zelig, ni Willard Pogrebi, ni Leonard Popkin, ni Harold Cohen. C'était simplement Allen Stewart Konigsberg, 57 ans, un type connu dans le cinéma sous un autre nom, qui tentait de s'expliquer sur une des plus sales histoires qui puissent arriver à un type, connu ou pas. Debout dans

* Raymond Carver.

cette salle, Konigsberg ne se souvenait peut-être même plus qu'il s'était un jour appelé Konigsberg, que son père ressemblait à Fernandel et sa mère à Groucho Marx. En fait, au Plaza, personne ne s'intéressait à la vie écoulée de Konigsberg. C'était à Woody Allen que chacun désirait poser des questions très personnelles à propos de son « amour complexe ». Au Woody de *Tout ce que vous avez toujours voulu savoir sur le sexe sans jamais oser le demander*. À celui-là, justement.

Avec toute la dignité et la sobriété que la situation lui autorisait, Woody Konigsberg a dit : « La seule chose dont je sois coupable, c'est d'être tombé amoureux de Soon Yi, 21 ans, la fille adoptive de Mia Farrow, au moment où elle et moi allions nous séparer. À propos des déclarations de sa compagne l'accusant de violences sexuelles sur sa fille adoptive Dylan, 7 ans, il a ajouté : « Ce sont des allégations abominables, une manipulation monstrueuse. Je dois vous dire que les avocats de Mia Farrow m'ont proposé de ne rien révéler à la presse de cette histoire ignoble et grotesque, à condition que je leur verse 7 millions de dollars. Non seulement j'ai rejeté leur offre de "médiation", mais j'ai demandé à mes avocats de coopérer pleinement avec la police au sujet de la plainte que Mia Farrow a intentée contre moi. »

Sans doute Konigsberg a-t-il eu honte au moment où il s'est entendu prononcer ces mots. Honte de se voir confier un tel rôle dans un scénario misérable, grossièrement ajusté par un faisan de Hollywood, honte, devant tous ces gens, d'être obligé de parler comme le ferait un Kramer à propos d'un autre Kramer. Peut-être aussi qu'au fond de lui-même l'irréductible part distanciée de son tempérament murmurait ce passage de son livre : « Je préfère l'incinération à l'enterrement, et les deux à un week-end avec ma femme. »

Le lendemain, comme on demandait au chef de cabinet du vice-président Dan Quayle son sentiment sur l'affaire Allen-Farrow, il livrait cette réplique décidément trop belle pour lui : « Woody Allen est un bon démocrate. » Au même moment, à la convention d'investiture de Houston, le dessinateur Walt Handelsman mettait la dernière main au dessin qui ouvrirait, le lendemain, la page éditoriale de *USA Today*. Devant une banderole portant le slogan « les valeurs de la Famille », on voyait George Bush brandir la fiche comptable d'un vidéo-club et déclarer avec un sourire d'alligator : « Nous avons maintenant la preuve que Bill et Hillary Clinton ont loué des films de Woody Allen ! » Plus tard, lisant cela, Konigsberg se souvint sans doute d'avoir écrit un jour : « La différence entre le sexe et la mort, c'est que vous pouvez mourir tout seul, sans personne pour se moquer de vous. » Et en refermant les journaux, il comprit qu'il était devenu une affaire d'État.

Bien sûr, lui aurait écrit l'histoire autrement. D'abord, il aurait éjecté la presse du script, Hillary Clinton ensuite, et pour finir le président. Il aurait situé la scène dans un appartement en finition où, tout en parcourant des kilomètres sur un parquet blond, il aurait annoncé à Mia Farrow : premièrement, une vertigineuse croissance de son taux de triglycérides et, secondairement, qu'il aimait Soon Yi autant que le *kugel* (gâteau de nouilles) ou le *ruggelech* (gâteau au miel), et qu'en conséquence, avec l'accord de son analyste (celui qui sautille sans cesse sur le siège de sa Lincoln), il avait décidé de vivre avec elle. Mais les choses s'étaient entortillées autrement, et sa vie ressemblait aujourd'hui à une pelote de spaghettis.

En janvier dernier, dans l'appartement de Woody Allen, son compagnon depuis douze ans, Mia Farrow trouve des photos de nus de sa fille adoptive Soon Yi, une Coréenne dont on ne sait exactement si elle a 18 ou 21 ans. L'actrice découvre ainsi que Soon Yi est la maîtresse de Woody. Le couple, qui a déjà décidé de se séparer, est à ce moment-là en conflit à propos de la garde de Moses, 14 ans, Dylan, 7 ans, Satchel, 4 ans, leurs enfants. On se doute que la découverte des photos ne va pas détendre l'atmosphère. Le scandale incube pendant des mois, puis, habilement drainé, se répand dans les rédactions.

C'est ici qu'Alan Dershowitz entre en scène. Dershowitz est un as du barreau. C'est lui qui a obtenu l'acquittement de Klaus von Bülow. En qualité d'avocat de Mia Farrow, et avec une perfidie consommée, il explique que « c'est Mr. Allen qui a déclenché toute cette affaire », alors que son travail à lui, Dershowitz, consistait à « arranger le conflit en privé en évitant la publicité d'une audience. » Il dit cela benoîtement, le jour où les journaux révèlent que Soon Yi est la maîtresse de Woody Allen et qu'en plus la police du Connecticut étudie un dossier dans lequel l'acteur est accusé d'avoir commis des violences sexuelles sur Dylan. C'est juste après la divulgation de ces informations que se situe l'épisode de la conférence de presse du Plaza.

Lorsque Konigsberg se réveilla le lendemain, il pouvait espérer avoir passé le plus dur. Il avait tort. Les radios, les télévisions, les journaux ne parlaient que de lui. Jusqu'à cette grande saucisse de Quayle qui envoyait ses porte-parole s'essayer à l'humour amidonné. Et surtout, il y avait Rosanula Scotto, cette journaliste de Fox TV News, qui expliquait sur toutes les chaînes qu'elle avait pu visionner une cassette vidéo dans laquelle Mia Farrow questionnait Dylan à propos de ce que Woody Allen lui aurait fait subir. À la fin de l'interview, la journaliste déclarait : « Ce que j'ai vu semble corroborer les allégations de Mia Farrow. »

L'affaire était maintenant sur orbite incontrôlable et à chacune de ses révolutions elle faisait voler davantage de cette poussière intime qui recouvre les vies privées. Le mercredi, on apprenait par une indiscrétion d'un autre enfant de Mia Farrow que celle-ci avait tenu chez elle un conseil de famille devant lequel Soon Yi avait été traduite. Le jeudi, Maureen O'Sullivan, ex-Jane de Tarzan et mère de Mia Farrow, confiait aux journaux : « Allen est le diable ». Le même jour, John Springer, agent de Mia Farrow, répétait partout qu'il avait fait faire des copies de la bande vidéo contenant le témoignage de la petite Dylan et que ces cassettes seraient fournies au tribunal qui, le 25 août, devait statuer sur la garde des enfants. Le vendredi enfin, la presse publiait une lettre de Mia Farrow adressée à une amie et qui, par le choix des termes, ressemblait davantage à une lettre ouverte à l'Amérique : « J'ai toujours essayé de vivre honorablement, et je me suis rendu compte que j'avais passé douze ans de ma vie avec un homme qui m'a détruite et qui a souillé ma fille. Un homme qui n'avait aucun respect de ce que je tenais pour sacré. Je crois que le plus important, c'est de vivre avec dignité et honneur. Maintenant je me tiens là, les yeux humides, tournée vers le futur, à la recherche d'un nouveau rêve. » Au soir du même jour, comme si tout cela, décidément, ne suffisait pas, le clan Allen ripostait : Mia Farrow était virée du prochain film de Woody, *Manhattan Murder Mystery*, et remplacée par celle qui l'avait précédée dans la vie du metteur en scène, Diane Keaton.

À ce point de l'histoire, on aurait aimé voir Allen Konigsberg sortir de l'écran, s'extraire de ces bas morceaux de vie et dire quelque chose comme : « Il ne me reste plus qu'à me tuer. Mais si l'au-delà existe, à quelle distance est-il du centre-ville et jusqu'à quelle heure est-il ouvert ? » Mais non, ce soir-là, Konigsberg ne fit aucune déclaration de ce genre. Simplement, tard dans la nuit, le speaker de CNN présenta un résumé de toute l'affaire. Comme savent le faire les gars de CNN : avec une cravate.

Maintenant, puisque le scandale est parti pour s'enrouler autour de lui-même comme une vis sans fin, on peut l'examiner sous tous ses aspects, sexe, argent, divorce, psychanalyse, politique, et tenter, par exemple, de comprendre pourquoi la Maison-Blanche s'est empressée de tirer la couverture à elle dans cette affaire de draps. Cette faillite privée survient dans un moment où une partie de l'Amérique, voyant ses avantages économiques et sociaux lui filer entre les doigts, cherche à s'arrimer à l'inusable filin des valeurs morales. Au premier rang desquelles figure la famille, elle-même rangée en ordre dans les deux étages de la maison ou alignée sur les banquettes de la Chevrolet Station Wagon.

Les tenants de ce modèle se méfient autant du sexe que de la peinture abstraite et réclament la chaise électrique pour les partisans de l'avortement. La phobie de cette Amérique-là, c'est la famille tuyau de poêle. Et le clan Allen-Farrow, c'est Belzébuth, Sodome et Fidel Castro réunis. Un couple concubinant notoirement, hostile au mariage, vivant dans deux appartements séparés, chacun à un bout de Central Park, faisant ensemble un enfant et en adoptant une tripotée, de toutes les couleurs, cela ne pouvait pas finir autrement. Avec en plus, à la tête de la tribu, un père qui se complaisait dans la psychanalyse, sport préféré des efféminés, faisait du cinéma, activité de débauchés, professait des idées de gauche et lisait, en privé, Nietzsche, Camus, Kafka, Dostoïevski, Kierkegaard et Wittgenstein. Les puritains n'en demandaient pas tant. Il leur suffisait de se présenter devant les caméras de télévision avec la commisération des faux jetons : « Voilà où mènent la fantaisie et les relations dissolues. La famille alternative, c'est comme le communisme, ça ne marche pas ! »

Le clan des progressistes a accusé le coup, reconnaissant que, d'une certaine façon, il « se sentait trahi par la chute de la famille Allen, qui était le symbole d'un style de vie, d'une expérience ». L'écrivain Jay Mac Inerney résume son avis d'une phrase : « C'est l'Amérique qui lui a été fatale. » Là encore, on aurait payé cher pour voir Konigsberg se faufiler entre les phraseurs et lancer à la caméra : « Tout ça, c'est de la blague. La seule chose dont je rêve, c'est de devenir le collant d'Ursula Andress. » Au lieu de quoi, on eut droit à un débat sur « l'inceste allénien ». La question posée était : y a-t-il relation contre nature quand un homme entretient des relations sexuelles avec la fille adoptive de sa compagne ? « Soon Yi est une adulte raffinée, élevée à New York, a expliqué Woody Allen dans une interview à *Time*. Bon, c'est vrai, elle est la fille adoptive de mon ancienne petite amie, mais ce n'est pas ma fille. Je ne me sens pas coupable, et notre relation ne me pose pas un grand problème moral. Quand tout cela sera fini, nous ferons les choses que nous aimons : marcher, sortir, aller au cinéma et aux matchs de basket. » À *Newsweek*, il a confié aussi qu'il songeait à épouser Soon Yi. Mais il n'est pas sûr que cela suffise à apaiser les ligues de vertu.

« Même dans un style de vie *New Age*, il y a des limites à ce que l'on peut accepter, soutient Joe Urschel, éditorialiste de *USA Today*. Allen n'est peut-être pas le père biologique de Soon Yi, mais il s'en est occupé, lui a parlé et s'est longtemps présenté à elle comme un père, fût-il non conventionnel. » « C'est de l'inceste même si cela n'en est pas vraiment, tranche Richard Zweigenhaft, professeur de psychologie à Guilford College. Nous sommes confrontés là au plus vieux des tabous. Et celui qui le transgresse, même s'il est un intellectuel et un héros culturel, chute. » On peut aussi penser que toutes les certitudes en la matière sont très subjectives et qu'au bout du compte, quand tout cela aura décanté, le problème concernera Konigsberg quand il regardera Konigsberg. Mais plus on avance, plus il apparaît que ce qu'on appellera plus tard « l'affaire Allen » dépasse de beaucoup la simple chute d'une idole. Le scandale Brando, et la désagrégation de sa famille, il y a deux ans, n'avait pas provoqué de pareilles réactions. Parce que Brando, bien qu'admiré et mythifié, n'avait jamais prétendu être autre chose qu'un oiseau de génie, un type caractériel et un acteur hors de prix. Allen, lui, sans le vouloir vraiment, année après année, s'était vu confier le rôle de *lider maximo* d'une certaine marginalité américaine, de père tranquille de la contre-culture. Et voilà que du jour au lendemain lui, le non-Américain type, le non-mari, se trouve impliqué dans une parodie de divorce turbulent comme seul ce pays sait en produire. Car il ne faut pas oublier que tout est parti de là : d'un conflit à propos d'une garde d'enfants. C'est ça, le motif de la guerre. Une autre guerre des Rose. Tout aussi ridicule et sordide, avec des avocats-ballerines, du sexe, des mensonges, de la vidéo, des millions de dollars, des chantages, des coups fourrés, des disputes par voie de presse et des déclarations pitoyables que l'on se retrouve obligé de lire devant des journalistes qui soudain en savent davantage que votre pyjama. C'est dans ce piège tellement américain qu'est tombé Konigsberg. C'est ça qui choque, que l'homme qui a passé tant d'années à s'examiner, à s'étudier, à se critiquer, bref à se regarder vivre, n'ait pas vu venir, ni su prévenir le désastre.

Aujourd'hui, une certaine Amérique savoure son plaisir en observant, rassurée, l'échec d'une forme d'intelligence qu'elle détestait. Et cette majorité morale peut colporter que les Allen sont finalement des gens comme tout le monde, que lui s'est fait pincer, à la manière d'un vendeur de Pontiac, avec des photos de cul dans la poche et qu'elle, repentante, écrit aujourd'hui des lettres de cul béni. Voilà ce que se dit une certaine Amérique. Sans oublier de se moquer de la psychanalyse, à qui il n'aura finalement fallu que trente ans pour transformer un petit Juif rigolo qui gagnait sa vie en écrivant des blagues pour CBS radio en père incestueux. La plupart des gens qui pensent cela croient que Wittgenstein est le nouveau lanceur de Pittsburgh et que les seuls livres vraiment utiles sont les manuels d'entretien de la General Motors. Comme ils ont dû se tordre de rire en apprenant, à la veille du week-end, que Konigsberg, celui qui se moquait de tout, avait été soumis, à sa demande, au détecteur de mensonges pour prouver sa bonne moralité !

Maintenant, et pour finir, il faut parler de *Mari et femmes*, le dernier film de Woody Allen, qui devait sortir aux États-Unis en octobre. Le scénario raconte l'histoire d'un professeur de collège (Woody Allen) sur le point de quitter sa compagne (Mia Farrow) pour vivre avec une jeune étudiante, dont il est tombé amoureux. Dans une scène, selon son habitude, Woody se tourne vers la caméra et, prenant le spectateur à témoin, s'auto-interviewe : « Ai-je été honnête envers ma femme ? Que vouliez-vous que je lui dise ? Que je me suis entiché d'une fille de 20 ans ? » Et si *Mari et femmes* n'était pas un film, ni une fiction, ni une étude de caractères, mais l'une des plus invraisemblables audaces autobiographiques de l'histoire du cinéma ? Si *Mari et femmes* n'était rien d'autre qu'une longue lettre de rupture de quatre-vingt-dix minutes, produite à son insu par la compagnie Tristar, une lettre en images, la seule que Konigsberg ait eu le courage d'écrire à sa compagne ? L'Amérique qui le déteste verra là une preuve supplémentaire de sa perversité. Les autres, ceux qui l'estiment, repenseront à ce qu'il avait dit ici même, dans ce journal : « J'ai le sens de la culpabilité, ça j'en suis sûr. Beaucoup de choses provoquent en moi le sentiment de culpabilité. »

Il y a quelques jours, un directeur de la Tristar a annoncé que *Mari et femmes* ne sortirait jamais au cinéma, que la campagne de lancement était annulée et que le film, bien que terminé, pouvait être considéré comme « mort et enterré ». Au moment où la nuit tombe sur Central Park, Konigsberg ressemble plus que jamais à un personnage de Konigsberg, se dévorant lui-même pour essayer de digérer ses problèmes et glissant de l'écriture à la vie comme on passe du salon à la salle à manger. Konigsberg a tant de fois scénarisé sa vie qu'il devait bien finir un jour ou l'autre par entrer dans sa fiction, pour essayer de se dépêtrer des ennuis où il s'était fourré.

« Oui, le temps des conversations mondaines était terminé, pensais-je. Je suis amoureux de deux femmes à la fois, ce qui est une situation archi-commune. Qu'elles soient mère et fille n'en est que plus excitant. Il me faut admettre que les choses ne se déroulèrent pas tout à fait comme prévu… » (*Destins tordus*, 1981)

New York, N-Y, 27-08-92

Si vous ne m'aidez pas, je meurs

Ce que l'on voit ? C'est le désert. Et puis la route. Et aussi les cactus. La lumière du soir rougit la terre. Des bestioles s'écrasent sur le pare-brise. Burt Schneider dit : « Bon sang, en moins de dix ans, un de mes amis, qui est marié, a dépensé 100 000 dollars avec des prostituées. Franchement, vous trouvez ça normal ? » Puis il tourne à gauche. Et la nuit tombe. Canyon Road, Tucson, Arizona, le 19 octobre.

Ce que l'on voit ? C'est une église. Et puis des auréoles d'huile sur le parking. Et aussi des types qui s'étreignent sur le parvis. Rien que des hommes qui parlent et s'embrassent comme des sprinters après la ligne. Tom dit : « C'est comme ça toutes les nuits. On se réconforte les uns les autres. Certains sont arrivés ici parce qu'ils avaient violé des enfants. Maintenant ils sont abstinents. » Il se retourne. Un copain lui tombe dans les bras. St. John's Episcopal Church, Los Angeles, Californie, le 22 octobre.

Ce que l'on voit, c'est un lac. Et puis des canards colverts. Et aussi un paysage de pluie, prétentieux et subtil comme un automne anglais. Devant la baie de verre, le docteur Laaser parle : « Nous avons des patients qui arrivent ici en urgence et qui nous disent : "Si vous ne m'aidez pas, si je n'arrête pas tout de suite, je meurs". Nous savons alors que nous avons affaire à de vrais drogués du sexe. » Sur la vitre, l'averse dessine des veines transparentes. Clinique de Golden Valley Health Center, Minneapolis, Minnesota, le 25 octobre.

Ce que l'on voit maintenant ? C'est d'abord que l'activité sexuelle américaine est cycliquement soumise à des modes instables. Ce que l'on voit ensuite, c'est qu'un nouveau courant traverse ce pays. Un courant rigoriste, moraliste et puritain qui fait son travail de courant et qui emporte ce qui doit l'être, c'est-à-dire les segments les plus fragiles d'un ensemble. Ce que l'on voit enfin, ce sont des hommes flottants, ballottés et dérivants, appeler à l'aide d'autres hommes, de science ou de bonne volonté, avant, bien sûr, de s'en remettre à Dieu.

Reprenons tout depuis le début. Intéressons-nous à Burt. Cinquante ans, divorcé, remarié, des enfants déjà grands. C'est un homme cultivé et agréable. Il écrit et présente des émissions musicales classiques dans une radio de Tucson. Il vit avec Jennifer. Elle est médecin à l'université dans la même ville. Burt avait des petites aventures à droite et à gauche. Il avait toujours fonctionné comme ça, s'accommodant plus ou moins bien de cette situation et semblant installé dans ce cycle de division ou, au contraire, de multiplication des affections. Et puis, un jour, il est pris et emporté par le courant dont nous parlions plus haut. Dès cet instant, il change. Il devient « malade », il ne se supporte plus, éprouve de la honte, dit qu'il est *« addict »*, drogué au sexe, qu'il a besoin de l'aide et des soins des hommes. Le courant en a fini avec lui. Déjà il s'attaque à d'autres.

En inventant le concept de « drogué sexuel », avec comme corollaires les notions de manque et de dépendance, une école de psychologie américaine est peut-être en train, si elle parvient à ses fins, de bouleverser les habitudes comportementales de tout un pays. L'initiateur de cette école s'appelle Patrick Carnes. Sur l'« addiction », il a publié plusieurs livres. Il dirige un laboratoire d'étude au Golden Valley Health Center de Minneapolis. Le docteur Mark Laaser, son collaborateur, explique que tout cela est parti de simples constatations : « À la clinique, nous soignons toutes les formes de dépendance : drogue, alcool, etc. Et parmi tous les gens que nous avons vus arriver ici en urgence, il y en avait qui nous déclaraient que si on ne les aidait pas à soigner leur sexualité, ils allaient se suicider. Ils nous racontaient qu'ils avaient tout perdu, famille, travail, argent, dignité, qu'ils avaient tout sacrifié au sexe et qu'ils étaient totalement dépendants, "addicts". Ils étaient incapables de s'arrêter. »

Les exemples sont toujours les mêmes : celui-ci s'était ruiné en ayant dépensé 500 000 francs avec des prostituées ; celui-là avait perdu son travail pour avoir, pendant ses heures de bureau, traîné dans les bars à la recherche d'une aventure ; cet autre avait abandonné sa famille pour s'abîmer des journées entières dans la lecture de magazines pornographiques et se masturber jusqu'à se blesser ; ce dernier, enfin, qui ne cessait de fréquenter les hôpitaux à la suite de lésions qu'il s'infligeait à force d'introduire des corps étrangers dans sa verge et son anus. « Il faut savoir que ces hommes et ces femmes souffrent physiquement comme des drogués classiques, qu'ils sont capables de tout perdre, de tout sacrifier matériellement et affectivement pour satisfaire leur désir. »

Carnes et Laaser ont traité ainsi près de 2 000 patients en trois ans. Ils ont établi un questionnaire en une vingtaine de points qui permet de définir si vous êtes oui ou non *addict*. Dans leur dernière communication, ils affirment que 6,5 % des Américains sont drogués et dépendants du sexe. À Golden Valley, ils prodiguent soins et cure de cinq semaines pour 100 000 francs, hébergement compris. Au programme : thérapie de groupe, confession de ses turpitudes à tour de rôle, encadrement et réconfort permanents, promenade, méditation à la chapelle, sortie interdite, abstinence sexuelle. Et s'il arrive que, pendant le séjour, deux *addicts* aient des relations ? « Ce n'est pas un problème, explique Laaser. Nous disons à ce couple, hétéro ou homo : Vous avez eu un rapport sexuel pendant le traitement ? Bien, parlez-en entre vous, parlons-en ensemble et voyons ce que cela veut dire. Cependant, nous tenons à ce que la règle d'abstinence de trois mois soit respectée. Nous parlons de drogue, ne l'oublions pas. »

En fait, le traitement de Golden Valley est une adaptation au sexe du Twelve steps program, mis au point il y a bien des années pour soigner les alcooliques américains. Douze étapes, douze commandements. En voici quelques-uns : « Nous croyons qu'un Pouvoir supérieur peut nous ramener à devenir sain. Nous décidons de nous tourner vers Dieu. Reconnaissons devant Dieu et tous les autres hommes la nature de nos maux. Faisons une liste de personnes que nous avons blessées et devant qui nous souhaitons nous amender. Cherchons au travers de la prière et de la méditation à maintenir un contact étroit avec Dieu. »

« Et si certains de vos patients ne croient pas en Dieu, docteur ? – Aucune importance. Il leur suffit de s'en remettre à une entité qu'ils jugent supérieure. »

Il est évident que cette thérapie de sacristie (elle a fait ses preuves chez les alcooliques), ces concepts nébuleux, ces tarifs d'hôtellerie de grand luxe font ricaner bien des scientifiques. « Ce truc-là, c'est une escroquerie, une mode pour faire du fric. Dans cinq ans, on n'en parlera plus. Non seulement le concept de drogué sexuel est ridicule, mais en plus il est dangereux », dit le chercheur John Money.

Cette nuit, à Los Angeles, dans les locaux de St. John's Episcopal Church, il y avait la réunion quotidienne des SAA – les Sex Addicts Anonymous. Une vingtaine d'hommes se sont rassemblés dans la *yellow room* de l'église. Et, comme chaque soir, l'un d'eux a raconté sa vie. Son incapacité à maîtriser son désir. La quête permanente. Les aventures minables. Le fric qui valse. Les mensonges et les souffrances qu'il infligeait à sa femme. Son dégoût de lui-même. Son désir de mourir ou d'en sortir. À la fin, quand tout est dit, les SAA s'enlacent à tour de rôle. C'est un rituel d'affection. Ensuite, dans les jardins de l'église, ces hommes de 20 à 50 ans parlent encore. De leurs progrès. De la frénésie de masturbation qui régresse. Des tentations qu'ils éprouvent encore. De leur abstinence. De leur pénitence.

Tucson est une fournaise. La frontière du Mexique est à trois galops. Jennifer et Burt Schneider habitent à la lisière du désert. À les entendre, la traversée qu'ils en ont faite fut éprouvante. Car ce désert-là était peuplé de tentations et de filles faciles. Depuis que Burt est guéri, qu'il rentre tous les soirs à la maison, elle a écrit deux livres : *Back from Betrayal* (*Retour d'un traître*) et *Rebuilding Trust* (*la Confiance revenue*). Jennifer Schneider tient beaucoup à la notion de « *co-addict* ». C'est-à-dire la prise en compte de celui (celle) qui partage la vie du « drogué ». Car ce partenaire se sentirait culpabilisé et aurait tendance à croire « que si tout cela est arrivé c'est parce qu'il (elle) n'était pas assez attirant(e), assez performant(e) au lit ». Ensuite, au fur et à mesure de la « guérison », ce partenaire doit prendre une part prépondérante dans la phase dite de « reconstruction de la confiance ».

Burt regarde les cactus et dit : « Avant, je menais ma vie comme un type saoul au volant. Je ne me rendais pas compte. Je ne pensais pas que je pouvais ramener le sida à la maison ou simplement que je faisais du mal. Je vivais en compagnie d'autres types qui eux aussi avaient tout sacrifié au sexe, aux prostituées, aux machines à films pornos. On errait de ville en ville à la recherche de “massages” ou de trucs comme ça. Maintenant, si une femme m'approche, je peux dire non. Quand je pars en voyage, pour conjurer les tentations, de mon hôtel, j'appelle Jennifer toutes les nuits longuement au téléphone. Ça n'a l'air de rien mais ça aide. » Et puis Burt parle de Sartre et de Paris ou il est allé au bordel pour la première fois. On prend la voiture et il se confie encore. Il dit qu'il était arrivé à un point de honte indicible, qu'il ne pouvait plus voir sa tête, qu'il était malheureux, et que chaque fois qu'il en avait fini avec une femme, il se sentait désespéré.

« J'ai connu l'éternité. L'éternité, pour moi, c'était ce temps infini et écœurant qui s'écoulait entre le moment où j'avais eu mon orgasme et celui où la fille sortait de la chambre. » On roule encore en parlant de Reich qui, il y a vingt ans, délurait l'Amérique avec l'amour libre. On parle de ce foutu terme de « drogué » et de ce nouvel hameçon pernicieux de la morale, des 100 000 francs qu'il faut bien quand même trouver quelque part. On parle de ces soi-disants toxicos des glandes, qui ont toujours existé, qu'autrefois on appelait des dons Juans, puis des pointeurs, puis des coureurs ou, plus récemment, des types libérés. Il dit que peut-être, qu'il ne sait pas, mais qu'en tout cas lui, il revient de loin, que sa dépendance sexuelle, il l'a toujours en lui et qu'on n'en guérit jamais totalement. Mais qu'on peut s'améliorer, se soigner avec l'aide de Dieu et de sa femme unique. Il dit que c'est autre chose et qu'en définitive, il se sent mieux. Et puis on tourne à gauche. Et c'est là que la nuit tombe.

Tucson, Arizona, Minneapolis, Minnesota 22-11-90

Texans testicules

C'était un article incroyable. Avec un titre à vous glacer le sang. David Segal, qui était à l'époque directeur du *Washington Monthly*, n'avait jamais lu quelque chose de semblable. Le texte, émanant d'un prisonnier détenu dans l'État du Texas, était arrivé par la poste, le matin même, ainsi intitulé : *Why won't anybody cut my balls off ?* (*Pourquoi personne ne veut-il me couper les couilles ?*). Et se poursuivait de cette façon : « Je suis incarcéré pour avoir attenté à la pudeur d'un enfant de 5 ans. Durant les vingt-quatre dernières années, j'ai fait la même chose avec 240 autres gosses innocents dont la plupart avaient moins de 10 ans. Je crois sincèrement que la castration serait un traitement approprié à mes problèmes sexuels. » Troublé, Segal relut plusieurs fois le document, décida de le publier dans son entier et envoya un chèque de 100 dollars à son auteur. Incarcéré au pénitencier de Lovelady, Larry Don McQuay, matricule 547825, commençait ainsi, il y a deux ans et demi, une longue croisade contre la partie la plus enfouie de son anatomie. Aujourd'hui, celui qui se définit lui-même comme « un monstre, un démon », est sur le point de terrasser ses gonades. Et, dans cette empoignade finale, il compte de plus en plus de supporters. Au point que Victor Rodriguez, sorte de juge d'application des peines local, reconnaît : « McQuay, c'est l'ennemi public numéro un. Un sale individu. Mais nous appuyons sa démarche, nous sommes tous derrière lui. La file d'attente de ceux qui veulent faire le travail est longue. Et beaucoup sont d'accord pour payer les frais de l'opération. » Le dernier mécène en date est un homme d'affaires connu et respecté qui réside en Louisiane. Sans oublier certains médecins prêts, eux, à débourser des fortunes pour trancher le problème et se faire un nom sur le dos de ces texans testicules.

La chaleur est accablante. À l'image de l'histoire. Il fait plus de 30 °C et, en fin de soirée, sur Main Plaza, un orage vient parfois laver l'air empli des odeurs de viandes braisées. À chaque printemps, San Antonio est en fête un mois durant. Trente jours de concerts latinos, de tequila et de fajitas. Les manèges et les grandes roues frôlent, à les toucher, les murs de la prison privée du centre-ville, gérée par Wackenhut Corrections Corp. Cernée par les nacelles tourbillonnantes pleines d'enfants, la cellule de Larry Don McQuay se trouve au huitième étage de ce bâtiment. Elle mesure 1,52 mètre par 3,04 mètres. Une boîte trop petite pour contenir cet homme et tout ce qu'il renferme. L'histoire de Larry Don McQuay commence un soir de mars 1990, sur une route du Texas, au volant d'un autobus rempli d'écoliers. Cela fait des années que McQuay travaille pour cette compagnie de transports scolaires de San Antonio. Il a la réputation d'être un bon chauffeur, prudent, fiable. En revanche, c'est sa conduite personnelle qui, parfois, dérape. Il en est parfaitement conscient. Et quand la police l'arrête à la descente de son car, c'est le plus sereinement du monde qu'il explique aux enquêteurs, venus l'interpeller pour un attentat à la pudeur commis sur l'un de ses passagers âgé de 6 ans, que les enfants l'ont toujours attiré au-delà de toute mesure, qu'ils ont ruiné sa vie et ses deux premiers mariages.

Pour ce crime, il sera condamné par le tribunal de San Antonio à huit ans de prison et, tout pédophile qu'il est, bouclé au pénitencier de Lovelady. C'est dans cette prison qu'il apprendra à ne plus vouloir de lui-même, caressant comme une rédemption l'idée de sa mutilation. C'est dans cette prison qu'il écrira de longues et étranges lettres adressées à la presse aussi bien qu'à ses juges : « Les démons peuvent prendre tous les visages. Celui d'une baby-sitter, d'un professeur, d'un entraîneur, d'un prêtre, d'un conducteur de bus. Je suis un monstre, un démon. Les gens qui violentent les enfants doivent être castrés en prison, dès leur premier délit. Refuser de castrer des pédophiles est une décision barbare à l'égard des enfants qui seront violés par des récidivistes que l'on aura refusé de traiter. La castration est un traitement civilisé pour des personnes comme nous. Ce qui est barbare, c'est qu'un être de 110 kilos enfonce son énorme pénis dans le corps fin et fragile d'un enfant. Je suis un de ces monstres odieux. J'en suis triste. J'ai été indécent avec 240 enfants. Castrez-moi. Mon problème est horrible. Aidez-moi à y mettre fin. Je demande à être castré IMMÉDIATEMENT. »

L'écriture de McQuay est changeante, irrégulière. Parfois, les mots semblent couchés par les tempêtes qui l'habitent. Parfois, le temps d'une accalmie, les phrases se redressent, semblent retrouver un peu de paix. Tous ses courriers, dactylographiés, sont datés, jour, mois et année, en chiffres romains. Ses correspondances avec le juge Sharon Mac Rae se terminent toujours par la même formule : « Je vous prie de m'excuser d'avoir mal orthographié votre nom. » À l'automne dernier, lassé de prêcher dans l'indifférence, pressé d'en finir une bonne fois pour toutes, McQuay tentera lui-même, dans sa cellule, de trancher ses testicules avec un bout de lame de rasoir. Il ne parviendra qu'à aviver les plaies de son esprit. On lui administrera alors une castration chimique à laquelle il se soumettra sans pour autant renoncer à son idée de se séparer de ses chairs. Sa conduite en détention sera à ce point exemplaire qu'on décidera même de le libérer sur parole deux ans avant le terme de sa condamnation. Apprenant cette décision, McQuay redouble alors d'activité, multiplie ses courriers aux magistrats et reçoit des journalistes auxquels il confie : « je suis condamné à violer et éventuellement ensuite à tuer des enfants innocents… […] Ma castration doit être la condition de ma libération. Il faut m'émasculer avant que je sorte. » Il dit aussi parfois des choses encore plus bizarres, comme lorsqu'il dessine les contours de sa vie future : « Je veux recommencer une nouvelle existence. Monter une petite affaire d'entretien de jardin. Je suis à l'aise avec les plantes. J'espère aussi me remarier, mais je refuse d'avoir des enfants. La tentation serait trop grande. »

Au début du mois d'avril, un débat, comme seule sait en susciter l'Amérique, s'instaure dans le pays. Que faire des testicules de McQuay ? Telle est l'encombrante interrogation. Le gouverneur du Texas, George Bush (le fils), apprenant par la presse que 15 000 personnes sont détenues dans les prisons de son État pour des faits similaires, tranche la question d'une main ferme en se prononçant pour l'émasculation. D'éminents urologues se déchirent sur les bienfaits d'une telle intervention, censée cureter le désir de Larry en abaissant son taux de testostérone, des juristes polémiquent sur l'aspect légal de la chose, des associations de *tax payers* font valoir que les frais chirurgicaux ne sont pas à mettre à la charge des contribuables, quant aux psychologues, ils objectent avec un certain bon sens que ces problèmes de bourses n'ont à voir ni avec l'argent ni avec la chirurgie. L'affaire prend une telle ampleur que la libération de McQuay est ajournée et que, de libérable, l'homme devient ennemi public numéro un. Il affirme avoir violenté 240 gosses mais n'a jamais été condamné que pour un seul dossier. Qu'importe. On le transfère dans le quartier haute sécurité de la prison de Wackenhut Corrections Corp, à San Antonio, où on le surveille selon un standard plus élevé que celui des condamnés à mort. Il est enfermé 23 heures sur 24 dans une cellule vide sans vis-à-vis ni voisin, porte un bracelet émetteur à la cheville, ne reçoit ni radio ni télévision, dort sur un lit de métal scellé au sol et demeure sous le regard constant d'un gardien.

C'est à ce point de l'histoire qu'intervient Justice for All, une association regroupant et soutenant les victimes en général. Dans son quartier général de Houston, Sterline Donahue, la vice-présidente du mouvement, sort le contrat tout neuf qu'elle vient de signer avec Larry Don McQuay devant des hommes de loi : « Je ne peux pas vous donner les termes exacts de notre accord. Disons que nous voulons à la fois protéger nos enfants et guérir son problème. Nous nous sommes vus pendant deux semaines. Face à lui, j'étais assez mal à l'aise. Mais nous avons trouvé très vite un terrain d'entente. Il fait la demande d'une orchyectomie volontaire et nous payons les 3 000 dollars de frais de l'opération. Il ne reste plus qu'à fixer la date. M. McQuay est très pressé d'en finir. »

L'histoire pourrait s'arrêter là. Mais le hasard voulut que, ce jour-là, notre conversation soit justement interrompue par un coup de fil de McQuay. Il réclamait une liste de chirurgiens de premier niveau afin de choisir lui-même le nom de son bourreau. « Ce sont tous des praticiens reconnus. Vous pouvez nous faire confiance, M. McQuay. Nous vous adressons leurs coordonnées et leurs références. » Il y avait de l'angoisse, de la nervosité chez les gens de Justice for All, la crainte qu'au dernier moment le « démon » ne se rétracte, que « l'affaire » ne se fasse pas. À l'évidence, pour l'association, McQuay était une excellente publicité et on le traitait avec les égards réservés à un client que l'on veut garder. Après avoir raccroché, Dudley Sharp, un conseiller du groupe, nous dit ceci : « Je n'ai aucune confiance en lui. Je ne l'inviterais pas à dîner. Mais je crois qu'il veut vraiment cette opération. Vous savez, on associe trop souvent la castration aux exactions des nazis. Si l'on veut regarder ça calmement, couper des testicules n'est pas plus scandaleux que de pratiquer des hystérectomies, subies par tant de femmes tous les jours. Nous ne sommes pas des maniaques. Nous voulons supprimer son problème et les statistiques montrent l'efficacité de notre méthode qui contente à la fois la société et le patient. Si lui couper un ongle du pouce pouvait le guérir, nous nous contenterions de couper l'ongle. Et, franchement, ça nous coûterait moins cher. »

En roulant vers la nuit, sur l'Interstate 10, dans notre esprit, tout se mélangeait. On repensait à Sterline Donahue montrant le portrait de son jeune fils abattu d'une balle et à la photo de sa tombe surmontée d'une stelle monumentale représentant l'État du Texas. On songeait à Larry Don McQuay reclus dans les caves de son centre tandis que des enfants rieurs tournoyaient sous ses fenêtres. On imaginait le désordre de sa tête et la solitude de ses génitoires condamnées par contrat. On se figurait l'avocat signant l'avenant et l'urologue tranchant le reste. On voyait l'expert palper 3 000 dollars pour la besogne et rentrant ensuite chez les siens après s'être lavé les mains. Et, malgré nous, l'idée nous vint qu'au Texas nous n'étions pas au bout du monde, mais bien à sa fin.

Houston, San Antonio, Texas, 9-05-96

Une érection à 2,5 millions de $

Joanne Marrow, 50 ans, porte des lunettes à monture bleue, des boucles d'oreilles, des colliers et des bracelets de couleur turquoise, ainsi qu'un chapeau de cow-boy à large bord. C'est une lesbienne militante, bonne sœur dans sa jeunesse, aujourd'hui professeur de psychologie à la California State University de Sacramento. Son bureau, surmonté de l'inscription « Écoute ton plaisir », est orné de statues de Bouddha. Joanne Marrow fait brûler de l'encens pendant ses cours, et apporte souvent des tapis de caoutchouc à ses élèves pour qu'ils puissent s'allonger durant ses conférences. Dans un de ses livres intitulé *Lesbian Nuns, Breaking Silence*, on voit une photo d'elle, en robe et cornette, datant de 1966, suivie d'un cliché, plus récent, où elle apparaît rayonnante et seins nus.

Craig Rogers, 33 ans, porte des lunettes à monture discrète, une veste bleu marine et l'ombre d'une barbe timide et bordurée. Membre fervent de la First Church of Nazarene, il a affiché un portrait de Jésus au-dessus de son ordinateur et plaqué sur la porte de son réfrigérateur un badge magnétique qui proclame « Dieu te protège ». Père de deux enfants, marié à Wendy, une ancienne et pimpante *cheerleader* de l'équipe de basket-ball locale, il affirme avoir passé un « deal avec Notre-Seigneur » et travaille comme psychologue dans un camp de réhabilitation pour jeunes délinquants.

En toute logique, compte tenu de leurs philosophies respectives, Joanne Marrow et Craig Rogers n'auraient jamais dû se rencontrer. Or le hasard a voulu que, pour compléter son diplôme, Craig soit récemment amené à suivre une conférence de Joanne. La séance n'a duré qu'une heure. Mais à la fin de la lecture, après avoir pris conseil de son pasteur et de son avocat, Rogers attaquait Marrow et l'université pour harcèlement sexuel, leur réclamant conjointement 2,5 millions de dollars.

« J'estime avoir subi un préjudice, explique Rogers. À la suite de l'intervention de Miss Marrow, j'ai eu du mal à me concentrer pour finir mes études. Sans parler des angoisses morales et des tortures émotionnelles que j'ai endurées. J'ai le sentiment d'avoir été littéralement violé. Cette femme m'a imposé ses vues d'une manière que je considère comme hostile et violente. »

Que s'est-il donc passé de si terrible, le mois dernier, à l'université de Sacramento, pendant le cours de psychologie de l'honorable professeur William Westbrook ? Comme le veut l'usage dans cette unité d'étude des comportements sexuels, cet universitaire a invité une de ses collègues, Joanne Marrow, à donner une conférence sur la masturbation féminine. Ce thème est l'une des marottes de Marrow. Elle excelle sur le sujet. Depuis 1974, date de son entrée en fonction, tout le monde connaît les options et les comportements atypiques de cette femme à la fois libre, dérangeante et légèrement excessive. Aussi ce jour-là, lorsqu'elle déballa ses affaires en annonçant aux étudiants qu'elle utiliserait durant sa conférence des images crues et des accessoires spéciaux, personne ne s'alarma.

Et Joanne Marrow commença son exposé en conseillant à ses étudiantes de faire largement usage de leur clitoris en se masturbant avec des bouteilles, des vibromasseurs ou, mieux, des godemichés électriques. Elle raconta ainsi qu'elle avait offert quatre de ces engins à ses sœurs pour le Noël dernier, mais que son cadeau n'avait pas été apprécié à sa juste valeur parce qu'elle avait commis une erreur sur la taille desdits engins. Elle annonça alors qu'elle tenait à la disposition de ses étudiants un catalogue très complet d'objets érotiques susceptibles d'épanouir leur sexualité. Elle raconta ensuite comment elle-même et ses sœurs avaient un jour mutuellement exploré leurs parties intimes afin de mieux connaître leur anatomie. « Je conseille aux filles de procéder de même avec leurs mères. Regardez-vous, observez-vous les unes les autres, touchez-vous, c'est ainsi que vous apprendrez comment vous fonctionnez et comment vous êtes faites. »

À ce point de la conférence, Rogers, outré, se lève et quitte la salle. Mais sitôt arrivé dans le couloir, il se ravise. « J'ai pensé : c'est mon université, c'est mon cours, je paie pour y assister ! C'est l'un des sujets de mon examen ! Cette femme et ses outrances n'ont pas à me chasser ! » Et Rogers revient Au pire moment. Marrow passe maintenant des diapositives de sexes féminins singulièrement « mignons » et « stimulés » ou au contraire « mutilés » par plusieurs naissances. Pendant que les images se succèdent, Marrow développe sa thèse majeure : pour accéder au plaisir, une femme n'a absolument pas besoin de la verge d'un homme.

Assis sur son banc, la gorge nouée, Rogers est vert. « En vérité, j'étais très mal. Car, comment vous expliquer cela, j'étais à la fois dégoûté, écœuré par ce que je voyais, mais en même temps je me sentais excité sexuellement, vous voyez ? Je veux dire que moralement je réprouvais tout cela, mais la vue de tous ces sexes me stimulait mécaniquement. C'est ce qui me fait affirmer aujourd'hui que j'ai été violé. J'étais prisonnier. Je ne pouvais pas partir parce que cette femme, en tant qu'enseignante, détenait les clés de mon futur et de mon examen. J'étais tellement troublé par ce qui venait de se passer que, dès la fin du cours, je suis allé voir le pasteur Les Shelton. Et ensuite j'ai voulu tout raconter à ma femme, notamment l'obsession de Marrow pour le point G, mais elle trouva cela tellement ignoble qu'elle me supplia d'arrêter. Elle ne voulait pas en entendre davantage. » Sans doute se montra-t-elle plus attentive lorsque Craig lui annonça qu'il allait réclamer 2,5 millions de dollars à sa persécutrice.

Dans ses confortables bureaux situés sur American River Drive, Kathleen Smith, avocate de Rogers et également membre de la First Church of Nazarene, justifie la poursuite en affirmant que si un professeur mâle avait montré de pareilles images et tenu un tel discours, personne ne songerait à discuter l'accusation de harcèlement sexuel. « L'université a elle-même publié un mémorandum sur le sujet où il est dit que le harcèlement serait constitué si l'enseignant créait un "climat agressif, hostile ou intimidant", poursuit Smith. C'est exactement ce dont se plaint mon client, et tous les autres élèves qui n'ont pas osé témoigner. Tous ont été profondément traumatisés par l'attitude castratrice, antimasculine, amorale et pornographique de Joanne Marrow. Je connais Craig. C'est un féministe, un vrai, qui déteste le porno pour la façon dont les filles y sont traitées. »

Craig Rogers opine et descend d'un trait un grand verre d'eau. Plus on observe ce grand gaillard de près de 2 mètres, que l'on devine à la fois cureton et madré, qui joue habilement de son sourire de vendeur de bibles et de son jargon de psychothérapeute, plus on a du mal à l'imaginer mentalement ruiné et moralement terrassé par une érection intempestive. Surtout lorsque, pour inspirer la pitié, il ajoute d'un air malicieusement triste : « Vous croyez que c'est facile de prendre des notes pendant qu'une femme vous montre comment elle se masturbe ? »

John Poswall, l'avocat de Joanne Marrow, définit le plaignant comme « un intégriste, un maccarthyste chrétien fermé à toute forme de sexualité ». Quant à sa cliente, elle revendique les spécificités de son enseignement : « La prochaine fois, je serai encore plus crue. Mes étudiants doivent être instruits de l'anatomie féminine et de la masturbation, qui est une pratique saine et très agréable. Vous savez, si mes conférences ont cette tonalité, c'est que j'essaie de les rendre le plus vivantes possible, en y intégrant des expériences personnelles. Tout cela doit se dérouler dans la joie, le bonheur et surtout l'humour. Vraiment, je plains ce garçon s'il est sincère. Et puis, si l'on ne peut pas parler librement de sexualité en psychologie, à l'université, à des étudiants en fin de cycle, alors où évoquer ce sujet et avec qui ? »

Lorsqu'on entre dans le bureau de David L. Wagner, doyen de l'université, on a l'impression de plonger dans une rivière, tant la pièce regorge d'aquariums. En écoutant le ronronnement des oxygénateurs, on se dit qu'un homme qui aime à ce point le silence des poissons doit se méfier de la parole des hommes. En tout cas, dès que Wagner a eu vent de l'affaire, il a demandé une enquête. En attendant les résultats, il fait ses calculs. Et, chemin faisant, dresse le décor décadent de la société américaine : « Honnêtement, il est bien difficile pour moi de comprendre cette histoire. Le cours s'est déroulé en public, devant un plein amphithéâtre, et seul M. Rogers s'est senti sexuellement harcelé. Mais vous savez, sur ce genre de dossier, on peut se sentir fort moralement, n'avoir commis aucune faute sur le fond, s'appuyer sur l'Academic Freedom, cette liberté d'expression universitaire, et pourtant perdre devant un tribunal. C'est très aléatoire. Nos juristes vont étudier cela de près. S'ils nous disent que pour l'université le risque est élevé, il est bien possible que nous acceptions une transaction avec M. Rogers. Quelque chose autour d'un million de dollars. C'est grave. Le système est devenu pervers. Aujourd'hui, défendre son éthique est un luxe hors de prix. »

Pendant ce temps, les conservateurs californiens s'indignent publiquement dans la presse du fait que l'argent des contribuables serve à payer des professeurs pour qu'ils enseignent aux étudiants la meilleure façon de se masturber. Les mêmes réclamant tout aussi ouvertement que l'on puise 1 ou 2 millions de dollars dans les deniers publics pour les offrir à Craig Rogers, psychologue, marié, deux enfants, aujourd'hui polytraumatisé, afin de le dédommager de cette érection incontrôlée qui l'a foudroyé dans sa trente-troisième année.

Sacramento, Californie, 26-05-96

Le sexe tranché de John Wayne « B »

Lorsque, dans la nuit du 22 au 23 juin, Lorena Bobbit trancha le sexe de son mari, elle ne se doutait pas, comme l'écrira le très sérieux *Washington Post*, qu'elle découpait ainsi un « morceau d'Amérique ». Et ce morceau-là, aujourd'hui rattaché au continent à l'issue de neuf heures et demie de broderie chirurgicale, semble être le bien le plus précieux qu'ait jamais possédé ce pays. Pendant une semaine, il fut au centre des préoccupations nationales. Des experts furent commis pour évaluer les chances de regain de l'organe reprisé, tandis que d'autres spécialistes, sérieux comme diacres, se penchaient sur son passé et tentaient de deviner les probables excès qu'il fut amené à commettre. Bref, judiciairement cerné dans le prétoire du tribunal de Manassas, Virginie, couvé du regard par 200 journalistes venus s'enquérir de ses nouvelles, le pénis de John Wayne Bobbit s'est provisoirement transformé en nombril du Nouveau Monde.

Manassas est une petite ville où il neige en hiver et dont on peut dire qu'elle possède l'eau courante et suffisamment d'électricité pour qu'on puisse regarder la télévision. « Jusqu'à présent, personne ne savait où nous étions sur une carte, bougonne Roger Snyder, responsable du développement de la cité. Il ne faudrait pas que maintenant, avec ce procès, on ait la réputation d'être un repaire de coupeurs de sexe. » Hélas, la renommée réductrice de son patelin est à jamais scellée. Les Bee Gees ont déjà composé une chanson en l'honneur de John Wayne « B ». CNN et la chaîne câblée Court TV retransmettent les débats en direct et en continu. Le *judicial center*, cerné par les micros, les caméras et les antennes paraboliques, est aussi envahi par les négociants les plus hallucinants de la planète. Il y a ce confiseur ambulant qui offre des bonbons de chocolat en forme de pénis, il y a le vendeur de hot-dogs annonçant qu'à 99 cents la saucisse, il « tranche ses prix au plus court ». Celui-ci propose des T-shirts à 15 dollars où l'on peut lire : « Lorena, tu n'y couperas pas », ou « Coupe-m'en un bout », ou encore « Vengeance ». Toutes les astuces les plus salaces sont entassées sur des tréteaux, rangées par taille, du small à l'extra-large. John Jeweler regarde ce déballage avec dédain. Lui se vante sur un panneau de vendre « les seuls T-shirts officiels agréés et signés par Bobbit lui-même ». Il y a même un bookmaker qui prend des paris pour Las Vegas où, paraît-il, on joue l'acquittement de Lorena à 8 contre 5.

À l'intérieur du tribunal, l'atmosphère est tout aussi glauque. Du haut de son perchoir, le président s'offre une vue imprenable sur une chambre à coucher de l'Amérique, une chambre dont une femme et un homme se partagent le désordre et un bout de matelas. Lui, John Wayne Bobbit, c'est un ancien marine, un être cubique qui, lorsque le soir tombe, s'engouffre dans les bars. Elle, Lorena, sa femme, est une Équatorienne qu'il a ramenée de ses campagnes, et qui gagne sa vie comme manucure au Nail Salon de Centreville.

Nous sommes le 23 juin, et il est trois heures du matin. Comme à l'habitude, John Wayne rentre chez lui l'estomac vrombissant de « B 52 », des cocktails gros porteurs de sa composition. Pendant quelques instants tout devient confus, à peine si l'on perçoit les échos d'une dispute. Puis les choses semblent rentrer dans l'ordre. Lui, avec toutes ses bombes dans la panse, s'est affalé sur le lit, à plat dos. Elle est encore debout et s'affaire dans la cuisine. Quand elle retourne à ses côtés, elle tient dans la main un couteau à manche rouge avec une lame de trente centimètres. Elle soulève le drap, empoigne le pénis de John et, d'un geste, le tranche au ras du pubis.

Ensuite, tout va très vite. Elle traverse la maison en courant, monte dans la voiture et fonce sur la route 28. Elle fait plusieurs kilomètres ainsi, avant de s'apercevoir qu'elle serre toujours le sexe de son mari entre ses doigts. Lorsqu'elle en prend conscience, elle ralentit, baisse la vitre et le jette dans le premier champ venu avant de se rendre à la police. Pendant ce temps, au domicile conjugal, Bobbit, en sang, réveille Robert Johnston, un ami qu'il héberge. « Au départ, raconte celui-ci, j'ai cru que John m'appelait parce qu'il était l'heure d'aller au travail. Alors, par réflexe, j'ai bondi du lit et j'ai filé dans la salle de bains me laver les dents. Ce n'est qu'en me rinçant la bouche que j'ai vu son hémorragie. Il a simplement dit : “Elle m'a coupé. Conduis-moi à l'hôpital.” » Et à l'hôpital, dans le droit-fil de toute cette aventure, James Sehn, le chirurgien urologue, après avoir examiné son patient, ne trouve que ces quelques mots de réconfort : « Eh bien, mon vieux, je crains que désormais vous passiez le restant de votre vie à uriner assis. »

À la même heure, Lorena est dans la voiture du shérif. Ils tournent autour du champ où elle a jeté l'appendice de son mari. Et là, miracle, en cherchant à tâtons dans l'herbe, en pleine nuit, ils le retrouvent. La police le glisse dans un sac de glace et, sirène bloquée, fonce à l'hôpital. John Wayne sera opéré sous microscope. Les minutieux travaux de couture dureront neuf heures et demie. Aujourd'hui, à la barre, James Sehn dit : « Il faudra plusieurs années avant de savoir si Mr. Bobbit retrouvera ses capacités sexuelles, mais pour l'instant le pronostic est bon. » Bobbit, lui, prend les choses avec philosophie : « Disons que pour moi faire l'amour a aujourd'hui un autre sens. Je regarde des cassettes de "Playboy", je me contente de caresses et de longues conversations. »

L'histoire pourrait s'arrêter là. Mais le procureur Paul Ebert tient à connaître les raisons qui ont motivé le geste de Lorena. Et c'est donc en public, devant les caméras, que mari et femme interprètent un nouvel épisode de Bobbit contre Bobbit. Cette pièce-là est encore plus intime, plus sordide que la précédente. Jour après jour, à la barre, entre des sanglots en Panavision, Lorena répète : « John me frappait, m'humiliait sans arrêt. Il me traînait par terre en me tirant par les cheveux, encore et encore. Mes cris l'excitaient. Il m'étouffait avec des techniques qu'il avait apprises chez les marines. Il me sodomisait constamment, me violait. Cela a duré des années. Alors, ce soir-là, j'ai perdu la tête. Je ne me souviens même pas de l'avoir coupé. Pourtant, je l'ai fait. » À l'autre bout du banc, Bobbit sourit, prend sa tête à deux mains et répond : « Je ne l'ai jamais touchée ni violée. C'était une femme jalouse, possessive, hystérique. Elle a agi avec préméditation, attendant que je m'endorme. »

Dehors, dans le froid, des femmes équatoriennes manifestent devant le tribunal en criant : « Lorena, on est avec toi ! » D'autres Sud-Américaines ont envoyé un communiqué à la presse : « Si Lorena va en prison, 100 Américains auront le sexe tranché dans les jours suivant sa condamnation. » À San Francisco, des féministes défilent dans les rues figurant des ciseaux castrateurs avec leurs doigts en l'air. Quant au procureur Ebert, il se contente de déclarer : « De cette histoire je tirerai un enseignement, désormais je dormirai sur le ventre. »

Devant ce spectacle, on a du mal à éprouver la moindre compassion pour ce duo bobbitien singulièrement sonné. Lorena n'a plus d'autre choix que de plaider la folie passagère en enfonçant John Wayne pour échapper aux vingt années de prison qu'elle encourt. Le problème, c'est qu'il y a trois mois elle l'a déjà accusé de viol, et un jury populaire l'a déclaré innocent. Depuis, John Wayne et l'élagueuse ont essayé de rentabiliser leur nouvelle popularité. Elle en multipliant des confessions intimes dans la presse et en posant en plein hiver en maillot de bain, pour le magazine de ragots *People*. Lui a couru tous les talk-shows grivois pour raconter « cette grande aventure qui m'a permis de rencontrer plein de gens célèbres, comme Oliver North » (la « vedette » de l'Irangate). Il a ensuite mis en vente des T-shirts dédicacés avant de prendre un agent afin de gérer son image et monnayer ses interviews. Le soir du réveillon, il élisait une quelconque Miss America nue, et la semaine dernière, en plein procès, il s'en prenait physiquement à un journaliste qui l'avait photographié au milieu de la nuit au bar de l'Holiday Inn de Manassas, en train de danser avec des filles qu'il bombardait de « B 52 ».

Les sept femmes et les cinq hommes du comté de Prince Williams qui vont rendre leur verdict jugeront une tranche de vie de couple qu'aucune chirurgie du monde ne saurait recoller. Au moment des délibérations, ils se souviendront du dialogue entre le président et le plus proche voisin des Bobbit : « Souvent le soir, on entendait Lorena crier. Mais on ne savait pas si c'était des cris de jouissance ou de souffrance. » Le président : « Quand vous faites vous-même l'amour, votre partenaire crie-t-elle ? » Le voisin, embarrassé : « Cela lui arrive, oui, cela lui arrive. »

En quittant Manassas, on découvre qu'au 900 Main Street, l'agence immobilière Key Properties met en vente l'église de 200 mètres carrés. Comme si Dieu lui-même avait préféré plier bagage plutôt que de voir ça.

Manassas, Virginie, 20-01-94

POLAROÏDS

L'éveil des sens

Si le type est vivant ? On ne sait pas. Tout à l'heure, il était assis sous la véranda, buvait du jus d'orange et fumait du tabac de Virginie. Il était tourné vers la mer et riait en engueulant les mouettes. Maintenant, il ne bouge plus. Il est absent. Il est en panne de sens. Cela a commencé par l'odorat. Il a porté sa cigarette à ses lèvres et n'a plus senti l'arôme mielleux si particulier de son mélange. Presque instantanément, le goût lui a fait défaut. La saveur de l'orange a disparu et il n'a plus eu en bouche que de l'eau grumeleuse. Puis la cigarette et le verre ont glissé de ses doigts. Le liquide s'est renversé sur sa peau et il n'a perçu ni le froid ni la sensation de mouillé. Avant même que l'affolement ne le gagne, ses tympans se sont rompus et le silence se fit. Puis ses yeux n'ont plus vu, et ce fut le noir. De l'extérieur, les dégâts étaient imperceptibles. À l'intérieur, l'homme était vide. Son corps était devenu une tombe. Alors, maintenant, comment dire s'il est vivant ?

Les sens, ce sont cinq ficelles qui nous rattachent au réel. Cinq ficelles qui nous permettent de croire que le monde existe et qui donnent à nos doigts la force de s'y agripper. Si ces cordons lâchent, nous nous retrouvons dans les ténèbres et l'apesanteur. Comme des cosmonautes errant dans le vide. Vous voulez toujours savoir si cet homme est vivant ? Disons que ses poumons continuent à faire des échanges gazeux et que son cœur pompe du fuel. Disons aussi qu'il entend peut-être le bruit de cette horloge intime. Mais qu'assis sous la véranda, avec son pantalon taché et sa langue inutile, il tourne déjà sur l'orbite des types fichus.

La compréhension de la mécanique des sens passe aussi par l'analyse de leurs désordres. Lorsque l'on accède à ce labyrinthe des pathologies et aux recherches qui s'y rattachent, on se retrouve confronté à des interrogations de cet ordre : Pourquoi un homme normal, avec ses 5 millions de cellules olfactives, peut-il sentir 0,0000000000001 gramme de musc animal, alors qu'un patient souffrant d'anosmie (la perte de l'odorat) est incapable de discerner la moindre odeur devant un kilo d'extrait de rose ? Pourquoi les 10 000 papilles gustatives de cette adolescente se sont-elles du jour au lendemain endormies ? Pourquoi un prématuré grossit-il plus vite si on le touche fréquemment ? Pourquoi cet homme, dont la peau est identique à celle de ses semblables, c'est-à-dire lavable, extensible, étanche, dotée de capteurs transmettant un signal de piqûre à 30 mètres par seconde, de brûlure à 2 mètres par seconde, et une douleur à la jambe à 460 kilomètres à l'heure, est-il aujourd'hui privé de toute sensation tactile ?

Pourquoi est-on en train de faire des recherches sur l'« odeur contraceptive » ? Pourquoi ce médecin plante-t-il des nouveau-nés devant deux téléviseurs ? Pourquoi la maladie nous fait-elle changer d'odeur corporelle ? Pourquoi, alors qu'il est parfaitement inclus dans notre champ de vision, ne voyons-nous pas notre nez quand nous regardons vers le bas ? Pour cette dernière interrogation, on connaît la réponse : le cerveau, qui reçoit par le canal des yeux l'image dans son entier, a estimé une fois pour toutes que cette arête de chair fixe n'avait aucun intérêt et devait être « oubliée » pour améliorer notre confort. Il n'y a pas pour l'instant de réponses aussi catégoriques à la plupart des autres questions qui font l'objet de recherches dans des laboratoires où défilent toutes les bizarreries de la perception.

À Philadelphie, 3 500 Market Street, le Monell Chemical Senses Center est entièrement voué à l'étude du goût et de l'odorat. Mark Friedman, le directeur adjoint, ouvre une à une les portes dans les étages de l'immeuble : « Ici, c'est le nez électronique qui est capable d'analyser les composants chimiques d'une odeur. Là, des testeurs humains reniflent du lait de mère avant et après lui avoir fait boire de la bière, pour savoir si l'enfant, lorsqu'il tète, perçoit l'odeur de l'alcool. Dans cette pièce, l'air est entièrement renouvelé toutes les quatre minutes. Venez, descendons maintenant voir les poissons-chats. Nous travaillons beaucoup avec eux. Leur corps est entièrement recouvert de capteurs sensibles. »

C'est dans ce bâtiment qui n'en finit pas qu'en collaboration avec le *National Geographic* le docteur Charles Wysocki a réalisé la plus grande enquête olfactive de tous les temps, en insérant dans la célèbre revue internationale une feuille imprégnée de six senteurs (urine, fleur, excrément, musc, épice, fruit) que devaient identifier les lecteurs. Le centre a reçu 1 200 000 réponses de tous les continents. « C'est ainsi que nous avons appris que les femmes avaient un nez plus performant que les hommes. Mais aussi, par exemple, que les Français se parfumaient davantage que les Américains et identifiaient plus facilement que ces derniers l'urine et le musc. »

Au-delà de ces anecdotes rapportées par Wysocki, cette enquête a permis un travail statistique énorme sur les caractéristiques de l'olfaction selon les endroits de la planète. « Nous avançons lentement, poursuit-il, mais nous savons aujourd'hui un certain nombre de choses sur l'odorat : par exemple, que chaque homme a une odeur unique, tout comme son empreinte digitale. Sauf les vrais jumeaux, qu'on ne peut pas différencier. On peut donc imaginer une fiche "anthropo-olfactive" individuelle. La police d'Amsterdam travaille sur ce thème. Nous savons aussi qu'un parfum d'ambiance peut affecter l'émotion, et, dans certains cas, faciliter le travail. Nous observons que telle cuisine ou telle maladie peut modifier nos effluves, et surtout qu'il est aujourd'hui théoriquement possible d'imaginer une "odeur contraceptive". Ne riez pas, ça marche déjà sur les rats. Si l'on fait respirer l'odeur d'un mâle inconnu à une femelle fertilisée, celle-ci subit un "choc hormonal" qui bloque aussitôt la fécondation. »

Wysocki pense que le principe peut s'appliquer aux humains. Alors, régulièrement, il prélève dans son laboratoire des échantillons de sueur sous les bras d'un individu. Puis il les fait respirer à une femme dont le sang est analysé toutes les dix minutes, pour mesurer l'influence de cette transpiration sur son taux d'hormones. Wysocki est très modeste. Il dit souvent qu'il constate des phénomènes qu'il ne sait pas expliquer. Comme l'apparition ou la disparition de certaines anosmie, hyposmie (perte partielle de l'odorat), dysosmie (distorsion de ce sens : en présence de roses, le patient sent l'essence), ou fantasmia (odeur persistante, toujours la même). Plein d'admiration, il dit aussi : « Nous avons cinq millions de cellules qui tapissent notre nez. Vous savez combien en possède un chien ? Deux cent vingt millions. » Il explique enfin que goût et odeur sont étroitement mêlés et que, si vous mangez un fromage fort en vous bouchant le nez, vous perdez 90 % de sa saveur.

Les patients sur lesquels travaillent les docteurs Carroll et Mattes ont souvent perdu jusqu'au souvenir du goût du fromage. Ou alors, lorsqu'ils l'ont en bouche, ils lui trouvent une nuance sucrée, aigre, voire métallique. Ils souffrent d'agueusie, d'hypogueusie ou de dysgueusie. « Ces troubles peuvent apparaître spontanément, explique Carroll. Ou être provoqués par un virus, un médicament, un choc, une sinusite, une blessure chirurgicale, ou tout simplement par un problème dentaire. Si l'affection persiste, le sujet est très déprimé, et sa première question est toujours : Suis-je le seul à être comme ça ? À la longue, ces affections perturbent la vie sociale. Nous connaissons un cuisinier qui a été licencié après sa perte de goût. Un inspecteur de la sécurité également : depuis que ses papilles étaient atteintes, il n'était plus capable de détecter les odeurs de solvants ni celles de fumée. »

Quand le docteur Mattes parle des « goûts fantômes », c'est-à-dire de l'illusion permanente d'avoir en bouche du salé ou du sucré, il explique que c'est grâce à de pareilles distorsions qu'on arrive à décomposer les mécanismes de la conduction. Mattes s'intéresse aussi à la nourriture des malades et aux aversions qu'ils développent, au cours d'une chimiothérapie par exemple, pour la viande, le cacao ou le café. Il étudie également le processus de dégradation de la mémoire du goût avec l'âge. Les sensations s'atténuent, les nuances disparaissent. « Vous savez, de toute façon, nous n'en distinguons que quatre : le sucré, le salé, l'aigre et l'amer. Tout le reste est affaire de combinaison. Je pense aussi que notre goût est très malléable. Prenez les États-Unis. Nous qui sommes un peuple de mangeurs de steak et de pommes de terre, nous glissons lentement vers le sushi. »

Le poisson cru, c'est exactement ce qu'exhalait l'haleine de cette femme de 35 ans. L'embrasser équivalait à entreprendre une partie de pêche. Quand elle est allée consulter le docteur Pretti, spécialiste des effluves corporels au Monell CSC, celui-ci n'a pas fait de manières et a pratiqué selon ses habitudes en demandant à sa patiente de lui souffler dans le nez. « Je peux vous dire que ça sentait vraiment le poisson. Cette patiente était réellement handicapée. Alors, nous lui avons fait subir des examens et nous avons trouvé l'origine du problème. Il lui manquait une enzyme, celle justement qui détruit la choline contenue dans le poisson, les haricots et le poulet. Avec un simple régime, on a réduit son problème. » Fin du *« fish odor syndrome »*.

Quand Pretti et ses deux collaborateurs ne reniflent pas le poisson, ils collent leur nez sous les aisselles de ceux qui viennent les consulter. « Il n'y a pas d'autre méthode. Comment voulez-vous que je vérifie que le malade dégage vraiment une odeur corporelle très forte si je ne l'évalue pas moi-même ? Et le meilleur appareil pour ça, c'est encore le nez. » Le dernier cas du docteur Pretti était une femme de 60 ans. Quand le médecin lui a demandé si elle était mariée, elle a répondu : « Vous plaisantez, comment voulez-vous que je trouve un époux, je sens trop mauvais. » Il y a deux tubes bouchés accrochés à la porte du bureau de Pretti. Quand vous les ouvrez, l'un embaume la sueur et l'autre l'urine. « Vous arrivez à déceler l'odeur d'urine dans ce succédané ? Bravo. Une personne sur deux en est incapable. » Inutile de dire que les industriels du déodorant ont constamment un œil sur les publications de Pretti.

On pourrait passer des mois dans ce centre unique au monde, aller de pièce en pièce et écouter ces scientifiques parler de leurs recherches. On s'étonnerait qu'un homme brasse 12 mètres cubes d'air par jour en 23 040 respirations et achète plus facilement une automobile si elle a été parfumée avec une bombe aromatisée à la « voiture neuve », on réfléchirait à la valeur culturelle des odeurs, on apprendrait que, pour un Massaï, le raffinement consiste à s'enduire la chevelure de bouse de vache, tandis qu'en Nouvelle-Guinée la tradition exige que, pour saluer un ami, on glisse ses mains sous ses aisselles pour bien s'imprégner de sa transpiration. Et on aurait envie de se laisser pousser la moustache pour finir, couvert de capteurs, parmi les poissons-chats.

Avant de partir, on lira simplement trois extraits de lettres que des abonnés du *National Geographic* ont jointes à leur questionnaire : « C'est ma femme qui a identifié les odeurs. C'est une experte. Elle peut même sentir la bière à travers le téléphone »… « Bon Dieu ! Mais comment vous y êtes-vous pris pour faire entrer l'odeur de Newark dans une fiole ?… Vous savez, quand mon mari est mort, je me suis enfermée dans sa penderie, je me suis agrippée à ses affaires et j'ai respiré longuement l'odeur de ses vêtements imprégnés de l'odeur de ses cigarettes et de son after-shave. J'étais avec lui, j'avais les yeux clos et je pleurais. »

Comment une odeur se transforme-t-elle en émotion, par quel mécanisme accède-t-elle au « bureau central » chargé de les identifier ? Dans *l'Empreinte des sens*, Jacques Ninio raconte ce processus : « Le flux continu de sons, d'images, d'odeurs sollicite en permanence les organes capteurs, le nez, les yeux, les oreilles, y formant des traces diverses qui sont traduites en signaux neuronaux, lesquels sont ventilés vers quelques dizaines de processeurs besogneux, travaillant en parallèle. Les résultats de leurs multiples analyses sont expédiés vers un bureau central mais secret, puisqu'on n'a jamais réussi à le localiser : la conscience. À l'entrée, les informations sont sévèrement filtrées. Le bureau de la conscience les traite une à une. »

Qu'est-ce que la conscience pense de la musicothérapie ? Quelle opinion en a le bureau secret ? Les expériences de ce type se multiplient. Il y a longtemps que les dentistes utilisent ce dérivatif pour détendre leurs patients. Aujourd'hui, on diffuse de la musique aux cancéreux, aux cardiaques, aux malades mentaux. Et on remarque que le niveau de stress diminue. Le docteur Tomatis, lui, traite des enfants ayant des problèmes de retard scolaire ou des troubles psychomoteurs par des séances intensives de concertos de Mozart filtrés au casque. L'oreille est ici considérée comme l'interlocuteur privilégié du cerveau. En observant ces tâtonnements, on a l'impression de revenir au temps des postes à galène, lorsque l'envie de chercher et de trouver, ne serait-ce qu'un souffle dans la nuit, l'emportait sur l'intérêt de l'émission.

Quand, il y a une dizaine d'années, le docteur Tiffany Field a commencé ses expériences sur le toucher, elle se trouvait dans un état d'esprit identique. Aujourd'hui, elle dirige un service de pédiatrie à l'université de médecine de Miami et démontre chaque jour, avec ses collaborateurs, l'influence des massages sur la croissance des prématurés. Le docteur Frank Scafidi définit ainsi la thérapie : « Durant deux semaines, nous massons simplement le bébé trois fois par jour pendant quinze minutes. Nous exerçons des pressions douces sur son dos et ses membres. » Résultat : un gain de poids de 47 % supérieur à celui des enfants non traités, une hospitalisation plus courte (3 000 dollars d'économie par nourrisson), une baisse du stress et un sommeil plus paisible. « Les prématurés que nous massons ne mangent pas davantage, simplement ils utilisent plus rationnellement leurs calories. Nous ne savons pas encore pourquoi. »

Des soins similaires sont apportés aux bébés de cocaïnomanes, aux déficients immunitaires et aux adolescents violés ou battus. « Dans les cas de viols, poursuit Scafidi, nous cherchons surtout à réconcilier la victime avec le toucher, à lui faire accepter le contact de la peau des autres. » Scafidi est aussi persuadé des bienfaits des massages en gériatrie, pour briser la solitude, l'isolement, faire oublier la maladie et stimuler l'appétit. Mais qu'y a-t-il à stimuler dans les cas de perte du toucher ? À quoi bon masser quelqu'un qui ne sent pas ? Avez-vous déjà essayé de vous pincer une joue après une anesthésie dentaire ? Imaginez que quelqu'un qui n'a plus de sensibilité, comme dans certains cas de la maladie d'Alzheimer, soit obligé de diriger ses mains avec sa vue. S'il veut prendre ses clés, il doit retourner ses poches et étaler devant ses yeux leur contenu. Alors faut-il masser des bouts de bois ? « Compte tenu de la gravité de la maladie, répond Scafidi, ce problème est anecdotique… »

À l'hôpital Mailman Center de Miami, on a surnommé le docteur Jeff Pickens *« tchou-tchou train »* parce qu'il fait défiler des locomotives sur des écrans de télévision, devant des enfants. En fait, Jeff Pickens est passionné par le nouveau-né. Il se pose des questions telles que : « Pourquoi les bébés pleurent-ils ? » Ou bien : « Comment demander à un nourrisson de communiquer sa vision du monde ? » Ayant réfléchi à ces interrogations, Pickens a imaginé des expériences vidéo auxquelles il soumet ses braillards. « En les filmant, en regardant le va-et-vient de leurs yeux en fonction des sollicitations, j'en apprends davantage qu'en lisant un électroencéphalogramme. » Les tests de Pickens, supervisés par Tiffany Field, s'appellent *« two screens intermodal preference »*. Le principe est très simple. Il y a deux téléviseurs, avec un seul baffle au milieu. L'enfant est assis face au haut-parleur. Sur les écrans, deux femmes parlent. L'une a une voix synchrone avec les images, l'autre pas. Au gamin de faire jouer ses oreilles et ses yeux. « Ce test nous permet d'évaluer le retard d'un bébé. L'enfant dit normal s'intéresse au visage de la femme qui parle réellement. Cette expérience démontre aussi que la vision du monde d'un gosse de trois mois est bien moins confuse qu'on ne le croit, et qu'il perçoit, par exemple, l'éventuelle dépression de sa mère. Vous ne pouvez pas imaginer combien la vidéo révèle alors la tristesse de ses yeux. »

Les scientifiques de l'Ames Research Center de la

NASA, en Californie, doivent prendre le docteur *« tchou-tchou train »* pour un bricoleur. Eux, d'une certaine façon, ont réglé depuis longtemps les problèmes de neurasthénie puisqu'ils ont fabriqué un monde alternatif, en inventant la « réalité virtuelle ». On se met un casque à lunettes qui permet de voir, par exemple, des paysages qui n'existent pas. On porte un gant muni de palpeurs avec lequel on touche des objets sans matérialité. C'est un univers de synthèse entièrement conçu par ordinateur. Rien n'est réel mais l'illusion des sens est parfaite. On imagine déjà les perspectives d'un bonheur virtuel.

Quelques énergumènes célèbres sont parvenus à des plaisirs analogues en stimulant leurs perceptions avec des technologies moins coûteuses. Toujours avides du plein des sens, ils se livraient à des exercices raffinés. On se souviendra ainsi que Schiller ne versifiait jamais sans avoir longuement respiré le stock de pommes pourries qu'il conservait dans le tiroir de son secrétaire, que D.H. Lawrence n'aimait rien tant que grimper nu aux arbres, que Benjamin Franklin et Edmond Rostand écrivaient dans leur baignoire et que le peintre Joseph Mallord William Turner, académicien anglais, célèbre entre autres pour sa toile *la Visite à la tombe*, hurlait sa joie chaque fois qu'il se faisait fouetter, attaché au mât d'un navire voguant par grande tempête.

Miami Florida, Philadelphia Pennsylvania, 10.05.91

NOTE : LES 5 SENSUELS

Le renifleur

Il aime aussi bien traîner dans les rayons des eaux de toilette des grands magasins qu'aux abords d'une pizzeria. Il rêve d'épouser un pompiste ou une parfumeuse, adore sentir ses doigts imprégnés de tabac, et ses pieds après une longue marche en été. Les effluves corporels le transportent tout autant que la senteur de la bouse fraîche ou de l'herbe coupée. Pour le renifleur, toute odeur est bonne à prendre. Il n'en existe pas de mauvaises. Chacune est différente, possède son mérite, sa couleur, son histoire et sa vérité. Dans la vie, le renifleur se trahit par ce genre de phrase : « Tu le sens comment, ce travail ? »

Le palpeur

Il n'en finit pas de vous toucher. Le jour, il vous serre la main, vous prend par l'épaule, vous pince la joue, vous tape dans le dos. La nuit, il vous enlace, vous étreint, vous tripote, vous caresse. Et le week-end, il bricole. Le palpeur parle souvent avec les mains et ne croit que ce qu'il touche. Ses doigts ne sont jamais en repos et s'activent sur une clé, un trombone ou un ongle cassé. En marchant le long d'un couloir, son index effleure toujours la laque de la cloison ou la tenture murale pour en éprouver le lissé et la texture. Dans la vie, le palpeur est une pieuvre. Il ne vous lâche jamais.

Le goûteur

Il a une activité principale, manger, et un passe-temps secondaire, grignoter entre les repas. Le goûteur ne peut vivre sans avoir quelque chose dans la bouche. Il s'accommode aussi bien de chips que de barres de chocolat et se surprend à mastiquer avec autant de plaisir des bouchons de stylo que des gommes arabiques. Il boit des sodas sans soif et suce des réglisses sous prétexte de se parfumer l'haleine. La nuit, il se relève pour avaler des pâtes froides. Il adore par-dessus tout les sucreries et goûte avec curiosité toutes les nouveautés des fabricants de friandises. Le goûteur cherche avant tout à occuper ses papilles gustatives. Il n'est pas un gourmet, mais plutôt un aventurier, un éclaireur de l'alimentation dont la faim est sans fin. Pour lui, un mets est sucré ou salé, chaud ou froid, dur ou mou. C'est tout. Dans la vie, ayant toujours la bouche pleine, il parle peu.

L'écouteur

Il marche au bruit. En fait, il le traque. C'est un identificateur-né. Il reconnaît chacun des membres de sa famille à la sonorité de son pas et discerne le moindre cliquetis dans le moteur de sa voiture. Il perçoit les voix à travers les cloisons, surprend les conversations, sait que la tonalité du téléphone est accordée sur le *la* 440 hertz et devine l'humeur de son correspondant au seul timbre de sa voix. Pour lui, le monde n'est que claquement, vagissement, grondement, grésillement, tintement, grincement et sifflement. Dans son lit, l'écouteur ne peut s'empêcher d'entendre le bruit de son cœur et de sursauter au moindre craquement dans le grenier. L'écouteur est enfin ce genre de type qui tout en parlant avec vous prête une oreille attentive à ce qui se dit à côté.

Le voyeur

Avant tout, il veut voir plutôt que savoir. Il vit constamment sur la pointe des pieds et fait sienne cette pensée de Mao Tsé-toung : « Un image vaut dix mille mots. » Le voyeur possède un œil ultrasensible doté des focales les plus invraisemblables. C'est un observateur obsessionnel qui va repérer le moindre déplacement d'objet. Malgré lui, rien ne lui échappe. Tout ce qui est entré une fois dans son champ de vision est photographié et archivé. Le voyeur est sans cesse en activité. Il ne peut imaginer qu'une image soit vaine et chacun de ses regards est au moins un repérage, à défaut d'être un tournage. Le voyeur prend autant de plaisir à contempler la couleur d'une enseigne au néon d'une station-service que la *Vénus aux fleurs* de Botticelli. Dans la vie, le voyeur est un voleur d'images sans valeur.

Wood$tock en toc

Quand vous vous êtes retrouvé dans un champ, au milieu de 300 000 personnes, face à un type barbu, moustachu, chevelu et nu, qui, l'air préoccupé, semblait régler le plus naturellement du monde une affaire de première importance avec son téléphone cellulaire à l'oreille ; quand, un peu plus loin, vous avez croisé un adolescent immobile tenant à bout de bras, comme un supplicié, une pancarte où il était inscrit *« I need more acid »* ; quand, au détour d'une tente portant l'écriteau suspect « acupuncteur-chiropracteur », vous avez vu une fille assise en position du lotus se faire cérémonieusement masser les seins par un zigoto tatoué auquel vous n'auriez même pas confié votre boîte de vitesses ; quand les trombes d'un orage vous ont transpercé de part en part et que vous avez aperçu un Canadien assis dans la fange, moulant son sexe dans la boue, mangeant de la glaise à pleine bouche et hurlant qu'il était temps de « redécouvrir le goût de notre mère, la Terre », alors oui, raisonnablement, vous avez pensé que le plus dur était fait, qu'il était temps de poser votre sac et que vous étiez arrivé à votre destination mythique : Woodstock 94.

Puisque vous aviez payé les 135 dollars du ticket d'entrée, vous possédiez le privilège rare et le droit indiscutable d'être là, sur ce champ, et pendant trois jours d'y vivre comme un réfugié. Certes, vous n'auriez pas le droit de sortir du campement, vous devriez dormir dehors quelles que soient les intempéries, ouïr de la musique nuit et jour, faire la queue pour vous nourrir, vous laver, vous raser, et aussi patienter deux ou trois éternités devant des latrines diaboliques et portables appartenant à la société Johnny on the Spot. Sur le *spot*, vous aviez souhaité y être : vous y étiez.

Avant d'en arriver là, vous aviez dû abandonner votre voiture dans des parkings périphériques et ruraux situés à 5, 10, voire 30 kilomètres du lieu du concert. Ensuite, on avait fouillé votre sac, votre chemise, votre pantalon et, pour s'assurer de vos bonnes intentions, on vous avait fait passer sous des portiques détecteurs de métaux installés en plein champ. Il était temps alors de vous entasser dans des bus scolaires qui mettaient deux, trois, parfois quatre heures pour se traîner dans les embouteillages et vous conduire à destination.

Dans ce car, vous aviez voyagé à côté d'un garçon charmant d'une vingtaine d'années, pur produit de la génération X pour laquelle on avait organisé ce concert. Vous n'aviez pas échangé une parole – sans doute la différence d'âge –, mais l'inscription que le jeune homme portait sur son T-shirt ne vous avait pas échappé : *« Je n'ai pas peur. Je suis fort. Je suis un animal. Et je te boufferai s'il le faut. »* Vous aviez alors pensé que ces cotonnades étaient les dazibaos intimes de l'Amérique, et qu'en leur prêtant une attention soutenue on pourrait flairer quelque chose. Comprendre par exemple que cette génération voulait sa place dans la vie, et vite. Comprendre aussi que ces messages personnels étaient parfois à cent lieues des slogans nunuches affichés sur les maillots de corps officiels distribués par Woodstock Ventures : *« Three more days of peace and music. »*

Vous aviez appris récemment ce qu'était Woodstock Ventures. Une société montée par Michael Lang, Joel Rosenman et John Roberts, les trois promoteurs du concert de 1969 qui, d'un point de vue financier, s'était soldé par un désastre. Comme vous n'étiez pas tombé de la dernière pluie, vous saviez parfaitement ce qu'il fallait penser de tout ce baratin sur la paix et la musique. Il ne fallait pas être bien malin pour décoder les pensées secrètes des trois entrepreneurs : « En 69, vous nous avez bien eus. Cette fois, on va vous tondre rasibus. »

Rosenman, le plus médiatisé, a essayé jusqu'au bout de donner le change en faisant jouer un humour très personnel : « Je ne suis absolument pas un homme d'affaires. J'aime la musique, c'est tout. D'ailleurs, j'ai plus de 40 ans et mon père me demande toujours comment je gagne ma vie. » Le promoteur vous prenait pour un imbécile. C'était la règle. Vous l'aviez acceptée en payant les 135 dollars. Quant à M. Rosenman senior, s'il voulait être informé des activités de son fils, il lui suffisait d'ouvrir les journaux pour apprendre que son héritier qui n'entend rien aux comptes avait mis sur pied, avec ses petits camarades de jeu, une opération de 35 millions de dollars à laquelle Pepsi-Cola, Häagen Dazs, Nobody Beats the Wiz, Gibson Guitars, PolyGram, Continental Airlines, Philips et Apple avaient absolument tenu à s'associer. Trente-cinq millions, c'est ce que devraient rapporter les seules entrées. Les promoteurs disposant ensuite librement des droits colossaux dégagés par les produits dérivés : films, disques, retransmissions télé, T-shirts, blousons, logos, foulards, bandanas, briquets, tapis, coupe-vent et même préservatifs. Pour bien verrouiller leur affaire, pour irrémédiablement plumer le pigeon, Lang, Rosenman et Roberts avaient même décidé d'interdire aux spectateurs d'introduire de la nourriture sur le site, les obligeant par là même à se ravitailler dans les stands de Woodstock Ventures.

Ces *ventures* – là, pour parler crûment, vous commenciez à les avoir dans le nez. Et ce ne sont pas les quelques mots échangés avec John Scher, patron de PolyGram, qui allaient modifier votre opinion. Pendant que sur la scène nord se produisait Melissa Etheridge et que vous demandiez au magnat derrière quel ampli pouvait bien se cacher l'esprit de Woodstock 69, Scher vous répondait de ce ton condescendant que l'on réservait autrefois aux communistes : « Nous avons mis en place les trois jours pour que les jeunes aient du bon temps. Nous sommes aussi une société de disques travaillant en système capitaliste. Vous n'allez quand même pas nous reprocher de faire des bénéfices ? » Pour vous changer les idées vous êtes allé visiter le centre de presse installé sous une tente. Et c'est là, par un communiqué laconique, que vous avez appris la mort de Joseph Roussel, un homme de 44 ans vivant à Long Island. On l'avait retrouvé face contre terre, cœur à l'arrêt. Un type parmi 300 000 autres. C'était tombé sur lui. Il souffrait de diabète. Vous avez pensé que vous n'aimeriez pas finir comme ça. Pas dans une *rock venture*. Pas après avoir casqué 135 dollars.

Alors vous êtes revenu dans le champ. Et vous avez senti l'herbe. Elle embaumait l'air. Vous avez aussi remarqué qu'il y avait de plus en plus de types défoncés ou qui organisaient pour les plus vaillants des trafics bizarres annoncés par des bouts de carton griffonnés : « 3 cachets de Tylénol : 1 dollar » ; « 1 verre de whisky Aristocrat : 1 dollar ». Mais ce qui vous intriguait le plus, c'étaient ces gars qui se baladaient comme des gosses, avec un ballon gonflé au bout des doigts. De temps en temps vous remarquiez qu'ils inspiraient le gaz dans la baudruche. On vous a expliqué qu'ils inhalaient la nouvelle dope de Woodstock 94 : le gaz hilarant. Ça vous a fait beaucoup rire. Et puis vous êtes allé faire un tour au village de Saugerties. La population locale, elle aussi, était gagnée par les fièvres de la « venture », louant 30 dollars la journée un carré de pelouse pour garer les quelques voitures qui avaient eu le privilège d'arriver jusque-là. Dans Church Land, la rue du cimetière, les Mowers, les Fogerty négociaient ferme. Mais ce sont les

Dengler qui se montraient le plus entreprenants, donc le plus madrés. Sur leur clôture, ils avaient apposé cette affiche : « Qui que vous soyez, donnez-nous votre autographe, dites-nous d'où vous venez, ce que vous faites. Ça nous intéresse. Parking surveillé : 30 dollars. »

De retour au camp, la nuit, la pluie et le bruit vous sont passés dessus. Vous avez repensé au spectacle de Jackyl. Musicalement, ça ne valait pas un clou mais, titillé par la télé, Jessy James Dupree, le chanteur du groupe, avait dégoupillé. Au milieu d'un morceau, il avait baissé son pantalon et terminé son récital l'oiseau et les fesses à l'air. Un frisson avait parcouru la foule, et caleçons et soutiens-gorge avaient volé en l'air. Ce qui eut pour conséquence d'exciter, ou pour le moins d'énerver Dupree, qui tira trois fois en l'air avec un fusil de chasse, enflamma un tabouret avec de l'essence, fracassa une guitare Fender et entreprit d'exécuter, à 18 h 15 précises, un magnifique solo à la tronçonneuse thermique. À 18 h 20, rayonnant, les miches sous les spots, Jessy James devenait une vedette. À 18 h 22, grisé par le succès, il se jetait dans la foule comme on plonge dans le grand bain d'une piscine.

Sous une pluie d'orage, le samedi fut long, mais vous avez apprécié la performance de Cypress Hill, surtout lorsqu'un des rappers a allumé un pétard de 12 mètres sous les acclamations du public. Pour sa part, Joe Cocker a chanté son légendaire *With a Little Help from My Friends*. Passant d'une scène à l'autre, vous avez observé que tout ce programme rock était ultra majoritairement blanc et masculin. En revanche, plus bas dans le champ, les mariages, eux, étaient mixtes (un homme, une femme). Une vingtaine d'illuminés avaient en effet décidé de se marier ce 13 août sur le site même du concert, en plein barouf. Conrad Bourguignon avec Amy Repp. Sonyo Wingo avec Mark Denny. Jim Donaldson avec Stacy Fitzgerald. C'est le juge Daniel Lamb qui, en grande tenue, célébrait les unions. Vous avez observé Sean Brooks et Christina Capozzi quand ils ont dit « oui ». Ensuite, ils se sont embrassés et ont annoncé qu'ils allaient fêter ça « au champagne sans alcool ». « Woodstock Ventures nous a offert des préservatifs, a ajouté Sean. Sur la tente on a accroché un écriteau : "*Do not disturb. Honeytoon in progress*". » Cela vous a glacé le sang.

Et puis le dimanche est arrivé. Il pleuvait tellement que vous avanciez aussi lentement qu'un ver dans la glaise. La boue était partout. Les gens s'y vautraient, s'y jetaient goulûment. Comme on revient aux sources. MTV, pathétique, encourageait les amateurs à ingurgiter la glaise en direct. Le Canadien avait raison : manger la terre avant qu'elle ne nous avale. Et puis les excentricités se sont un peu calmées. Vous l'avez regretté. Au fond, vous aimiez bien tout ce cirque. Avec Green Day, vous aviez été servi. Green Day est un groupe « atypicopunk », dont les figures sont le bassiste nommé Tre Cool et le chanteur Billie Joe. Tre Cool commença à tisonner le public : « J'espère qu'il pleuvra tellement que vous resterez collés dans ce champ. » Billie en rajouta un peu : « Je ne veux pas finir en hippie boueux comme vous », et les mottes de marne ajoutées aux insultes commencèrent à voler. Une bagarre éclata entre spectateurs et service d'ordre, et c'est couvert de goudron et de plumes que Green Day abandonna la scène.

Ce dimanche, vous êtes allé traîner du côte des commodités et avez constaté que les 2 800 « Johnny on the Spot » étaient au plus mal. À côté de vous un type a dit : « Ça fait trois jours que j'ai rien avalé. J'ai trop peur d'être obligé d'aller faire un tour là-dedans. » Comprenant alors que vous en aviez assez vu, vous avez ramassé vos affaires et, comme Joseph Roussel, 44 ans, diabétique et originaire de Long Island, vous êtes sorti sans bruit.

Saugerties, New York, 10-08-94

Les nantis et les nus

Ici, le temps d'une histoire brève, deux hommes vont se côtoyer. Louis Castleberry, le nu, et Ely Callaway, le nanti. Ils habitent en Californie, à moins de trois heures de voiture l'un de l'autre. Pourtant, en dehors de ces pages, Ely et Louis n'ont aucune chance de se rencontrer. Absolument aucune. Parce qu'ils ne vivent pas sur la même planète. Parce qu'ils ne font pas partie du même monde. Parce que des centaines de millions de dollars les séparent. Sans emploi, pensionné par son assurance, avec six personnes à charge, Louis vit aux portes du désert et au seuil de la pauvreté. À la tête de 1,6 milliard de dollars, Ely, premier fabricant de clubs de golf dans le monde, réside à Rancho Valencia, dans une demeure marmoréenne de 650 mètres carrés. Louis, ancien mécanicien, s'est brisé le dos à force de soulever des pièces mécaniques de voitures. Ely, droit comme un *i*, aime aller chaque année aux Vingt-Quatre Heures du Mans voir courir la voiture de son fils Reeves.

Quand on lui demande ce qu'il pense des gens qui possèdent une immense fortune, Louis dit : « C'est normal s'ils ont beaucoup travaillé pour l'obtenir. » Lorsqu'on évoque avec Ely le sort des plus démunis, il marque un temps, lisse ses paupières et note : « L'Amérique n'est pas le pays où les pauvres sont les plus malheureux. » Le temps d'une photographie, coiffé de son chapeau de cow-boy, fier d'être en vie, Louis posera à l'ancienne, avec les siens, sur le pas de la porte, devant sa maison. Ely, lui, mettra simplement un club de golf sur son épaule et une main dans la poche. À l'issue de la prise, il en sortira les clés de sa Jaguar.

Louis Castleberry fait partie de ces 38 millions d'Américains (14,5 % de la population) qui, avec un revenu annuel familial d'un peu plus de 15 000 dollars, vivent au-dessous du seuil de pauvreté. Ely Callaway appartient à cette infime minorité de citoyens (0,1 % de la population) qui gagnent plus de 1 million de dollars par an. Il est également membre du club très fermé du 1 % de familles nanties qui détiennent 36 % des richesses de ce pays. Un récent rapport de l'Organisation de Coopération et de Développement économiques fait remarquer que, de tous les pays industrialisés, ce sont les États-Unis qui redistribuent les revenus de la façon la plus inéquitable. Les riches y prospèrent tandis que le nombre de pauvres ne cesse d'augmenter. Entre ces deux extrêmes de la société s'effiloche une classe moyenne déclinante et déplumée.

En 1989, les familles ayant des ressources annuelles comprises entre 20 000 et 40 000 dollars représentaient la moitié de la société américaine. Aujourd'hui, à peine un tiers des foyers se situe dans cette même tranche. Une grande partie des absents ont basculé dans la pauvreté, tandis que les autres grimpaient dans les tranches des bienheureux collectant plus de 70 000 dollars. Ainsi, tandis qu'en décembre dernier les ventes du bijoutier de luxe Tiffany's augmentaient de 13 % par rapport au Noël précédent, de grands magasins *middle class* comme Macy's ou bas de gamme tels Ames ou KMart connaissaient de graves difficultés. Passée au spectrographe figuratif, la société américaine ressemblerait à un bas de Nylon exagérément étiré à ses extrémités avec un centre famélique dont les mailles tiraillées seraient sur le point de rompre. Cette tension est telle qu'elle inquiète même les banquiers. Un directeur de Lazard Frères déclarait récemment : « Même nous, dans le monde des affaires, pouvons voir tous les jours que cette situation est mauvaise pour le pays, tant d'un point de vue social qu'économique. »

À Lucerne Valley, il n'y a pas de banque Lazard. Seulement des lézards et le désert. Louis Castleberry habite sur Midway Road. Au numéro 11860. Autant dire sur la Lune. Avec sa femme Cynthia, son fils Steven, ses deux belles-filles, Penny et Sandy, et ses deux petits-enfants, Cheyenne et Derrick, il vit sur 10 acres de terre dans une maison de deux pièces achetée en ruine lors d'une vente aux enchères. Los Angeles est à trois heures de route. Le bout de la Terre. Pour y aller, il y aurait bien ces quelques voitures garées dans l'enclos. Mais les deux Jeep comme le pick-up Dodge sont à l'agonie. La Chrysler n'a plus de transmission.

Autrefois, avant que son dos ne parte en capilotade, Louis aurait arrangé tout ça en un tour de main. Aujourd'hui, et pour un an seulement, son assurance lui verse une pension d'invalidité de 1 500 dollars par mois. C'est l'unique rentrée d'argent de la famille. Cynthia et les enfants sont au chômage. Mille francs par personne. De quoi manger, habiller les gosses et fumer. Et encore pas n'importe quelles cigarettes. Des Gunsmoke qui, comme leur nom l'indique, vous trouent les poumons en moins de deux. La maison est alimentée en eau par un puits creusé dans le jardin. « On a eu une chance inouïe, raconte Louis. On a trouvé une source à une quinzaine de mètres de profondeur. »

Dans cet endroit du désert Mojave, l'hiver, quand le vent souffle, il gèle. L'été, il fait 50 °C. « On a un petit rafraîchisseur d'air. Une nuit on le met dans une pièce, et la suivante dans l'autre. Comme ça on arrive à dormir un soir sur deux. » Trois jours par mois, Penny va faire cuire quelques hamburgers chez Pop's and Pam's, le *coffee shop* situé au bord du highway 18. Mais ça ne change pas grand-chose au train de vie de la famille. « Vous savez, dit Cynthia, ici, on est loin d'être les plus malheureux. On est même les riches du coin. Il y a pas mal de types qui, eux, squattent des fermes abandonnées ou bien vivent dans des voitures avec une simple allocation. Passé le 15 du mois, ils viennent rôder dans les parages pour voir si on ne peut pas leur donner quelque chose à manger ou bien un peu d'essence. »

Dans le seul comté de San Bernardino, dont dépend Lucerne Valley, l'aide sociale distribue 34 millions de dollars d'allocations et 14 millions de dollars de coupons donnant droit à de la nourriture. Pendant que Sandy prépare du café, Louis raconte à quoi ressemblait leur vie autrefois, quand ils vivaient tous en Alabama. Lui réparait des suspensions de voitures allemandes et Cynthia vendait des fleurs. À l'époque, ils vivaient de leur travail. Ils n'imaginaient pas que cela changerait et qu'un jour, pour s'en sortir, leur second fils serait obligé de s'engager dans l'armée en Caroline du Nord. « Mais il ne faut pas se plaindre. On est bien ici. On aime le désert, l'espace. Je n'ai pas envie d'être riche. Mon rêve maintenant est simple : finir de payer cette maison, avoir quelques bêtes, un petit jardin et un puits qui continue à me donner de l'eau. »

De l'eau, chez Ely, on en consomme plus en une journée que les Castleberry n'en pomperont durant toute leur vie. L'eau, à l'usine Callaway, sert à arroser un parcours de golf équipé de trois stations météorologiques, piqueté de sensors enterrés, semé de toutes les variétés de gazon connues de par le monde, sur lesquelles des robots pilotés par ordinateur, ainsi que des joueurs salariés à plein temps, essaient les performances des clubs Big Bertha, fierté et gloire d'Ely Callaway. En 1985 – il avait à l'époque 66 ans –, Ely a acheté pour 400 000 dollars une petite entreprise de quatre employés qui fabriquait ces fameuses cannes. Il les a fait redessiner, a agrandi leur surface d'impact et leur a donné l'explicite nom du célèbre canon allemand de la Première Guerre mondiale.

Aujourd'hui, à Carlsbad, au nord de San Diego, Callaway emploie 2 000 personnes, possède onze buildings et trois usines qui tournent vingt-quatre heures sur vingt-quatre pour réaliser l'an passé un chiffre d'affaires de 553 millions de dollars. Ely vend plus de cannes dans le monde entier que ses trois principaux concurrents réunis. La semaine passée, Stallone est venu au centre d'essais tester les Grosses Bertha. Et avant lui le prince Andrew. Et Sean Connery. Et O. J. Simpson. Et Clinton. Et Nicholson, qui paraît-il adore utiliser cette arme redoutable pour se battre dans la rue et fracasser les pare-brise de Mercedes.

« Pourquoi je fais de l'argent ? Parce que je fabrique de bons produits, dit Callaway. C'est tout. » De l'argent, Ely a passé sa vie à en récolter. Né d'une famille possédant des entreprises de textile, il dirige d'abord les immenses filatures Burlington Industries. Et puis un jour, il se pique de vin et achète 150 acres d'un vignoble de pacotille à Temecula, Californie. Huit ans plus tard, après que ses bouteilles furent choisies par la reine Elisabeth pour arroser les fêtes du bicentenaire de l'indépendance des États-Unis, Callaway vend ses modestes arpents et son appellation. « Callaway Wines » pour 14 millions de dollars. « Je dis que l'Amérique est un des rares pays au monde où les miracles sont possibles à tout moment, explique Ely. Où chacun, s'il s'accroche, a une chance de s'en sortir. »

Callaway est ainsi fait. Il croit qu'à condition de le désirer vraiment, d'être courageux, travailleur, et de faire preuve de ténacité, tout le monde peut comme lui rouler en Jaguar XJ 12, vivre dans le marbre et bombarder le monde de Grosses Bertha. Au bureau, Ely boit des bouillons de poulet aux nouilles, des *frozen yogurts*, du jus de tomate V-8. À domicile, il cultive des orchidées dans un bâtiment réservé à cet effet. « Croyez-moi, dit-il, l'écart entre les riches et les pauvres a existé de tout temps. Mais en Amérique, je pense que les plus démunis ont davantage de possibilités qu'ailleurs. » L'autre jour, pour lutter contre les maladies cardio-vasculaires, 637 employés de l'entreprise, après leur déjeuner et avec la bénédiction de leur patron, ont pris de l'exercice en marchant pendant une demi-heure au cours d'une *treasure hunt walk*. Comme pour rappeler que la vie entière d'Ely Callaway ressemblait à une longue promenade de santé, une perpétuelle chasse aux trésors.

Au pied d'un arbre en fleur, à l'instant de monter dans sa suave Jaguar noire, il se tourne vers nous et dit : « Vous savez quel est le secret de ma réussite ? Il tient dans ma devise : *Try, try, and try again.* » (Essaie, essaie, et essaie encore.) Alors on sursaute. Parce que la veille, justement, au retour de chez Louis, on s'était arrêté, près de Los Angeles, au cimetière de Palos Verde pour voir à quoi ressemblait la tombe de Charles Bukowski. Et sur la stèle de celui qui avait tant écrit sur les « petites gens » et le pas lent de cette Amérique à la traîne, à l'emplacement 875 i, on avait bien aimé ne trouver que cette unique inscription : *« Don't try. »*

Lucerne Valley, Carlsbad, Californie, 4-04-96

Cinq histoires pleines d'avenir

BOBBIT SHOW

La microchirurgie fait des miracles. John Wayne Bobbit aussi. L'an dernier, une opération de neuf heures et demie avait été nécessaire pour recoudre le sexe de cet ancien marine mutilé par sa femme, Lorena, avec un couteau à découper, pendant son sommeil. À l'issue de l'intervention, le médecin avait prévenu le soldat que, malgré la solidité des sutures, rien ne serait jamais comme avant. C'était méconnaître les facultés de récupération des militaires. Sitôt conclu le procès de sa femme, Bobbit s'attela à sa rééducation en participant dans tout le pays à une dizaine d'élections de Miss T-Shirt mouillé. Il vendit ensuite ses confessions salaces à toutes sortes de talk-shows. Et voilà qu'aujourd'hui son agent new-yorkais, un certain Jack Gordon – pourquoi pas ? –, annonce que sa vedette vient de terminer le tournage d'un film X dont il tient le rôle principal. Son titre : *Bobbit Uncut*. L'imprésario s'est empressé d'ajouter que le miraculé avait surtout signé un formidable contrat avec le District, un club gay de Fort Lauderdale, Floride, pour faire là-bas un strip-tease intégral. Lors de cette soirée de gala, Bobbit s'est également engagé à être président d'un jury chargé d'élire le travesti ressemblant le plus à sa femme, Lorena. À lui seul, John Wayne « B » fait regretter l'invention de l'anesthésie.

SAUVÉ PAR LE GONG

Détenu à la prison d'Englewood, Colorado, Robert Howard est aujourd'hui un homme heureux. Lui qui prétend être un grand prêtre satanique s'était plaint devant la justice américaine, il y a quelque mois, de n'avoir pas l'autorisation de célébrer des messes noires dans sa cellule et d'être privé de son indispensable matériel liturgique. Après avoir longuement considéré cette affaire, le juge Edward Nottingham a accédé aux demandes du prisonnier, estimant que, jusque-là, on avait attenté à ses droits civiques et à sa liberté de culte. En conséquence, sitôt l'énoncé du verdict, le directeur du pénitencier d'Englewood s'est fait un devoir de porter à Howard les accessoires qu'il réclamait : une cagoule, une robe noire, de l'encens et un gong.

L'OR DES MORTS (1)

Cremation Societies Inc., un crématorium privé d'Anaheim, Californie, vient d'accepter de négocier en justice un accord financier à condition que certains de ses clients mécontents retirent leur plainte. La transaction a été conclue sur la base de 16,7 millions de dollars (près de 100 millions de francs), « C'est vrai, c'est une grosse somme, mais nous avons préféré payer tout de suite plutôt que de nous lancer dans des procès toujours très coûteux », a expliqué Anthony Delling, l'avocat de la compagnie. Il faut dire que les affaires de Cremation étaient plutôt mal engagées puisque les plaignants accusaient cette société d'arracher aux morts leurs dents en or, de démembrer les corps pour accélérer la combustion et de brûler plusieurs cadavres en même temps afin de diminuer les dépenses de gaz. « Tout ça, c'est de l'histoire ancienne, a conclu Delling. En payant, nous retrouvons le droit de relancer le business sans traîner ces allégations derrière nous. » L'argent des vivants pour enterrer l'or des morts.

L'OR DES MORTS (2)

Frederik Frank Ebenal vit en prison, à San Angelo, Texas. L'an dernier, au cours d'une dispute, il a tué Peggy Jones, sa concubine, d'un coup de fusil tiré à bout portant dans le visage. Mais depuis quelques mois, dans sa cellule, Ebenal est fou de rage. Il refuse d'admettre qu'on ait pu l'écarter de la succession de son ancienne compagne. Après toutes ces années passées avec elle, elle estimait « avoir droit au moins, au tiers de son patrimoine », évalué à 18 000 dollars. Ne pouvant obtenir ce qu'il exigeait, il a intenté une action en justice, réclamait cette fois 15 000 dollars en guise de *pretium doloris*. C'est avec le plus grand sérieux que la cour du Texas examine cette requête.

OUTILS DE TRAVAIL

Chesty Love, une stripteaseuse californienne de renom, a fait un procès à l'administration fiscale pour demander une déduction d'impôt à 2 088 dollars, somme correspondant aux frais qu'elle avait engagés pour se faire bâtir une poitrine digne de ce nom. Au juge Joan Pate, chargé du dossier, Chesty a expliqué ceci : « Mes seins pèsent dix livres chacun. Ce sont des outils de travail. Il faut les considérer comme des accessoires de scène que je trimballe chaque soir pour faire de l'argent. » Sensible à ces arguments de poids, Joan Pate a donné raison à la contribuable, reconnaissance dans les attendus de son jugement que ce buste de taille démesurée était bien un « investissement professionnel dont on ne pourrait tirer aucun plaisir personnel ». « Je suis contente que le juge ait compris qu'on ne se faisait pas opérer pour s'amuser, a conclu Chesty. Maintenant, toutes les filles du showbiz vont pouvoir réclamer la même chose que moi. »

Los Angeles, Californie, 3-11-94

La terre tremble

La nuit, parfois, le lit bouge. Comme si dans votre dos un agité se tournait brusquement sur le matelas. Mais à côté de vous, il n'y a personne. À d'autres moments, vous avez l'impression que l'immeuble entier vient de heurter un trottoir avant de l'escalader, tandis que, soulevés par une brise inattendue, les rideaux se mettent à onduler. Mais les fenêtres sont fermées. Quelquefois, c'est la télévision qui glisse sur son meuble, les murs qui craquent, le plafond qui tangue et le plancher qui file dans tous les sens. Alors, oscillant et soumis, comme ces chiens articulés opinant à l'arrière des voitures, vous pensez que le monde est en train de vous fausser compagnie. En réalité, vous n'essuyez que de modestes *aftershocks*, des répliques raisonnables culminant à 5,1 selon les graduations du professeur Richter. Autant dire une brise tectonique, des frissons terrestres. Parce que si un jour le destin vous place sur la faille de San Andreas, du côté de Los Angeles, quand se déclenchera le *« big one »*, alors il faudra vous accrocher à quelque chose de solide, et surtout à la vie.

Selon les géologues américains, ce méga-tremblement de terre devrait se produire au cours des trente prochaines années et atteindre des sommets dans l'effroi. Le cataclysme du 17 janvier, dont l'épicentre se situait dans les vallées du nord de Los Angeles, et qui en 35 secondes a tué 55 personnes, détruit plusieurs réseaux d'autoroutes et causé quelque 30 billions de dollars de dégâts, était d'une magnitude de 6,6. Ce qui, en termes d'énergie dégagée équivaut au lancement simultané de 2 millions de navettes spatiales. Le *big one*, estimé à 8 et sans doute davantage sur l'échelle de Richter, sera 10 000 fois plus puissant. Autant dire que c'est un bon morceau de Californie qui montera au ciel, ou, ce qui revient au même, basculera en enfer.

Une cellule spéciale à déjà réfléchi sur la tournure que pourrait prendre cette journée du diable. Et les simulations des experts, même les moins alarmistes, donnent d'ores et déjà envie de rentrer sous terre. Il ressort de leurs prévisions que toutes les équipes d'action d'urgence dont Los Angeles s'est doté après les émeutes de 92 seraient inopérantes dans les jours suivant le séisme. Tout simplement parce qu'aucune structure, même rodée, ne peut faire face à un désastre d'une telle ampleur. Il apparaît également que les centres de secours et les hôpitaux ne pourraient traiter convenablement les 55 000 blessés de la zone concernée. Dans leur domaine, la police et les pompiers ne se montreraient guère plus efficaces. Une semaine durant, la ville serait partiellement en feu et livrée aux pillards. Il n'y aurait plus d'eau, de gaz, d'électricité ni de téléphone. Les voies de communication seraient coupées et une bonne partie des ponts « *collapseraient* », comme on dit ici. Selon l'heure et le jour où se produirait le tremblement de terre, on dénombrerait entre 3 000 et 14 000 morts. Les dégâts atteindraient des sommes astronomiques, sans doute uniques dans l'histoire de ce pays. Certains endroits de la région baigneraient dans un marécage fangeux et huileux, puisqu'il est également prévu que quelques barrages et la plupart des pipelines qui sillonnent la Californie du Sud se rompraient.

C'est avec ce genre de choses dans la tête qu'à Burbank ou Glendale, tous les matins, on doit se lever.

Et le soir s'endormir. En sachant qu'on a 20 000 millions de navettes Challenger sous les fesses, qu'elles peuvent mettre la gomme à tout instant et vous propulser Dieu sait où. Comment reconstruire quand on porte constamment en soi le sentiment de la ruine ? Le 18 janvier, lendemain du séisme, le *Los Angeles Times* publiait un grand article intitulé *Préparez-vous pour le suivant*. Extrait : « Cette fois vous êtes passé au travers. Mais rappelez-vous cette règle majeure et irrévocable : dans le sud de la Californie, il y aura de plus en plus de tremblements de terre de forte puissance. Alors sachez faire face. Apprenez les rudiments de la réanimation cardio-pulmonaire, ne stockez pas de matériel inflammable, conservez vos papiers personnels dans un coffre ininflammable. Pendant le séisme, restez calme. Il durera au plus une minute. Ensuite, ne prenez pas votre voiture, évitez de téléphoner, pour ne pas encombrer les lignes, évaluez vos dommages et déballez votre kit de survie. »

Les kits de survie, depuis la semaine passée, sont la dernière tocade des Angelinos, leur nouveau talisman. Les commerçants qui les proposent font des affaires en or. Ces panoplies se composent d'une lampe torche, d'un transistor, d'eau en conteneur, de nourriture impérissable, d'une boîte à pharmacie, d'une tente, d'une boîte à outils et d'une trousse d'hygiène : de quoi mourir propre et informé. Il faut une certaine dose de fatalisme pour accepter cette perspective, pour continuer à travailler, surfer et faire l'amour sur des failles béantes qui traversent peut-être l'épicentre de votre lit. Cette éventualité, de plus en plus de résidents la refusent. Lamar Strasberg, de West Hollywood : « Il y a vingt ans que je vis ici. J'ai vraiment aimé cette ville. J'ai supporté sa brutalité, les incendies, l'insécurité, les émeutes, mais ce truc-là, cette saloperie qui en trente secondes vous bouffe toute une vie, c'est trop. Je rentre chez moi, en Idaho. »

Du côté de Manhattan Beach, rien n'a vraiment changé. Les surfers sont toujours à la même place, mutants aquatiques et inventeurs de la formule : *« A bad day at the beach is better than a good day at work. »* Vue des hauteurs de Mulholland drive, Los Angeles peut ressembler à l'idée simpliste que l'on se fait du paradis si l'on imagine celui-ci peuplé de 15 millions d'individus et d'autant d'automobiles qui, de matines à vêpres, communient sur les 616 miles (1 000 km) des onze freeways de la cité. On peut aussi considérer que le jour du *big one*, toute cette circulation sanguine se coagulera instantanément dans des artères dévastées. Cette ville présente un risque coronarien majeur. Le tremblement de terre du 17 l'a confirmé. Il va falloir dix-huit mois pour rétablir les voies de communication et abaisser la tension des encombrements. En attendant, chacun devra s'accommoder de ce sentiment diffus d'asphyxie et accepter de tripler son temps de transport.

Fernando Lopez, de Culver City, voit, lui, les séismes de manière radicalement sociale : « Les cataclysmes comme ça remettent un peu les choses en ordre. Ils nivellent les inégalités. Quand tu es touché, riche ou misérable, tu n'as qu'une chose à faire : te mêler à tes semblables et prendre ta place dans la queue pour avoir ta ration d'eau potable. » Fernando a raison, même si les revers du destin se résorbent plus vite à Beverly Hills qu'à East L.A. Ce que Fernando ignore, c'est que si les séismes engendrent parfois quelques *aftershocks* marxistes-léninistes, il possède aussi l'étrange pouvoir de paralyser les criminels. Trois journées normales se soldent en moyenne à Los Angeles par 1 650 arrestations. Or les 18, 19 et 20 janvier, la police n'a appréhendé que 178 malfaiteurs, pour la plupart inculpés de pillage ou de violation du couvre-feu. Au L.A. Police Department, on fait brûler des cierges pour San Andreas.

Ceux qui bénissent aussi ce saint, ce sont les vendeurs

de *cellulars*, ces petits téléphones portables : « C'est malheureux à dire, explique un négociant, mais ce désastre nous a fait un bien fou. Les gens se sont rendu compte que lorsque les lignes étaient coupées on pouvait encore appeler avec ces appareils autonomes, que ces petits combinés étaient la seule chose qui vous reliait au monde. » On constate le même phénomène avec les ordinateurs domestiques, lorsque toutefois l'électricité est rétablie. Reliés entre eux ou à des serveurs les *personal computers* jouent ici le rôle de Minitel. Pendant la paralysie des premiers jours, ils ont permis à leurs propriétaires de partager une sorte d'affection technologique. Sur les écrans on pouvait lire des choses comme : « Cet appareil est le seul lien qui me rattache à la civilisation », « Quelqu'un est-il aussi effrayé que moi ? » ou « Quel est le meilleur chemin pour aller de Santa Monica au L.A. Gunty Hospital ? »

Ces petits raffinements, ces étreintes de kilo-octets rappellent que la catastrophe s'est déroulée dans un pays nanti. Que la loupe CNN a une fois de plus merveilleusement fonctionné, délivrant au monde un effroi simultané et obligatoire. Que 51 morts à Los Angeles constituent un drame universel, alors que les tremblements de terre de la péninsule arabe (2 800 morts), d'Inde (1 450 morts) ou du Salvador (1 000 morts) sont traités en quelques flashs vite éclipsés. Les sinistrés californiens bénéficient d'ailleurs d'un tout autre traitement que leurs homologues du tiers-monde. Ils reçoivent par exemple l'aide de thérapeutes des catastrophes pour « évacuer leur peur et minimiser leur stress ultérieur ». Et la presse invite les propriétaires d'animaux domestiques à se montrer particulièrement tendres et attentifs envers leurs bêtes, « profondément traumatisées par le séisme et ses 1 000 répliques ». Tandis que la télévision multiplie les flashs sur « les dégâts subis par les maisons des stars » et rassure tous les sans-abri : la magnifique collection d'objets d'art de Jack Nicholson n'a souffert d'aucun dommage.

Samedi dernier, cinq jours après le *« medium one »*, Hollywood, imperturbable et compassionnelle, célébrait sa traditionnelle cérémonie des Golden Globes. Peut-être est-ce là l'ordre des choses. Peut-être les femmes fatales conjurent-elles les failles létales et la peur du gouffre. Peut-être est-il normal de réagir ainsi dans une ville dont les habitants disent qu'elle a désormais quatre saisons : les émeutes, les incendies, les inondations et les tremblements de terre. Ce soir, dans les vieux salons du Roosevelt Hotel, quelques pellicules de plâtre sont de nouveau tombées des hauts plafonds. Alors, en regardant les rues singulièrement désertes, on boit des choses gazeuses à la santé de San Andreas et de ses 20 000 millions de navettes angéliques qui, un jour, transformeront 14 000 types sans histoires en cosmonautes éternels.

Los Angeles, Californie, 27-01-94

U.S. et coutumes

Route US One, Floride

Il roule depuis trois ou quatre heures. L'horloge de la voiture indique minuit passé. La mer est quelque part au-delà de ses phares. Il a faim mais tout est fermé. Il conduit sans se faire trop de soucis, comme quelqu'un qui a un billet de 100 dollars en poche. Dans la nuit, il aperçoit la lueur d'une enseigne K Mart. K Mart, comme 7-Eleven, c'est l'assurance de trouver à toute heure des sandwiches, des sodas et de quoi fumer. Il gare la voiture et entre faire son marché. Il est seul avec le caissier. Les néons et les réfrigérateurs bourdonnent. « 14.90 », dit l'homme. Il lui tend son unique billet de 100 dollars. « On n'accepte pas les coupures de plus de 20 dollars après la tombée de la nuit. À cause des agressions. C'est comme ça. »

Il reprend la route et tente de casser son billet en faisant de l'essence un peu plus loin. « 100 dollars ? Vous plaisantez, dit le pompiste. Avec ça, la nuit, c'est comme si vous n'aviez rien. » Il demande ce qu'il peut faire pour manger. « Attendre le jour », répond l'autre.

Miami, Floride, bureau de location de voitures Carnival

Il n'aime pas les airs affectés du préposé. Il regarde sa facture. 38 dollars taxes comprises. La voiture était formidable. Il va la regretter. « Cash ou carte de crédit ? » demande le gandin. En guise de réponse, il sort son billet de 100 dollars. « Désolé, nous refusons ces coupures. Dans cette ville, la plupart sont fausses. »

Il sourit. Il ne discute pas. Il sait combien peut être parfois complexe l'usage du monde. Il a pour la première fois le sentiment qu'il ne va pas pouvoir dépenser son argent, qu'un gros billet va lui faire faire des économies.

Miami, Floride, Dade Medical Center, 2500 Flager Street

Cela fait trois jours qu'il souffre et qu'il a de la fièvre. C'est dimanche. Tous les cabinets médicaux sont fermés. Le portier de l'hôtel lui conseille l'hôpital sur Lejeune Boulevard. Il monte dans sa voiture. Il roule vers la guérison.

À l'entrée, l'hôtesse lui demande ce qu'il veut. Il répond qu'il désire voir un médecin. Elle l'adresse aux urgences. Là, une seconde réceptionniste lui demande son nom et réclame 200 dollars d'avance. « C'est une caution, un dépôt de garantie, dit-elle. Si le médecin ne vous hospitalise pas, on ne vous fera payer que la consultation et on vous rendra la différence. »

Il explique qu'il n'a pas cette somme sur lui. Elle répond qu'elle est désolée mais qu'il faut voir ailleurs. Il repart dans sa voiture et enfile des rues au hasard. Sur Flager, il tombe sur une clinique à l'enseigne modeste. Dade Medical Center. Il sonne. Un Cubain lui ouvre et le fait asseoir.

« Une consultation ? 40 dollars, ça vous va ? » Bien sûr que ça lui va. Le médecin est sympathique et respire la compétence. Demain, il sera guéri. Le Cubain lui établit une facture en bonne et due forme. À la place du nom, il inscrit le mot « touriste ». « 100 dollars ! Vous êtes un homme riche, señor. Ni le docteur ni moi n'avons de quoi changer ce gros billet. Allez à la pharmacie

Eckerd, de l'autre côté de la rue, acheter vos médicaments. Eux auront de la monnaie. Ensuite, vous reviendrez me payer. »

En rentrant à l'hôtel, il se sent déjà en pleine forme. Il se demande quand même comment font les habitants d'un pays si riche pour avoir aussi peu d'argent dans les poches.

Marathon, Floride, Seven Mile Bridge

Il est bien. Bien comme on peut l'être dans une décapotable qui ne fait pas d'huile, qui freine correctement et qui est équipée d'une direction assistée et d'une suspension Mac Pherson. Cela fait un moment qu'il a repéré une voiture de police dans son rétroviseur. Il est tranquille. Il n'a pas grand-chose à se reprocher et respecte la limitation de 45 miles à l'heure. Tout à coup, le véhicule de patrouille branche sa sirène, le double et lui fait signe de se ranger. Le flic est roux. On sent qu'il craint le soleil. « Vous fumiez et vous avez jeté votre mégot par la fenêtre. » Bien sûr qu'il fumait. Bien sûr qu'il a jeté son mégot par la fenêtre. « Dans l'État de Floride, c'est interdit. Je suis désolé mais je dois vous mettre une amende de 50 dollars. Un mégot, 50 dollars, c'est le tarif. » Le flic est reparti. Il regarde la mer. Il est bien. Il redémarre en faisant chanter les gommes. Il a une cigarette au bec. Et un cendrier plein de mégots.

Los Angeles, Californie, Venice, devant l'hôtel Cadillac

Il n'aime pas cet endroit. Il ne l'a jamais aimé. Aujourd'hui, il le déteste pour ce qu'il vient d'y voir. À gauche, ce magasin qui vend des casquettes et des lunettes pour chiens, dans toutes les couleurs, toutes les tailles, toutes les formes, où des courges sublimes s'affairent autour de clebs humides et où l'on trépigne en réclamant des demi-pointures. À côté, ce sale gosse de 5 ans blond et bien portant, qui a déjà tout compris de la libre entreprise et qui se balade avec un panneau autour du cou où l'on peut lire : « Je vous raconte une blague pour 50 cents. » Tout le monde trouve ça formidable. Le petit con a les poches bourrées. Et en face, cet homme seul, ce Noir, ce type de 70 ans, usé jusqu'à la corde, assis au plus bas de la terre. Lui aussi porte une pancarte accrochée sur sa poitrine : « Donnez-moi un petit travail pour manger ou bien alors, comme un chien, adoptez-moi. »

Il se demande où va ce pays qui offre des casquettes à ses labradors pendant que des hommes réclament des niches.

Los Angeles, Californie, Downtown, sur le trottoir du magasin Robinson

Il a du mal à se souvenir de l'événement tant il fut bref. Ce dont il est sûr, c'est qu'une Mexicaine d'une cinquantaine d'années, tenant à la main un sac de chez Robinson, marchait près de lui. Ensuite il a vu surgir un Noir et une jeune femme blonde d'une vingtaine d'années. Tous deux tenaient à la main des talkies-walkies. Ils se sont précipités sur la Mexicaine et l'ont collée contre un mur. Après lui avoir arraché son sac, ils lui ont passé les menottes dans le dos. Ces deux jeunes gens n'appartenaient pas à la police. C'étaient deux employés de la sécurité de chez Robinson. Ils ont conduit la femme à l'intérieur du magasin. Elle pleurait. Un attroupement s'était formé. Il y avait des Blancs, des Noirs et des Mexicains.

Los Angeles, Californie, 150 North L.A. Street

À force de lire des horreurs dans les journaux, ce matin, il a décidé de se rendre au quartier général de la police pour connaître les statistiques sur la criminalité dans la seule ville de Los Angeles. C'est Fred Nixon, un officier du LAPD (département de la police de Los

Angeles), qui lui a donné ces chiffres. « Depuis le début de l'année jusqu'au 14 octobre, nous avons eu 808 meurtres, 1 633 viols, 28 115 vols à main armée, 36 065 agressions. Si l'on compte tous les vols de voitures, les cambriolages, les affaires de drogue que nous avons enregistrés depuis le 1er janvier, cela donne un chiffre total de 259 883 crimes et délits. » Il prend sa calculette et fait les divisions. Résultat : 712 forfaits par jour. Trente toutes les heures. Il regarde sa montre. Et il s'en va.

Tucson, Arizona, parking de Budget Rent-a-Car

Il aime bien traverser le désert en voiture à cause de l'ennui confortable que procurent les lignes droites. Il monte dans sa Chrysler Le Baron convertible de louage, positionne le levier de la boîte sur D et accélère doucement. Au bout de quelques secondes, il entend un bruit curieux dans les portières et constate qu'elles se sont verrouillées automatiquement. Il s'arrête, abaisse manuellement les loquets et redémarre. Au bout de quelques mètres, la voiture l'emprisonne à nouveau. Il comprend que c'est là un équipement d'un luxe nouveau, un argument de vente. Il a loué une voiture « *safe* ». Une automobile qui assure sa sécurité, même contre son gré. Un habitacle qui le préserve des agressions. Il lui semble se retrouver dans la situation de ce pompiste d'une station Exxon à Santa Monica, enfermé dans sa cage de verre triple épaisseur, ne pouvant en sortir qu'avec l'aide d'une société de surveillance, dialoguant par interphone avec ses clients et leur rendant la monnaie par un tiroir à coulisse.

Il démarre et file vers le désert. Au bout de quelques kilomètres, il songe que s'il a un accident, il faudra casser les vitres pour l'extraire de son siège. Il abaisse la capote électrique. En cas de coup dur, il préfère être éjecté. Et souffrir au grand air.

La Nouvelle-Orléans, Louisiane

Il marche dans Algiers. Les façades ruissellent sous la pluie. Les rues sentent mauvais. Au moment où il passe devant un bar, deux hommes giclent de la porte tels des bouchons de champagne. Ils se battent comme des sauvages et roulent sur le trottoir. Debout, au seuil de son établissement, le tenancier les observe un fusil dans les mains. En rentrant à l'hôtel, il songe à la violence latente qu'il y a dans ce pays et à l'arsenal que possède chaque individu. Il savait que les armes étaient en vente libre. Il ignorait qu'il existait une presse considérable en ce domaine. Il s'arrête dans une librairie et relève les titres des magazines spécialisés dans les tests des armes et leur présentation : *US Gun, Pocket Pistol, Combat Handguns, Guns Test, Guns and Weapons, Shooting Times, Gun World, Rifles, Guns and Ammo, Shooting, Guns, Handguns, Handgunner, Gun Pedder, Blade Magazine Blade* (lame) présente ce mois-ci un test de couteau d'assaut avec une analyse du pouvoir de pénétration de la lame. S'il osait faire un mot stupide, il dirait que *Blade* est à la pointe de l'information.

Minneapolis, Minnesota, angle 8e Rue

Ce matin, il fait à peine 4 degrés. À l'angle de la 8e Rue, une file interminable de personnes attendent un repas devant la porte d'un *home of charity*. Ils sont des centaines ici et des millions dans tout le pays. On les appelle les *homeless*. Ils n'ont plus de domicile, ils mendient pour manger. On lui a dit qu'ils représentent le vrai problème de l'Amérique de demain. Il se souvient alors de ces gigantesques inscriptions à la peinture sur les ponts qui enjambent le San Diego Freeway à Los Angeles et où l'on pouvait lire cette revendication laconique « *FOOD !* ». Il se remémore aussi la couverture de *Easy Reader* de la semaine passée, l'hebdomadaire du sud de L.A. Le titre était : *Homeless, next door*. Et il y avait, sur toute la une, la photo en couleurs d'un clochard qui déclarait : « Quand je n'ai plus rien et que j'ai trop faim, je me nourris dans les poubelles. » Il se rappelle enfin que ce journal était offert gratuitement dans les restaurants de la Baie.

San Francisco, Californie, Mason Street

De sa fenêtre, il regarde le brouillard enrubanner le sommet des immeubles. Il feuillette des journaux de la veille. Il se rend compte à quel point l'Amérique est le pays de la ristourne. Le *Los Angeles Times* et le *San Francisco Chronicle* sont bourrés de pleines pages annonçant des rabais monstres. Hier, par exemple, c'était le « week-end Toyota » : 2 000 dollars de réduction si vous achetiez un véhicule neuf samedi ou dimanche. Et partout des coupons. Ces fameux coupons de remise sur l'alimentation ou les achats domestiques que l'on découpe dans les quotidiens ou les magazines et que tout le monde sort en faisant ses courses au moment de passer à la caisse. Il ne sait pas expliquer pourquoi mais il trouve déplacé que dans ce pays, le chic, chez les nantis, consiste à payer son cold cream ou ses muffins en monnaie de singe.

Redondo Beach, Californie, 1016 The Strand

Ce soir, au motel, il a regardé les programmes de la télévision. Il a cherché en vain le talk-show dont toute la ville parle et qui est diffusé sur le canal 59. C'est un spectacle ouvertement raciste intitulé « Race and Reason – Aryan Women ». Il est produit par Tom Metzger, président de la White Aryan Resistance. Aux informations, apprenant qu'une procédure était en cours pour faire supprimer son émission, ce même Metzger s'est récrié : « Vous avez des talk-shows pro-juifs, pro-arabes, pro-hispanos et pro-chinois, alors au moins laissez s'exprimer positivement la pensée blanche. » Ensuite, le speaker a donné cette nouvelle parue dans le *Los Angeles Times* : « À partir de 1992, les États-Unis ont décidé d'assouplir leur politique d'immigration puisque les quotas annuels seront augmentés de 45 %. En deux ans, cela représentera un afflux de près d'un million et demi de personnes de toutes races. » Il a souri en pensant à la tête de Metzger. Puis il a éteint le vieux poste Zenith et s'est endormi d'équerre.

New York, aéroport La Guardia

Il a d'abord entendu le bruit. Ensuite il a vu cette tête de lard d'une cinquantaine d'années, assis dans un hall et faisant claquer et cliquer ses boules de plastique autour d'un stick. Ce malfaisant s'exerçait au nouveau jeu qui passionne l'Amérique : les clackers de chez Klikas. L'agitation frénétique de ces billes n'a d'autre but que de se détendre en crispant les autres. Il s'est vendu plus de 3 millions de clackers en quelques semaines. C'est l'objet le plus confisqué dans les écoles et les managers cintrés et surmenés adorent ça. Le slogan de cette nuisance : « Le jouet de l'année. Pour être sûr d'exaspérer ses voisins. »

En attendant son avion, et tandis que l'autre cliquette toujours comme un vieux culbuteur, il lit, pour se détendre, quelques lignes des *Quatre faces d'une histoire* d'Updike. Ce qu'elles disent résume parfaitement ses hypocrites pensées : « C'est pour moi un terrible regret de penser que vous et moi devions vivre chacun à un bout du monde. »

22-10-90

La vie olympique

Peut-être vais-je vous décevoir. Mais je suis d'autres jeux. Je les suis pas à pas, jour après jour, parfois d'heure en heure. D'une manière quasi obsessionnelle. La nuit, lorsque je ne parviens pas à m'endormir, il m'arrive de prendre ma voiture, d'emprunter l'autoroute 400 et de rouler vers le sud une demi-heure durant, pour consulter les derniers résultats qui s'affichent sur un tableau lumineux planté au bord de la route. Et je reste là, phares éteints, garé dans le noir, au pied de ce compteur géant, jusqu'à ce que les chiffres bougent, jusqu'à ce qu'ils annoncent l'abandon d'un participant ou le nouveau numéro d'un gagnant. En attendant ces informations je suis assez tendu, et bien des choses me passent par la tête. Car mes jeux ont ceci de particulier : ne survivent que les vainqueurs, tandis que meurent les vaincus.

Voilà. Ce soir encore je suis à mon poste, garé devant le 2025 Peach Tree Road, face à la résidence Brookwood Valley. De l'autre côté de la rue, il y a ce fameux panneau où l'on peut lire : *« Atlanta population now »*. Et au-dessous le compteur lumineux. Le jeu est très simple. Toutes les fois qu'un habitant quitte ce monde, le chiffre baisse. À chaque naissance, en revanche, il augmente. Et cela en temps réel ou presque. Alors que les maîtres du soda, du chausson de course ou de l'interactivité internationale sponsorisent chaque ampoule, le plus petit pavé et jusqu'au moindre souci de cette ville, nul n'a apparemment souhaité voir son nom associé à ce trivial décompte de l'existence. Sans doute parce que ce totalisateur nous confronte aux lois de notre arithmétique précaire.

Pourtant l'aventure que je vous propose ici est d'une autre importance qu'une compétition de 100-mètres disputée par des sprinters d'élevage couvés par des pharmaciens. D'une autre tenue que les évolutions aquatiques et synchronisées de quelques têtards dressés à respirer par les pieds. D'un autre calibre que les roulades sablonneuses d'une bande de muguets voués au beach volley. Ici nous parlons d'une course inéluctable et intime, d'une épreuve à laquelle nous participons tous, d'un marathon sans fin entre la vie et la mort.

Le soir de la cérémonie d'ouverture, j'ai passé ma nuit sur Peach Tree, seul, assis au pied des nombres. À Atlanta, vers 18 heures, ils étaient 3 435 591 à être de ce monde. À 22 heures, 3 435 603. Dix-neuf minutes plus tard, le compteur descendait d'un cran. Un homme venait d'abandonner l'épreuve. Presque aussitôt le nombre remontait, saluant ainsi l'arrivée d'un nouveau participant. J'ai pensé : « *Ces deux-là ne se rencontreront jamais. Et pourtant, l'espace d'un instant, ils viennent de se croiser sur cette terre. Peut-être à l'intérieur des murs du même hôpital.* » Tout cela se déroulait en plein cœur de la fête géorgienne, au moment où la ville se grisait à la pyrotechnie, à l'instant où, au sommet du stade, le monde découvrait les bras trémulants de Clay, ces bras qui jadis avaient fait trembler tous les rings du monde, et qui là, flamme en main, grelottaient en devinant l'issue qui les attendait. Pour le disparu de 22 h 19, le premier vaincu des olympiades, le plus dur était fait. Il avait définitivement quitté le peloton et les soucis de la course. Quant au 3 435 603e résident de cette ville, le dernier arrivant vagissant, on ne pouvait qu'enregistrer son dossard, saluer sa venue et lui souhaiter de la force, un peu de chance et beaucoup de courage.

Le lendemain, j'achetai « The Atlanta Journal » pour essayer de trouver dans la rubrique nécrologique le nom de celui ou de celle qui était parti à l'heure où le stade vigoureux entonnait *« Citius, Altius, Fortius ».* À l'intérieur de la section B6 du quotidien, je n'avais que l'embarras du choix : Gwendolyn Askew, Donald Briggs, Arthur Dixon, Dorothy Jae Robb Johnson, Oli Mae Jackson, Cornelius Jordan, Wenford Willis Phagan, Frances Hurt. À moins que ce ne fût Evgeniusz Pietrasik, 48 ans, chef de la délégation polonaise, lointain voyageur, décédé d'un arrêt cardiaque au stade, parmi les siens, durant la cérémonie d'ouverture. Dans mes jeux, la règle veut que l'« Atlanta Journal » ne publie jamais que la liste des perdants. Elle tient généralement sur une page, dans la section B6 de ce quotidien. On la renouvelle chaque matin. Et pourtant, tous les soirs, Atlanta s'endort en comptant une quarantaine de nouveaux vivants. Mais comme en ce domaine rien n'est jamais acquis, je viens vérifier les résultats toutes les nuits. À l'instant le chiffre vient de passer à 3 435 681. Jusque-là, dans la moiteur du Sud, la vie l'a toujours emporté sur la mort. Alors, tel un supporter bon enfant, tapi dans le noir au pied du panneau de mes olympiades, je ne peux m'empêcher d'encourager l'une et de redouter l'autre.

Atlanta, Géorgie, 27-07-96

Carnet de fin de voyage

Ce n'est même pas un itinéraire. Tout juste une errance du Nord vers le Sud. Et encore. Parfois ce pourra être d'Ouest en Est. Il arrivera aussi que l'on hésite ou que l'on tourne en rond. Je ne sais pas voyager. Je bouge. Je change d'endroit. Pour avancer, me changer les idées, oublier ce qui m'attend. Cela ne donne pas vraiment grand-chose de bon. Sauf à certains moments où je sens au fond de moi que je roule dans la bonne direction. J'ai alors l'impression d'avoir la poitrine remplie de hannetons. Il me faut toujours une voiture. J'en ai besoin. Ça m'occupe les mains, ça me vide l'esprit. Je ne sais pas me déplacer autrement. Surtout en Californie. J'aime bien avoir un peu de bazar sur les sièges et m'arrêter dans les stations-service. Acheter de quoi boire, manger et fumer. Fouiller dans les frigos. Regarder le visage des gens.

C'est au nord de Sacramento, devant une pompe à essence, qu'a commencé ce voyage. Je me souviens très bien qu'en remplissant le réservoir du vieux cabriolet Karmann j'ai pensé : « C'est ici, maintenant, que commence le voyage. » Dehors, je remarquai un enfant assis au soleil devant la porte des toilettes. Il tenait un crayon et un carnet à la main. Chaque fois qu'un type pénétrait dans ces modestes lieux d'aisance, il faisait une croix sur sa feuille. Cette chronique comptable des clients utilisant les commodités occupait ses journées.

Entre deux voyageurs, il grignotait des Doritos. Comme tous les petits américains. Je me suis demandé ce que ce gosse deviendrait plus tard, ce qu'il retiendrait de sa jeunesse, s'il aimerait évoquer ses souvenirs d'enfance imprégnés de la saveur des nachos et des relents de fuel mêlés d'urine.

Il faisait encore jour lorsque je suis arrivé à Sacramento. J'ai vu le pont de métal, The Embarcadero, la rivière et le Capitole. Il m'a semblé que les rues étaient pleines de gens préoccupés de paraître très occupés. J'ai eu le sentiment que la petite capitale de la Californie n'était pas faite pour moi et j'ai loué une chambre dans un hôtel de la périphérie. Il y avait une grande enseigne bleue et un jacuzzi dans le jardin. J'ai attendu que la nuit tombe pour me glisser dans l'eau bouillonnante. À peine étais-je entré dans le bain que j'étais rejoint par un couple qui semblait avoir bien entamé la soirée. Le type m'a fait un signe de tête familier et s'est aussitôt occupé de son amie qui nageait déjà dans un bonheur insubmersible. J'ai préféré les laisser tranquilles et je suis remonté dans ma chambre.

Le lendemain, dès l'aube, je roulais capote baissée vers San Francisco. Je suis arrivé par la route de San Rafael et, comme à chaque fois, en passant devant le pénitencier de San Quentin, j'ai songé à Joe Ferretti, le bourreau de la prison, l'homme qui a conduit plus d'une centaine de condamnés à la chambre à gaz. J'ai revu son gros visage poupin, cette face lisse jamais effleurée ni ridée par le doute. Aujourd'hui, c'était un vieil homme. Comment s'arrangeait-il avec toutes ces morts ? De quelle pâte était fait son sommeil ? Qu'avait pensé sa femme à chaque fois qu'elle l'avait vu partir au travail ? Et ses enfants lorsqu'ils voyaient leur père mastiquer sa viande ?

À partir de maintenant, la Karmann pouvait rouler toute seule. Elle était capable de faire le chemin les yeux fermés, tant elle connaissait la route, tant elle l'aimait. San Francisco était la plus belle, la plus affectueuse ville du monde. Ça ne se discutait même pas. À chaque fois que j'arrivais ici, j'éprouvais toujours la même conviction que j'étais à l'abri de tout, qu'il ne pouvait rien m'arriver, que je vivrai cent ans, que les femmes m'aimeraient, que je ne serai jamais malade. Au pied de celles de San Andreas, j'oubliais mes propres failles. Ce soir-là, j'allais directement près d'Union Square dans un hôtel plutôt minable mais familier dont les moquettes étaient pour l'éternité imprégnées de l'odeur de cannelle. La chambre ne fermait pas à clé. Des dizaines de pigeons tentaient de se faire une place sur le rebord de la fenêtre en claquant leurs ailes sur la vitre. Je me plaisais bien dans cet endroit où la plupart des clients louaient au mois. J'aimais entendre les allées et venues de tous ces habitués qui parlaient et fumaient dans les couloirs. Je m'allongeai sur le lit et m'assoupis en écoutant de la musique sur la station de radio « Quiet Storm ». Vers 2 heures du matin, je fus réveillé par le sentiment d'une présence. Au pied de la fenêtre, assis par terre, au plus près des pigeons, un homme en tricot de peau me regardait dormir. Lorsque je redressai la tête, il se mit lentement debout et quitta la pièce en se cognant aux murs comme un gros lucane.

Je me levai de bonne heure pour aller au dépôt des bus Greyhound, entre la 7e et la 8e rue. Je vais parfois dans les dépôts de Greyhound. Je m'installe sur un banc, et je regarde les gens se dire adieu. J'observe ceux qui montent dans les bus, ceux qui restent sur le trottoir, la manière dont ils se quittent, la façon dont ils s'embrassent. Ce matin-là, je demeurai une bonne heure sur mon siège à fumer des cigarettes et à me dire que j'avais de la chance de n'avoir à me séparer de personne. Ensuite, je traversai quelques rues de Chinatown et montai vers Pacific Heights, ces hauteurs aristocratiques, ce toit du monde d'où l'on domine la ville, le port, la baie et les rougeurs du Golden gate. Lorsqu'il y a de la brume, ce quartier émerge souvent des nuages et, inondé de soleil, semble flotter comme une île de terre au milieu du ciel. Aimer dans ces altitudes devient alors d'une facilité déconcertante. Avec ses couleurs talquées, ses demeures laquées, San Francisco flatte les affections humaines et semble avoir été bâtie pour permettre à des gens sans illusions de vivre heureux et de mourir en paix.

J'ai souvent rêvé de tenter quelque chose dans ce coin. Je ne saurais dire exactement quoi, mais, à chaque fois que je suis arrivé ici, j'ai toujours éprouvé le sentiment étrange de pouvoir me tirer d'affaire. Surtout lorsque je roulais sur Geary Boulevard jusqu'à Point Lobos. Et que le soir tombait. J'allais m'asseoir sur la plage et j'observais la colonie de phoques qui paressait sur les récifs de Seal Rocks. Portées par la brise, des odeurs puissantes remontaient du Pacifique. Alors, enveloppé par cette lumière finissante, quelque chose, au fond de moi, me disait que j'étais bien.

J'ai passé quelques jours à San Francisco, le temps de faire un saut à Berkeley, d'aller voir jouer les 49ers à Candlestick Park, de traîner dans Presidio et de passer un coup de fil à une fille que je connaissais. Je suis tombé sur son répondeur. J'ai dit que j'étais là, que je l'attendais, et j'ai laissé le numéro de l'hôtel. Elle n'a pas rappelé. J'ai quitté la ville par Cabrillo highway, la voie côtière numéro un. Montara, Moss beach, El Granada, Half Moon Bay, Pigeon Point, Davenport. Tout cela est si beau que je pourrais rouler des vies entières à rôder dans les pliures de ces falaises. Tenir le volant et fumer dans le vent. Comme à vingt ans. À Castroville, je décidai de faire un petit détour afin d'emprunter la route 183. Juste pour le plaisir de pouvoir raconter que la Karmann m'avait fait faire sans encombre la route de Salinas, ce tronçon commun où, en 1955, la Porsche de James Byron Dean avait calé à tout jamais. En fin d'après-midi, de retour à Monterey, je décidai de passer la nuit à Carmel, l'un des spots les plus snobs de la Californie. De la brume, des forêts de cèdres, de petites plages de sable blanc, des rues poudrées menant toutes au rivage, un maire de bord de mer et des promeneuses dorées au bras de joueurs de polo. Je ne savais pas pourquoi, mais cette station balnéaire m'avait toujours fait penser à une penderie bien rangée. C'est ainsi que je voyais les choses. Je dormis dans cet endroit, sans dîner, replié sur moi-même, parmi tous ces gens éminents qui ne devaient jamais avoir mal aux dents.

Le lendemain, je partis avec le jour. Toujours sur la route numéro 1. Vers le Sud. Et Big Sur, bien sûr. Puis Morro Bay. Et San Luis Obispo, cette commune redoutable où, de par la loi, le fumeur est traité à l'égal du rongeur. Vers midi, j'ai fait de l'essence et je me suis arrêté sur le port de Santa Barbara pour manger de l'espadon. En voyant la montagne piquetée d'innombrables villas fleuries, je repensai à cette phrase de Thomas Sanchez : « Ici, ne vivent que deux catégories de personnes : celles qui ont les moyens de posséder des jardins et celles qui ont les moyens d'y travailler ». Je songeai aussi au tremblement de terre de 1925 qui avait rasé la ville et au grand incendie de 1964. Dans *Casa Coyote* Thomas Sanchez décrit ces treize jours et ces quatorze nuits de fournaise : « Il y avait un rideau de flammes avivées par des vents de 140 kilomètres à l'heure venant du désert de Santa Anna, bondissant au-dessus des cimes des montagnes, créant une ligne de feu de quarante kilomètres, éventrant les arbres et les poteaux télégraphiques. »

Aujourd'hui, une légère brise soufflait de Montecito et les collines alentour étaient aussi vertes que les flancs du paradis. J'ai parlé un moment avec une fille qui nettoyait la coque d'un voilier et, en début d'après-midi, j'ai repris ma route vers Los Angeles en empruntant le Pacific Coast Highway. Le vent de la vitesse sifflait sur les montants du pare-brise et, à l'arrière, la turbine du moteur ronflait comme un essaim d'abeilles. Chaque fois que je passais devant les incroyables maisons de Dune Beach et surtout de Malibu, je revoyais immanquablement les images de *Kiss me deadly*, ce vieux film de Robert Aldrich avec Ralph Meeker, qui, après avoir liquidé une engeance maffieuse, mourait quelque part sur cette longue plage, pulvérisé par une bombe atomique de poche. J'aimais bien cette fin qui ne lésinait pas sur les moyens.

Des moyens, aujourd'hui, il n'était pas nécessaire d'en posséder beaucoup pour dormir au Roosevelt Hotel, à Hollywood. Chaque fois que j'allais à Los Angeles, c'est là que je descendais. Cette grosse pâtisserie était, avant la guerre, la friandise des studios du cinéma. La Warner et les amis de Louis B. Mayer traînaient souvent dans ces suites pour signer des projets, fomenter des coups tordus, des mises au rencart, des évictions. Ou même pour négocier avec les syndicats. C'était aussi derrière ces portes que copulaient les petits ambitieux et les grandes capricieuses. Aujourd'hui, le Roosevelt est un établissement comme les autres. Avec des plantes vertes, un pianiste d'ambiance et ce qu'il faut de *tour operators* abonnés et de clients japonais. J'aimais quand même ce lieu. Et je m'arrangeais toujours pour louer la chambre 1222 qui, avec ses grandes baies, avait l'avantage d'offrir un point de vue inégalable sur ce monde et toutes les lumières de la ville qui, le soir, scintillaient comme un lac électrique. J'ai gardé cette habitude jusqu'au 17 janvier 1994. Cette nuit-là, vers 4 heures du matin, je fus brutalement réveillé par un tremblement de terre d'une magnitude de 6,6, qui tua 55 personnes, pulvérisa des autoroutes, démantibula des immeubles et mit le feu à plusieurs quartiers. La sarabande dura 35 secondes. Au douzième étage, entre une télé qui volait, un lit qui valsait, des rideaux qui ondulaient, des meubles qui dinguaient, un sol qui tanguait et des murs qui grondaient, cette demi-minute dura une éternité. Depuis ce soir d'hiver, lorsque je séjournais dans la ville, je louais deux pièces de plain-pied, sur Franklin Avenue, dans un petit motel sans prétention ni étage. C'est là que je dormis en venant de Santa Barbara, le visage brûlant d'avoir fait la route sous le soleil. Je me souviens que ce soir-là des musiciens répétaient un morceau magnifique dans l'appartement voisin. Je les écoutais jouer dans le noir en repensant à la salade d'épinards frais que je venais de manger au snack Ben Franks. Ma vie ne ressemblait à rien, et pourtant, je l'aimais bien.

Le lendemain, je me rendis chez un quincaillier de Beverly Hills pour acheter des pinces Leatherman dont je rêvais depuis longtemps. Avec mon outil multiple, une fois la voiture garée à Santa Monica, en bordure du Pacifique, je trafiquai l'armature de la capote qui avait tendance à partir dans tous les sens. À l'image de ce voyage. Je passai la journée à la plage. À nager, à marcher sur le sable, à me répéter cette phrase que j'aimais : « Ce qu'il faudra de choses nouvelles pour remplacer les précédentes ». Après le coucher du soleil, je remontai Santa Monica Boulevard jusqu'au motel. Je pris une longue douche et fumai quelques cigarettes en téléphonant. Puis j'enfilai des vêtements frais et j'allai dîner chez « Musso and Frank's, Bar and Grill ». Outre une carte convenable, Musso a bâti, dans les années trente, sa réputation et sa légende sur l'étendue, la richesse et la diversité de son bar.

Comme le raconte Philippe Garnier, cet endroit aux boiseries sombres était la véritable cantine des gens de la Warner qui « préféraient boire leur lunch plutôt que de le manger ». Faulkner, Faust, Saroyan, West ou Fante passèrent plus de temps ici à descendre des cocktails que derrière leurs machines à écrire à monter des intrigues. Tout cela faisait que cette salle mal éclairée, avec son gril et son gin perpétuel, possédait, chose rare à L.A., une petite histoire, l'ombre d'un passé, autant dire un certain avenir. Je mangeai du poisson braisé au comptoir à côté d'une jolie femme qui prétendait écrire un scénario pour Scorcese. On parla de choses et d'autres et, au bout d'un moment, empreinte d'un grand sérieux, elle me dit cette phrase : « Vous avez l'air de quelqu'un qui sait où il va ». Jamais je n'avais vu quelqu'un se tromper avec autant d'assurance et d'autorité.

Le lendemain était un dimanche. Et le dimanche, à Los Angeles, j'avais une passion : aller aux ventes aux enchères de voitures. Je partis donc de bonne heure après avoir repéré une adresse dans le *L.A. Times*. C'était au nord de la ville, du coté de Van Nuys. Le temps était à l'orage, les véhicules nombreux et les chicanos déchaînés. Bref, l'affaire se présentait bien. Le scénario était toujours le même. Sur son perchoir, un commissaire-priseur faisait des annonces à la vitesse de l'éclair, un comparse roué flattait le flanc des automobiles, cinq ou six garçons de piste soufflaient dans des sifflets à roulette pour signaler toute nouvelle enchère et le public, acharné, survolté, s'endettait. Quand la machine était lancée, il se vendait une voiture toutes les quarante-cinq secondes. Si vous fermiez les yeux l'espace d'un instant, vous étiez aussitôt submergé par ce concerto du négoce où se mêlaient les stridences des rabatteurs et l'impatience des acquéreurs. Lorsque l'orage éclata, personne ne broncha et, dans la joie, sous les trombes, l'argent continua de changer de mains.

L'après-midi, je fis un tour au cimetière de Rancho Palos Verdes. C'est là qu'était enterré Bukowski. À l'emplacement 875i. Une plaque de 50 centimètres par 40. Je me demandais comment un type si grand pouvait tenir dans un trou si petit. Sur le marbre était gravé ceci : « *Don't try.* » Ça me convenait parfaitement. En rentrant à l'hôtel, je me demandai ce qu'était devenu un homme que j'avais rencontré pas très loin d'ici quelques années auparavant. Il avait à l'époque un cancer du cerveau et intentait un procès à l'État de Californie pour avoir le droit d'être médicalement euthanasié et ensuite congelé. C'était un ingénieur. Il espérait qu'un jour, dans cette terre d'illusion, on parviendrait à lui enlever sa tumeur et qu'ensuite il reprendrait sa vie là où il l'avait laissée.

Le temps se levait mais je ne pouvais m'empêcher de penser qu'aujourd'hui le nom de cet homme devait être gravé sur une plaque de marbre de 40 par 50. Je suis resté encore quatre ou cinq jours à Los Angeles. À téléphoner à droite et à gauche, à réfléchir à des questions sans solution, à rencontrer, comme à chaque fois, des gens qui me racontaient des histoires bizarres sur leur vie. Puis je décidai de quitter cette ville et ses habitants trop préoccupés d'eux-mêmes pour s'intéresser, ne serait-ce qu'un instant, à quelqu'un comme moi. Je mis mes affaires dans la Karmann et partis vers l'Est, sur le Highway 15, vers Victorville et Barstow.

Je savais qu'au bout de cette autoroute il y avait, hélas, Las Vegas. N'ayant aucune intention de dormir dans cette navrante crèche lumineuse, je bifurquai à Baker sur la 127, puis sur la 178. Cette fois, je roulais dans la bonne direction : la Vallée de la mort. C'était toujours aussi beau, aussi radical. C'était la fin du monde, de l'herbe, des arbres. Ici, ce qui restait de vie rampait. Se terrait. Rasait les pierres. Sortait la nuit. Il n'y avait rien et pratiquement personne. Le désert à perte de vue et la route qui, imperceptiblement, descendait à 84,5 mètres au-dessous du niveau de la mer à mesure que la température, elle, montait au-dessus de 55° C. Je songeais au va-et-vient des pistons, à la poussée des bielles, au courage du vilebrequin. Tout était incandescent.

Lorsque j'arrêtais la voiture, j'avais l'impression d'entendre grésiller le goudron. Je me suis longtemps promené à Zabriskie point, ce promontoire qui a donné son nom au film d'Antonioni. J'en revoyais certaines images. Toutes rendaient compte de la défaite des hommes et de la combustion de leurs sentiments brûlés par cette terre aride et ridée comme de la peau de rhinocéros. À Furnace Creek, à 7 heures du soir, il faisait encore 42° à l'ombre. Furnace Creek est une fournaise. Une foutaise aussi. Depuis que l'idée grotesque est venue à des hommes de construire un golf sur ce gril. Vêtu d'amiante, l'on vient de partout flamber ici quelques balles et se faire photographier canne à l'épaule, devant un thermomètre géant. J'achetai de l'eau, des sandwiches et je conduisis jusqu'à ce que la nuit tombe. L'air était si sec qu'on aurait pu le craquer. J'écoutai une cassette de Tevin Campbell et fumai une cigarette avant de m'endormir, seul, sur le bord de la route. Le ciel était infini, la vie, humble, silencieuse, et lorsque je fermai les yeux je n'entendais que les craquements du moteur qui refroidissait.

Le lendemain, je redescendis vers le Sud. Par un tas de petits chemins je récupérai l'Interstate 5 qui longeait le Pacifique et menait à San Diego. Après Del Mar, je fis un détour à La Jolla où est enterré Raymond Chandler. Un petit tramway passe au milieu du cimetière. La tombe de Chandler a été creusée d'un côté de la voie ferrée. Et celle de sa femme, de l'autre. Des rails les séparent pour un bon bout de temps. Peut-être est-ce ainsi qu'il faut vivre : en se voyant entre deux trains.

Je dînai à San Diego, à la terrasse d'un restaurant exagérément prétentieux. Je n'ai jamais su que penser de ce paradis des voiliers. De son coté yacht-club, de son genre America Cup. De ses voyantes villas. Bref, de cette ville là. On la dirait peuplée de couples équilibrés dotés de sentiments climatisés et d'humeurs catalysées. À la nuit, je pris un hôtel près de l'autoroute et fumai des cigarettes en regardant la chaîne météo à la télévision. J'étais à vingt minutes de Tijuana. À quatre jours de Mexico City. Dans mon esprit, ce voyage n'avait aucune raison de finir. J'avais encore envie d'avancer, de bouger, de vivre, de faire des pleins. En m'endormant, je me demandai jusqu'où me conduirait la Karmann. Ma voiture était un modèle de 1965. Tout le monde la trouvait très vieille. Elle avait quinze ans de moins que moi.

Table

DU MÊME AUTEUR

Compte rendu analytique
d'un sentiment désordonné
Fleuve noir, 1984

Éloge du gaucher
dans un monde manchot
Robert Laffont, 1986
et « Points », n° P1842

Tous les matins je me lève
Robert Laffont, 1988
et « Points », n° P118

Maria est morte
Robert Laffont, 1989
et « Points », n° P1486

Les poissons me regardent
Robert Laffont, 1990
et « Points », n° P854

Vous aurez de mes nouvelles
Grand Prix de l'humour noir
Robert Laffont, 1991
et « Points », n° P1487

Parfois je ris tout seul
Robert Laffont, 1992
et « Points », n° P1591

Une année sous silence
Robert Laffont, 1992
et « Points », n° P1379

Prends soin de moi
Robert Laffont, 1993
et « Points », n° P315

La Vie me fait peur
Seuil, 1994
et « Points », n° P188

Kennedy et moi
prix France Télévisions
Seuil, 1996
et « Points », n° P409

L'Amérique m'inquiète
Éditions de l'Olivier, 1996
Éditions de l'Olivier, coll. « Replay », 2017
et « Points », n° P2105

Je pense à autre chose
Éditions de l'Olivier, 1997
et « Points », n° P583

Si ce livre pouvait me rapprocher de toi
Éditions de l'Olivier, 1999
et « Points », n° P724

Jusque-là tout allait bien en Amérique
Éditions de l'Olivier, 2002
« Petite Bibliothèque de l'Olivier », n° 58, 2003
et « Points », n° P2054

Une vie française
prix Femina
Éditions de l'Olivier, 2004
et « Points », n° P1378

Vous plaisantez, monsieur Tanner
Éditions de l'Olivier, 2006
et « Points », n° P1705

Hommes entre eux
Éditions de l'Olivier, 2007
et « Points », n° P1929

Les Accommodements raisonnables
Éditions de l'Olivier, 2008
et « Points », n° P2221

Palm Springs 1968
(photographies de Robert Doisneau)
Flammarion, 2010

Le Cas Sneijder
prix Alexandre-Vialatte
Éditions de l'Olivier, 2011
et « Points », n° P2876

La Succession
Éditions de l'Olivier, 2016
et « Points », n° P4658

Tous les hommes n'habitent pas le monde
de la même façon
prix Goncourt
Éditions de l'Olivier, 2019

RÉALISATION : NORD COMPO À VILLENEUVE-D'ASCQ
IMPRESSION : CPI FRANCE
DÉPÔT LÉGAL : OCTOBRE 2020. N° 145705 (3038444)
IMPRIMÉ EN FRANCE

Éditions Points

Collection Points Récit

P2105. Chroniques de la vie américaine
1. L'Amérique m'inquiète
Jean-Paul Dubois
P2054. Chroniques de la vie américaine
2. Jusque-là tout allait bien en Amérique
Jean-Paul Dubois
P4504. Cité perdue de Z, *David Grann*
P4878. Les Passeurs de livres de Daraya. Une bibliothèque secrète en Syrie, *Delphine Minoui*
P5130. Les Invisibles, *Antoine Albertini*
P5131. Le Fil de nos vies brisées, *Cécile Hennion*
P5161. La Nuit du revolver, *David Carr*
P5162. Omar et Greg. Une amitié improbable au FN
François Beaune
P5163. Honorer la fureur, *Rodolphe Barry*
P5164. Les Minots. Une enquête à Marseille, *Romain Capdepon*
P5222. Steak Machine, *Geoffrey Le Guilcher*
P5256. J'ai oublié, *Bulle Ogier, Anne Diatkine*

Éditions Points

DERNIERS TITRES PARUS

P4914. La Pensée du jour, *Pierre Desproges*
P4915. En radeau sur l'Orénoque, *Jules Crevaux*
P4916. Celui qui va vers elle ne revient pas, *Shulem Deen*
P4917. Un fantôme américain, *Hannah Nordhaus*
P4918. Les Chemins de la haine, *Eva Dolan*
P4919. Gaspard, entre terre et ciel
Marie-Axelle et Benoît Clermont
P4920. Kintsukuroi. L'art de guérir les blessures émotionnelles
Tomás Navarro
P4921. Le Parfum de l'hellébore, *Cathy Bonidan*
P4922. Bad Feminist, *Roxane Gay*
P4923. Une ville à cœur ouvert, *Żanna Słoniowska*
P4924. La Dent du serpent, *Craig Johnson*
P4925. Quelque part entre le bien et le mal, *Christophe Molmy*
P4926. Quatre Lettres d'amour, *Niall Williams*
P4927. Madone, *Bertrand Visage*
P4928. L'étoile du chien qui attend son repas, *Hwang Sok-Yong*
P4929. Minerai noir. Anthologie personnelle et autres recueils
René Depestre
P4930. Les Buveurs de lumière, *Jenni Fagan*
P4931. Nicotine, *Gregor Hens*
P4932. Et vous avez eu beau temps ? La perfidie ordinaire
des petites phrases, *Philippe Delerm*
P4933. 10 Règles de français pour faire 99 % de fautes en moins
Jean-Joseph Julaud
P4934. Au bonheur des fautes. Confessions d'une dompteuse
de mots, *Muriel Gilbert*
P4935. Falaise des fous, *Patrick Grainville*
P4936. Dernières Nouvelles du futur, *Patrice Franceschi*
P4937. Nátt, *Ragnar Jónasson*
P4938. Kong, *Michel Le Bris*
P4939. La belle n'a pas sommeil, *Éric Holder*
P4940. Chien blanc et balançoire, *Mo Yan*
P4941. Encore heureux, *Yves Pagès*
P4942. Offshore, *Petros Markaris*
P4943. Le Dernier Hyver, *Fabrice Papillon*
P4944. « Les Excuses de l'institution judiciaire » : l'affaire
d'Outreau, 2004. *Suivi de* « Je désire la mort » : l'affaire
Buffet-Bontems, 1972, *Emmanuel Pierrat*

P4945. « On veut ma tête, j'aimerais en avoir plusieurs à vous offrir » : l'affaire Landru, 1921. *Suivi de* « Nous voulons des preuves » : l'affaire Dominici, 1954, *Emmanuel Pierrat*
P4946. « Totalement amoral » : l'affaire du Dr Petiot, 1946. *Suivi de* « Vive la France, quand même ! » : l'affaire Brasillach, 1946, *Emmanuel Pierrat*
P4947. Grégory. Le récit complet de l'affaire *Patricia Tourancheau*
P4948. Génération(s) éperdue(s), *Yves Simon*
P4949. Les Sept Secrets du temps, *Jean-Marc Bastière*
P4950. Les Pierres sauvages, *Fernand Pouillon*
P4951. Lettres à Nour, *Rachid Benzine*
P4952. Niels, *Alexis Ragougneau*
P4953. Phénomènes naturels, *Jonathan Franzen*
P4954. Le Chagrin d'aimer, *Geneviève Brisac*
P4955. Douces Déroutes, *Yanick Lahens*
P4956. Massif central, *Christian Oster*
P4957. L'Héritage des espions, *John le Carré*
P4958. La Griffe du chat, *Sophie Chabanel*
P4959. Les Ombres de Montelupo, *Valerio Varesi*
P4960. Le Collectionneur d'herbe, *Francisco José Viegas*
P4961. La Sirène qui fume, *Benjamin Dierstein*
P4962. La Promesse, *Tony Cavanaugh*
P4963. Tuez-les tous... mais pas ici, *Pierre Pouchairet*
P4964. Judas, *Astrid Holleeder*
P4965. Bleu de Prusse, *Philip Kerr*
P4966. Les Planificateurs, *Kim Un-Su*
P4967. Le Filet, *Lilja Sigurdardóttir*
P4968. Le Tueur au miroir, *Fabio M. Mitchelli*
P4969. Tout le monde aime Bruce Willis, *Dominique Maisons*
P4970. La Valeur de l'information. *Suivi de* Combat pour une presse libre, *Edwy Plenel*
P4971. Tristan, *Clarence Boulay*
P4972. Treize Jours, *Roxane Gay*
P4973. Mémoires d'un vieux con, *Roland Topor*
P4974. L'Étang, *Claire-Louise Bennett*
P4975. Mémoires au soleil, *Azouz Begag*
P4976. Écrit à la main, *Michael Ondaatje*
P4977. Journal intime d'un touriste du bonheur *Jonathan Lehmann*
P4978. Qaanaaq, *Mo Malø*
P4979. Faire des pauses pour se (re)trouver, *Anne Ducrocq*
P4980. Guérir de sa famille par la psychogénéalogie *Michèle Bromet-Camou*
P4981. Dans le désordre, *Marion Brunet*

P4982. Meurtres à Pooklyn, *Mod Dunn*
P4983. Iboga, *Christian Blanchard*
P4984. Paysage perdu, *Joyce Carol Oates*
P4985. Amours mortelles. Quatre histoires où l'amour tourne mal, *Joyce Carol Oates*
P4986. J'ai vu une fleur sauvage. L'herbier de Malicorne *Hubert Reeves*
P4987. La Course de la mouette, *Barbara Halary-Lafond*
P4988. Poèmes et antipoèmes, *Nicanor Parra*
P4989. Herland, *Charlotte Perkins Gilman*
P4990. Dans l'épaisseur de la chair, *Jean-Marie Blas de Roblès*
P4991. Ouvre les yeux, *Matteo Righetto*
P4992. Dans les pas d'Alexandra David-Néel. Du Tibet au Yunnan, *Éric Faye, Christian Garcin*
P4993. Lala Pipo, *Hideo Okuda*
P4994. Mes prolongations, *Bixente Lizarazu*
P4995. Moi, serial killer. Les terrifiantes confessions de 12 tueurs en série, *Stéphane Bourgoin*
P4996. Les Sorcières de la République, *Chloé Delaume*
P4997. Les Chutes, *Joyce Carol Oates*
P4998. Petite Sœur mon amour, *Joyce Carol Oates*
P4999. La douleur porte un costume de plumes, *Max Porter*
P5000. L'Expédition de l'espoir, *Javier Moro*
P5001. Séquoias, *Michel Moutot*
P5002. Indu Boy, *Catherine Clément*
P5005. L'argent ne fait pas le bonheur mais les luwak si *Pierre Derbré*
P5006. En camping-car, *Ivan Jablonka*
P5007. Beau Ravage, *Christopher Bollen*
P5008. Ariane, *Myriam Leroy*
P5009. Est-ce ainsi que les hommes jugent ? *Mathieu Menegaux*
P5010. Défense de nourrir les vieux, *Adam Biles*
P5011. Une famille très française, *Maëlle Guillaud*
P5012. Le Hibou dans tous ses états, *David Sedaris*
P5013. Mon autre famille : mémoires, *Armistead Maupin*
P5014. Graffiti Palace, *A. G. Lombardo*
P5015. Les Monstres de Templeton, *Lauren Groff*
P5016. Falco, *Arturo Pérez-Reverte*
P5017. Des nuages plein la tête. Un pâtre en quête d'absolu *Brice Delsouiller*
P5018. La Danse du chagrin, *Bernie Bonvoisin*
P5019. Peur, *Bob Woodward*
P5020. Secrets de flic. Guerre des polices, stups et mafia, l'ex-patron de la PJ raconte, *Bernard Petit*
P5023. Passage des ombres, *Arnaldur Indridason*

P5024. Les Saisons inversées, *Renaud S. Lyautey*
P5025. Dernier Été pour Lisa, *Valentin Musso*
P5026. Le Jeu de la défense, *André Buffard*
P5027. Esclaves de la haute couture, *Thomas H. Cook*
P5028. Crimes de sang-froid, *Collectif*
P5029. Missing : Germany, *Don Winslow*
P5030. Killeuse, *Jonathan Kellerman*
P5031. #HELP, *Sinéad Crowley*
P5032. L'Humour au féminin en 700 citations
Macha Méril & Christian Poncelet
P5033. Baroque Sarabande, *Christiane Taubira*
P5034. Moins d'ego, plus de joie ! Un chemin pour se libérer
Christopher Massin
P5035. Le Monde selon Barney, *Mordecai Richler*
P5036. Portrait de groupe avec dame, *Heinrich Böll*
P5037. Notre-Dame. Une anthologie de textes d'écrivains
P5003. Les cigognes sont immortelles, *Alain Mabanckou*
P5038. La Chance de leur vie, *Agnès Desarthe*
P5039. Forêt obscure, *Nicole Krauss*
P5040. Des pierres dans ma poche, *Kaouther Adimi*
P5041. Einstein, le sexe et moi, *Olivier Liron*
P5042. Carnaval noir, *Metin Arditi*
P5043. Roissy, *Tiffany Tavernier*
P5044. Darling Days, *iO Tillett Wright*
P5045. Le Bleu du lac, *Jean Mattern*
P5046. Qui a tué mon père, *Edouard Louis*
P5047. Les Enfants de cœur, *Heather O'Neill*
P5048. L'Aurore, *Selahattin Demirtas*
P5049. Comment t'écrire adieu, *Juliette Arnaud*
P5050. Le Syndrome de la chouquette, *Nicolas Santolaria*
P5051. Ça commence par moi, *Julien Vidal*
P5052. Les Papillons de comptoirs, *Jean-Marie Gourio*
P5053. La Vita nuova, *Dante*
P5054. Sótt, *Ragnar Jónasson*
P5055. Sadorski et l'Ange du péché, *Romain Slocombe*
P5056. D'argent et de sang, *Fabrice Arfi*
P5057. Débranchez-vous !, *Matt Haig*
P5058. Hôtel Waldheim, *François Vallejo*
P5059. Des raisons de se plaindre, *Jeffrey Eugenides*
P5060. Manuel de survie à l'usage des jeunes filles
Mick Kitson
P5061. Seul à travers l'Atlantique, *Alain Gerbault*
P5062. La Terre magnétique, *Édouard Glissant*
P5063. Dans mes pas, *Jean-Louis Étienne*
P5064. Raga. Approche du continent invisible
Jean-Marie Gustave Le Clézio

P5065. Mais ne sombre pas, *Aristide Barraud*
P5066. La Vie sexuelle en France, *Janine Mossuz-Lavau*
P5067. Dégradation, *Benjamin Myers*
P5068. Les Disparus de la lagune, *Donna Leon*
P5069. L'homme qui tartinait une éponge, *Colette Roumanoff*
P5070. La Massaia, *Paola Masino*
P5071. Le Cœur blanc, *Catherine Poulain*
P5072. Frère d'âme, *David Diop*
P5073. Désintégration, *Emmanuelle Richard*
P5074. Des mirages plein les poches, *Gilles Marchand*
P5075. J'ai perdu mon corps, *Guillaume Laurant*
P5076. Le Dynamiteur, *Henning Mankell*
P5077. L'Homme sans ombre, *Joyce Carol Oates*
P5078. Le Paradoxe Anderson, *Pascal Manoukian*
P5079. De l'aube à l'aube, *Alain Bashung*
P5080. Journal d'un observateur, *Alain Duhamel*
P5081. C'est aujourd'hui que je vous aime, *François Morel*
P5082. Crépuscule, *Juan Branco*
P5083. Les Fabuleuses Aventures de Nellie Bly, *Nellie Bly*
P5084. Le Roman du Canard, *Patrick Rambaud*
P5085. Les Aventures illustrées de Pensouillard le hamster. Comment apprivoiser l'ego, *Serge Marquis*
P5086. Les 300 Plus Belles Fautes... à ne pas faire. Et autres extravagances à éviter, *Alfred Gilder*
P5087. Le ministre est enceinte. Ou la grande querelle de la féminisation des noms, *Bernard Cerquiglini*
P5088. Les Mots voyageurs. Petite histoire du français venu d'ailleurs, *Marie Treps*
P5089. Un bonbon sur la langue. On n'a jamais fini de découvrir le français !, *Muriel Gilbert*
P5090. Luc, mon frère, *Michael Lonsdale*
P5091. Un haïku chaque jour. Un poème et sa méditation pour être plus présent à la vie, *Pascale Senk*
P5092. 365 Jours avec Rainer Maria Rilke. Paroles d'un maître de vie, *Rainer Maria Rilke*
P5093. Les Fils de la poussière, *Arnaldur Indridason*
P5094. Treize Jours, *Arni Thorarinsson*
P5095. Tuer Jupiter, *François Médéline*
P5096. Pension complète, *Jacky Schwartzmann*
P5097. Jacqui, *Peter Loughran*
P5098. Jours de crimes, *Stéphane Durand-Souffland et Pascale Robert-Diard*
P5099. Esclaves de la haute couture, *Thomas H. Cook*
P5100. Chine, retiens ton souffle, *Qiu Xiaolong*
P5101. Exhumation, *Jesse et Jonathan Kellerman*
P5102. Lola, *Melissa Scrivner Love*

P5103. L'Oubli, *David Foster Wallace*
P5104. Le Prix, *Cyril Gely*
P5105. Le Pleurnichard, *Jean-Claude Grumberg*
P5106. Midi, *Cloé Korman*
P5107. Une douce lueur de malveillance, *Dan Chaon*
P5108. Manifesto, *Léonor de Récondo*
P5109. L'Été des charognes, *Simon Johannin*
P5110. Les Enténébrés, *Sarah Chiche*
P5111. La Vie lente, *Abdellah Taïa*
P5112. Les grandes villes n'existent pas, *Cécile Coulon*
P5113. Des vies possibles, *Charif Majdalani*
P5114. Le Mangeur de livres, *Stéphane Malandrin*
P5115. West, *Carys Davies*
P5116. Le Syndrome du varan, *Justine Niogret*
P5117. Le Plongeur, *Stéphane Larue*
P5118. Hunger, *Roxane Gay*
P5119. Dégager l'écoute, *Raymond Depardon et Claudine Nougaret*
P5120. Comment j'ai arrêté de manger les animaux *Hugo Clément*
P5121. Anagrammes. Pour sourire et rêver, *Jacques Perry-Salkow*
P5122. Les Spaghettis de Baudelaire. 50 conseils pour briller en cours de lettres, *Thierry Maugenest*
P5123. Tout autre nom, *Craig Johnson*
P5124. Requiem, *Tony Cavanaugh*
P5125. Ce que savait la nuit, *Arnaldur Indridason*
P5126. Scalp, *Cyril Herry*
P5127. Haine pour haine, *Eva Dolan*
P5128. Trois Jours, *Petros Markaris*
P5129. Quand notre cœur s'ouvre à la spiritualité *Caroline Coldefy*
P5130. Les Invisibles, *Antoine Albertini*
P5131. Le Fil de nos vies brisées, *Cécile Hennion*
P5132. D'os et de lumière, *Mike McCormack*
P5133. Le Nouveau, *Tracy Chevalier*
P5134. Comment j'ai vidé la maison de mes parents. Une trilogie familiale, *Lydia Flem*
P5135. Le Grand Cahier. Une trilogie, *Agota Kristof*
P5136. Roland Furieux, tome 1, *L'Arioste*
P5137. Roland Furieux, tome 2, *L'Arioste*
P5138. Frères sorcières, *Antoine Volodine*
P5139. Mes biens chères soeurs, *Chloé Delaume*
P5140. Vivre ensemble, *Émilie Frèche*
P5141. Voyou, *Itamar Orlev*
P5142. L'Abattoir de verre, *John Maxwell Coetzee*

P5143. Kiosque, *Jean Rouaud*
P5144. État de nature, *Jean-Baptiste Froment*
P5145. Le Petit Paradis, *Joyce Carol Oates*
P5146. Trahison, *Joyce Carol Oates*
P5147. Marcher jusqu'au soir, *Lydie Salvayre*
P5148. Et j'abattrai l'arrogance des tyrans
Marie-Fleur Albecker
P5149. Projet Starpoint, tome 1, La Fille aux cheveux rouges
Marie-Lorna Vaconsin
P5150. Que le diable m'emporte, *Marie MacLane*
P5151. Ombres sur la Tamise, *Michael Ondaatje*
P5152. Pourquoi je déteste les enfants, *Robert Benchley*
P5153. Dans le faisceau des vivants, *Valérie Zenatti*
P5154. L'Oiseau Parker dans la nuit, *Yannick Lahens*
P5155. Formulaires, *Mohammed Dib*
P5156. La Faille du temps, *Jeanette Winterson*
P5157. Nous habitons la Terre, *Christiane Taubira*
P5158. Edgar Morin : l'indiscipliné, *Emmanuel Lemieux*
P5159. Set the Boy Free, *Johnny Marr*
P5160. Le Magot. Fourniret et le gang des Postiches :
mortelle rencontre, *Patricia Tourancheau*
P5161. La Nuit du revolver, *David Carr*
P6162. Omar et Greg, *François Beaune*
P5163. Honorer la fureur, *Rodolphe Barry*
P5164. Les Minots, *Romain Capdepon*
P5165. Aux confins de l'Eldorado. La Boudeuse en Amazonie
Gérard Chaliand
P5166. Vivre libre, *Henry de Monfreid*
P5167. Diskø, *Mo Malø*
P5168. Sombre avec moi, *Chris Brookmyre*
P5169. Les Infidèles, *Dominique Sylvain*
P5170. L'Agent du chaos, *Giancarlo De Cataldo*
P5171. Le Goût de la viande, *Gildas Guyot*
P5172. Les Effarés, *Hervé Le Corre*
P5173. J'ai vendu mon âme en bitcoins, *Jake Adelstein*
P5174. La Dame de Reykjavik, *Ragnar Jónasson*
P5175. La Mort du Khazar rouge, *Shlomo Sand*
P5176. Le Blues du chat, *Sophie Chabanel*
P5177. Les Mains vides, *Valerio Varesi*
P5178. La Cage, *Lilja Sigurðardóttir*
P5179. Éthique du samouraï moderne. Petit manuel de combat
pour temps de désarroi, *Patrice Franceschi*
P5180. Maître du Oui, *Svâmi Prajñânpad*
P5181. Wabi Sabi. L'art d'accepter l'imperfection
Tomás Navarro

P5182. Très chère Valentine, *Adriana Trigani*
P5183. La Partition, *Diane Brasseur*
P5184. Château de femmes, *Jessica Shattuck*
P5185. Les Âmes silencieuses, *Mélanie Guyard*
P5186. Le Cartographe des Indes boréales, *Olivier Truc*
P5187. Les Méandres du Nil, *Robert Solé*
P5188. Les Photos d'Anny, *Anny Duperey*
P5189. Chambre 128, *Cathy Bonidan*
P5190. East Village Blues, *Chantal Thomas*
P5191. La Revenue, *Donatella di Pietrantonio*
P5192. En tenue d'Eve. Histoire d'une partie d'échecs
Eve Babitz
P5193. Bicyclettres, *Jean-Acier Danès*
P5194. La Petite fille au tambour, *John Le Carré*
P5195. Floride, *Lauren Groff*
P5196. La Transparence du temps, *Leonardo Padura*
P5197. Pour l'amour des livres, *Michel Le Bris*
P5198. Le Chemin de la mer. Et autres nouvelles
Patrice Franceschi
P5199. Transit, *Rachel Cusk*
P5200. Un petit coup de jeune, *Thierry Bizot*
P5201. L'Amour est aveugle. Le ravissement de Brodie Moncur
William Boyd
P5202. Titayna : l'aventurière des années folles
Benoît Heimermann
P5203. La Mer pour aventure, *Collectif*
P5204. Lawrence d'Arabie. Le désert et les étoiles
Flora Armitage
P5205. Travelling. Un tour du monde sans avion
Tangy Viel, Christian Garcin
P5206. Va où il est impossible d'aller. Mémoires
Costa-Gavras
P5207. Tous les films sont politiques. Pour Costa-Gavras
Edwy Plenel
P5208. Marthe Richard ou les beaux mensonges
Nicolas D'Estienne d'Orves
P5209. Les Imprudents. Sur les traces des résistants du maquis
Bir-Hakeim, *Olivier Bertrand*
P5210. Maudits mots. La fabrique des insultes racistes
Marie Treps
P5211. Les Mots du football, *Vincent Duluc*
P5212. En marge, *Silvia Baron Supervielle*
P5213. Le Coeur et la Chair, *Ambrose Parry*
P5214. Dernier tacle, *Emmanuel Petit, Gilles Del Pappas*
P5215. Crime et Délice, *Emmanuel Petit, Gilles Del Pappas*

P5216. Le Sang noir des hommes, *Julien Suaudeau*
P5217. À l'ombre de l'eau, *Maïko Kato*
P5218. Vik, *Ragnar Jónasson*
P5219. Koba, *Robert Littell*
P5220. Le Dernier Thriller norvégien, *Luc Chomarat*
P5221. Les Forçats de la route, *Albert Londres*
P5222. Steak machine, *Geoffrey Le Guilcher*
P5223. La paix est possible. Elle commence par vous *Prem Rawat*
P5224. Petit Traité de bienveillance envers soi-même *Serge Marquis*
P5225. Sex & Rage, *Eve Babitz*
P5226. Histoire de ma vie, *Henry Darger*
P5227. Hors-bord, *Renata Adler*
P5228. N'oublie pas de te souvenir, *Jean Contrucci*
P5229. Mur méditerranée, *Louis-Philippe Dalembert*
P5230. La Débâcle, *Romain Slocombe*
P5231. À crier dans les ruines, *Alexandra Koszelyk*
P5232. Son Corps et Autres Célébrations *Carmen Maria Machado*
P5233. Nuit d'épine, *Christiane Taubira*
P5234. Les Fillettes, *Clarisse Gorokhoff*
P5235. Le Télégraphiste de Chopin, *Eric Faye*
P5236. La Terre invisible, *Hubert Mingarelli*
P5237. Une vue exceptionnelle, *Jean Mattern*
P5238. Louvre, *Josselin Guillois*
P5239. Les Petits de décembre, *Kaouther Adimi*
P5240. Les Yeux rouges, *Myriam Leroy*
P5241. Dévorer le ciel, *Paolo Giordano*
P5242. Amazonia, *Patrick Deville*
P5243. La Grande Bouche molle, *Philippe Jaenada*
P5244. L'Heure d'été, *Prune Antoine*
P5245. Pourquoi je déteste l'économie, *Robert Benchley*
P5246. Cora dans la spirale, *Vincent Message*
P5247. La Danse du roi, *Mohammed Dib*
P5210. Maudits Mots. La fabrique des insultes racistes *Marie Treps*
P5248. Il était une fois dans l'Est, *Arpád Soltész*
P5249. La Tentation du pardon, *Donna Leon*
P5250. Ah ! Les Braves Gens, *Franz Bartelt*
P5251. Crois-le !, *Patrice Guirao*
P5252. Lyao-Ly, *Patrice Guirao*
P5253. À sang perdu, *Rae del Bianco*
P5254. Mémoires vives, *Edward Snowden*
P5255. La Plus Belle Histoire de l'intelligence *Stanislas Dehaene, Yann Le Cun, Jacques Girardon*

P5256. J'ai oublié, *Bulle Ogier, Anne Diatkine*
P5257. Endurance. L'incroyable voyage de Shackleton
Alfred Lansing
P5258. Le Cheval des Sforza, *Marco Malvaldi*
P5259. La Purge, *Arthur Nesnidal*
P5260. Eva, *Arturo Pérez-Reverte*
P5261. Alex Verus. Destinée, tome 1, *Benedict Jacka*
P5262. Alex Verus. Malediction, tome 2, *Benedict Jacka*
P5263. Alex Verus. Persécution, tome 3, *Benedict Jacka*
P5264. Neptune Avenue, *Bernard Comment*
P5265. Dernière Sommation, *David Dufresne*
P5266. Dans la maison de la liberté, *David Grossman*
P5267. Le Roman de Bolano, *Gilles Marchand, Eric Bonnargent*
P5268. La Plus Précieuse des marchandises. Un conte
Jean-Claude Grumberg
P5269. L'avenir de la planète commence dans notre assiette
Jonathan Safran Foer
P5270. Le Maître des poupées, *Joyce Carol Oates*
P5271. Un livre de martyrs américains, *Joyce Carol Oates*
P5272. Passe-moi le champagne, j'ai un chat dans la gorge
Loïc Prigent
P5273. Invasion, *Luke Rhinehart*
P5274. L'Extase du selfie. Et autres gestes qui nous disent
Philippe Delerm
P5275. Archives des enfants perdus, *Valeria Luiselli*
P5276. Ida, *Hélène Bessette*
P5277. Une vie violente, *Pier Paolo Pasolini*
P5278. À cinq ans, je suis devenue terre-à-terre, *Jeanne Cherhal*
P5279. Encore plus de bonbons sur la langue. Le français
n'a jamais fini de vous surprendre !, *Muriel Gilbert*
P5280. L'Ivre de mots, *Stéphane de Groodt*
P5281. The Flame, *Leonard Cohen*
P5282. L'Artiste, *Antonin Varenne*
P5283. Les Roses de la nuit, *Arnaldur Indridason*
P5284. Le Diable et Sherlock Holmes, *David Grann*
P5285. Coups de vieux, *Dominique Forma*
P5286. L'Offrande grecque, *Philip Kerr*
P5287. Régression, *Fabrice Papillon*
P5288. Un autre jour, *Valentin Musso*
P5289. La Fabrique du crétin digital, *Michel Desmurget*
P5290. Le Grand Manipulateur. Les réseaux secrets de Macron
Marc Endeweld
P5291. Oldyssey, *Clément Boxefeld, Julia Chourri*
P5292. La vie est une célébration, *Mata Amritanandamayi*
P5293. Les Plus Beaux Contes zen, *Henri Brunel*